AF859395

Libertés publiques et droits de la personne humaine

Dominique BREILLAT

Professeur de droit public et doyen honoraire de la Faculté de droit et des sciences sociales de Poitiers, UMR 6567 CECOJI.

ISBN 2 - 84200 - 538 - 4

Dominique Breillat

Libertés publiques et droits de la personne humaine

Gualino éditeur

Présentation

Depuis 1954, il existe dans les facultés de droit un cours de Libertés publiques. La dénomination de cet enseignement est sans doute très restrictive et très française. Si nous avons conservé cette expression pour le titre de cet ouvrage, c'est afin de nous insérer dans la tradition. Nous avons cependant développé une approche beaucoup plus large qui correspond à l'idée de droits de la personne humaine ce qui explique l'adjonction de cette expression.

Cet enseignement a pris un très grand développement car les droits de la personne humaine sont devenus un enjeu à la fois dans l'ordre interne et dans l'ordre international.

La protection des droits de la personne humaine a connu un extraordinaire développement depuis trois ou quatre décennies. En France, la création d'une juridiction constitutionnelle qui a échappé à ses créateurs a permis à la France de rejoindre les États dans lesquels les juridictions avaient accordé une attention majeure aux droits et libertés. Des approches nouvelles (droits des administrés, droits et libertés face aux nouvelles techniques) ont conduit à de nouvelles dispositions constitutionnelles ou législatives, à de nouvelles techniques de protection.

Mais l'aspect le plus important de cette nouvelle situation des droits de la personne humaine réside certainement dans son internationalisation.

Ils ne relèvent plus seulement de l'État mais ont trouvé une place dans la société internationale suscitant des mécanismes de protection. Le mouvement a véritablement été lancé au lendemain de la seconde guerre mondiale. L'ONU a sans doute joué un rôle essentiel avec la Déclaration universelle des droits de l'homme, mais l'effectivité de la protection s'est surtout trouvée réalisée au plan régional, et plus particulièrement avec la Convention européenne des droits de l'homme qui a stimulé les autres organisations européennes et inspiré les organisations régionales des autres continents.

Traditionnellement, les ouvrages de libertés publiques tendent à présenter successivement les régimes juridiques des différents droits et libertés. Nous avons préféré nous en tenir aux éléments intéressant les droits et libertés d'une façon transversale, insistant notamment sur les modalités de reconnaissance, les techniques d'organisation et de mise en œuvre et les mécanismes de protection, tant dans le passé que, bien entendu, surtout aujourd'hui.

Nous avons privilégié la situation française, mais nous avons essayé de laisser une place importante aux aspects comparatistes qui permettent de mieux éclairer notre propre système.

Après avoir évoqué l'ordre interne, nous avons abordé l'ordre international, soulignant les solutions existant dans le cadre des Nations unies et surtout dans les organisations européennes et plus particulièrement dans le cadre du Conseil de l'Europe et de l'Union européenne.

Ce mémento est destiné avant tout aux étudiants de licence en droit pour lesquels le cours de libertés publiques figure parmi les disciplines enseignées. Il s'adresse aussi aux étudiants des Instituts d'études politiques. Il apportera également aux étudiants suivant d'autres enseignements plus spécifiques (droit international public, droit européen, droit pénal, contentieux constitutionnel...) le savoir nécessaire. Il intéressera les étudiants préparant l'examen d'entrée aux écoles régionales d'avocats pour l'épreuve d'exposé-discussion, particulièrement importante, voire décisive, mais aussi plus généralement les personnes préparant les concours et désireuses d'avoir une connaissance de l'état des droits et de libertés de la personne humaine pour les épreuves orales de grand jury. Les droits et libertés font partie des thèmes de réflexion les plus fréquents, et l'approche retenue dans ce mémento favorisera particulièrement la préparation à ce type d'épreuves.

Enfin, il souhaite plus particulièrement susciter l'intérêt de toute personne qui estime que l'on ne peut vivre pleinement sans avoir une connaissance et une conscience très fortes des droits et libertés qui permettent notre épanouissement en tant que personne humaine.

Sommaire

Titre 2 • L'organisation et la mise en œuvre des droits et libertés

Partie 2 • Les droits de la personne humaine dans l'ordre international

Titre 1 • Le système onusien

CHAPITRE 1

Introduction

C'est en 1954 qu'un cours dit de Libertés publiques a été instauré, en tant que matière semestrielle spéciale à la section de droit public et de science politique pour la licence en droit (Décret du 27 mars 1954).

Auparavant, il existait, en troisième année (licence en trois ans), un cours à option sous l'intitulé « Droit public général ».

En 1962, le cours de Libertés publiques est devenu fort heureusement obligatoire pour tous les étudiants de troisième année.

Il est intéressant de constater que cet enseignement doit être fortifié lorsque les libertés apparaissent menacées. En 1954, elles ne se portent pas particulièrement bien alors que se termine la guerre d'Indochine, et en 1962, elles se portent encore plus mal puisqu'elles ont été particulièrement mises à l'épreuve à l'occasion de la guerre d'Algérie.

Mais en même temps, cette mise à l'épreuve a été l'occasion d'une prise de conscience de l'intérêt d'un enseignement des droits et des libertés.

Section 1

Questions de terminologie

La terminologie de notre domaine est fluctuante et variée et a pu connaître des dénominations différentes en fonction des États, des moments de l'histoire, des idéologies.

1 • LIBERTÉS PUBLIQUES

L'expression Libertés publiques est tout d'abord typiquement française. Elle correspond à une vision restrictive de notre thème. Il s'agit de « préciser le régime juridique des droits et des libertés dont disposent les ressortissants d'un État à un moment » (J. Morange).

Ce sont des libertés car elles permettent d'agir sans contrainte, mais ce sont aussi des « libertés publiques » car « *c'est aux organes de l'État, titulaire de la souveraineté juridique, qu'il revient de réaliser de telles conditions* » (J. Morange). Pour Jean Rivero, ce sont « *des pouvoirs d'autodétermination consacrés par le droit positif* ».

On établit souvent un lien majeur avec le droit administratif. Le risque est d'aboutir à une sorte d'enseignement de droit administratif spécial, ce qui a été souvent le cas et qui conduit à ce que traditionnellement, ce cours est enseigné par un professeur de droit public alors que l'objet intéresse – nous le verrons – toutes les branches du droit.

Les libertés publiques sont la marque du positivisme juridique. L'expression est apparue dans la doctrine sous la IIIe République. Le tome II du traité de droit constitutionnel de Léon Duguit s'intitulait : « Les libertés publiques. L'organisation politique ». Il est vrai que dans beaucoup de pays, la matière est évoquée dans le cours de droit constitutionnel parce que les droits et libertés font l'objet de dispositions précises, minutieuses dans la Constitution.

En réalité, on est passé insensiblement du singulier au pluriel. La constitution montagnarde posait que *« la loi doit protéger la liberté publique et individuelle contre l'oppression de ceux qui gouvernent »*. La Charte de 1814 s'y référait. La liberté publique s'oppose à la liberté individuelle. C'est la liberté qui s'exerce publiquement, de façon ouverte. Ce sont les auteurs traditionalistes qui ont amené à cette évolution. La Constitution de 1852 va mentionner pour la première fois cette expression au pluriel lorsqu'elle évoque le *« Sénat, Gardien du Pacte fondamental et des Libertés publiques »*. Puis elle sera reprise dans nos textes constitutionnels ultérieurs. L'article 72 de la Constitution de 1946, à propos des territoires d'outre-mer, les évoque. En 1947, dans un avis du 13 août, le Conseil d'État nous donne une définition un peu longue : *« Le terme de libertés publiques comprend, indépendamment de la liberté individuelle, les grandes libertés qui n'étant pas limitées à l'individu seul, se manifestent au dehors et comportent l'action de coparticipants ou l'appel au public. En conséquence rentrent notamment dans cette catégorie des libertés publiques, la liberté de réunion, la liberté d'association et avec elle la liberté syndicale, la liberté de la presse, et d'une manière générale, de diffusion de la pensée, la liberté de conscience et des cultes, la liberté de l'enseignement »*. La Constitution de 1958 a repris l'expression, non sans ambiguïté. L'article 34 de ce texte, dispose que *« la loi fixe les règles concernant : les droits civiques et les garanties fondamentales accordées aux citoyens pour l'exercice des libertés publiques »*.

Cependant, il faut bien constater que le vocabulaire reste incertain. La loi du 3 juin 1958, qui fixait les principes que devait respecter le gouvernement dans l'élaboration de la constitution, posait notamment que *« l'autorité judiciaire doit demeurer indépendante pour être à même d'assurer le respect des libertés essentielles telles qu'elles sont définies par le Préambule de la Constitution de 1946 et par la Déclaration des droits de l'homme à laquelle il se réfère »* et le Préambule de la Constitution rédigée sur ces bases dispose que *« le peuple français proclame son attachement aux droits de l'homme et aux principes de la souveraineté nationale tels qu'ils ont été définis par la Déclaration de 1789, confirmée et complétée par le Préambule de la Constitution de 1946... »*. Libertés essentielles, droits de l'homme, libertés publiques, la terminologie est très incertaine. Pourtant la loi constitutionnelle du 28 mars 2003 dans l'alinéa 4 qu'elle ajoute à l'article 72 de la Constitution reprend l'expression de « liberté publique ». La modernisation a ses limites...

L'expression libertés publiques met l'accent sur le mot liberté. La définition donnée par la Déclaration de 1789 est assez lapidaire. *« La liberté consiste à faire tout ce qui ne nuit pas à autrui*». Les dictionnaires proposent des définitions qui ne satisfont pas obligatoirement. «*Condition de l'homme qui n'appartient à aucun maître*» ou «*Pouvoir d'agir ou de n'agir pas*» propose Littré. Paul Robert suggère «*État, situation de la personne qui n'est pas sous la dépendance absolue de quelqu'un*» (sens étroit) et «*État de ce qui ne subit pas de contrainte*» (sens large).

Les dictionnaires juridiques n'offrent pas de définition facilement utilisable de l'expression libertés publiques. Le vocabulaire juridique d'Henri Capitant (1930) nous en propose deux définitions. Au sens large, c'est l'«*ensemble des libertés reconnues à l'individu et aux groupements sociaux et qui apparaissent comme autant de limitations à l'activité de l'État et des gouvernants*». On a toujours cette référence à l'État, ennemi potentiel des libertés. Au sens strict, ce sont «*celles des libertés individuelles qui permettent au citoyen d'exercer son action sur la vie publique: liberté d'opinion, de presse, de réunion, d'association*». Gérard Cornu les définit comme «*celles des libertés qui permettent de participer à la vie publique*». On est assez proche de la définition au sens strict d'Henri Capitant.

Les libertés publiques semblent malgré tout être une étiquette spécifiquement française que celui qui enseigne dans une autre langue aura bien du mal à traduire.

2 • DROITS FONDAMENTAUX (OU LIBERTÉS FONDAMENTALES)

La notion est récente en droit français.

L'expression semble établir une hiérarchie, puisque l'on peut estimer que, *a contrario*, il y a des droits ou des libertés qui ne sont pas fondamentaux.

Qu'est-ce qui donne ce caractère fondamental ? Ce sont les sources, et notamment la constitution. Certains vont souligner le régime juridique. Les droits fondamentaux seront identifiables par le régime juridique spécial qui leur est applicable. En fait, c'est prendre le problème à l'envers car on attribue le caractère fondamental à un droit en raison de son régime juridique, alors que c'est ce caractère de droit fondamental qui doit commander un régime juridique spécial.

Il y a là une forte influence de l'Allemagne dont la Loi fondamentale (constitution) débute par un chapitre intitulé *Grundrechten* (Droits fondamentaux) et consacré de façon assez minutieuse aux droits et aux libertés. L'expression s'est généralisée en Europe. Lors de l'adoption de leur nouvelle constitution en 1983, les Pays-Bas ont intitulé le chapitre relatif aux droits et libertés *Grondrechten*.

Mais le continent européen n'a pas l'exclusivité. Le Québec a repris le concept. Le chapitre 1 de la Partie 1 de la Charte des droits et libertés de la personne est intitulé «Libertés et droits fondamentaux».

En 1990, le Conseil constitutionnel dans une décision du 22 janvier 1990 (CC 89-269, *DC*, Égalité entre français et étrangers) a consacré également cette formulation *(« libertés et droits fondamentaux de valeur constitutionnelle»)*.

Cependant, on constate que l'expression est absente tant du vocabulaire juridique Capitant que du dictionnaire de Gérard Cornu.

On retrouve aussi ailleurs l'expression libertés fondamentales. La Convention européenne des droits de l'homme porte très officiellement le titre de Convention de sauvegarde des droits de l'homme et des libertés fondamentales (4 novembre 1950).

Le Conseil constitutionnel a réceptionné l'idée dans sa décision des 10-11 octobre 1984 (CC 84-181, *DC*, 10-11 octobre 1984, Entreprises de presse, *GDCC* n° 36; F p. 38) où il a utilisé l'expression « liberté fondamentale » à propos de la «*libre communication des pensées et des opinions*» qui est «*une liberté fondamentale d'autant plus précieuse que son exercice est l'une des garanties essentielles du respect des autres droits et libertés et de la souveraineté nationale*». Il y a donc des libertés qui sont essentielles et d'autres qui ne le sont pas.

Mais c'est certainement avec l'Union européenne que les droits fondamentaux ont reçu une consécration. On n'en sera guère surpris quand on sait le rôle moteur joué par l'Allemagne dans l'élaboration de la Charte des droits fondamentaux de l'Union européenne. Déjà, le Traité sur l'Union européenne (Traité de Maastricht) comportait un article F 2 disposant que «*l'Union... respecte les droits fondamentaux tels qu'ils sont garantis par la Convention européenne des droits de l'homme... et tels qu'ils résultent des traditions constitutionnelles communes aux États membres, en tant que principes généraux du droit communautaire*».

Lors du Conseil européen de Nice, a été adoptée, malheureusement «à la sauvette», la Charte des droits fondamentaux de l'Union européenne, le 7 décembre 2000 (cf. *infra*).

3 • DROITS DE L'HOMME

Cette formule renvoie aux premiers textes et évoque le *Bill of Rights* de 1689 en Angleterre, qui plus précisément mentionne les droits et libertés du peuple, et la Déclaration des droits de l'homme et du citoyen de 1789.

Cette formulation est surtout présente sur le plan international, avec notamment la Déclaration universelle des droits de l'homme du 10 décembre 1948 qui évoque cependant dans son préambule les droits fondamentaux de l'homme.

L'expression est sans doute l'une des plus anciennes de celles utilisées. Elle a un aspect plus large. Le concept de droit est plus large que celui de liberté. L'idée de droit absorbe celle de liberté. La déclaration de 1789 s'intitule Déclaration des droits de l'homme (et du citoyen). Son article 2, lorsqu'il énumère les quatre droits naturels et imprescriptibles de l'homme, y inclut la liberté. Il en était de même dans la Declaration d'indépendance des États-Unis du 4 juillet 1776 : «*We hold these truths to be self-evident, that all Men are created equal, that they are endowded by their Creator with certain inalienable rights, that among these are life, liberty, and the pursuit of happiness...* [Nous tenons pour évidentes par elles-mêmes les vérités suivantes : tous les hommes sont créés égaux ; ils sont doués par leur Créateur de certains droits inaliénables ; parmi ces droits se trouvent la vie, la liberté et la recherche du bonheur] »

Elle se rattache aussi au droit naturel, l'idée étant que l'individu possède des droits inhérents à sa nature d'homme, que ces droits soient reconnus ou non. Gérard Cornu les définit comme l'« *ensemble de facultés et prérogatives considérées comme appartenant naturellement* (l'adverbe a disparu dans la dernière édition) *à tout être humain dont le Droit public, notamment constitutionnel, s'attache à imposer à l'État le respect et la protection en conformité avec certains textes de portée universelle* ». La vision d'Henri Capitant était plus proche de celle des libertés publiques. Il s'agissait de « *l'ensemble des garanties qui appartiennent, en face de la puissance publique à toute personne humaine, quels que soient sa nationalité, son âge et son sexe, c'est-à-dire l'égalité et la liberté civiles et le droit de propriété* ». Il est vrai que cette expression se trouvait à l'intérieur de la formulation plus générale, très 1789, de Droits de l'homme et du citoyen.

Les droits de l'homme font partie des droits subjectifs. Yves Madiot les définit ainsi : « *Ce sont des droits subjectifs qui traduisent dans l'ordre juridique, les principes naturels de justice qui fondent la dignité de la personne humaine* ».

Le même auteur propose une autre définition : « *L'objectif des droits de l'homme est l'étude des droits de la personne reconnus au plan national et international et qui – dans un certain état de civilisation – assurent la conciliation entre, d'une part l'affirmation de la dignité de la personne humaine et sa protection et, d'autre part, le maintien de l'ordre public* ». Cette définition comporte certains mérites. Elle souligne les dimensions à la fois nationale et internationale de la question qui aujourd'hui sont une des questions majeures. Elle relativise la portée en éclairant indirectement la question des pays en voie de développement. Elle souligne aussi les limites. Mais c'est ce que fait la Déclaration universelle des droits de l'homme dans son article 22.

4 • DROITS DE LA PERSONNE HUMAINE/ DROITS DE LA PERSONNE

Le mot « homme » peut apparaître ambigu. Doit-il être compris comme tout individu quel qu'il soit ou comme celui de sexe masculin ? Et il est vrai que la très tardive égalité des droits entre sexes a pu, au moins dans les faits, montrer qu'il s'agissait des droits du mâle. C'est pour réagir à ces risques de discrimination sexiste que les Nord-américains préfèrent utiliser l'expression « droits de la personne » ou « droits de la personne humaine ».

En France, l'expression « droits de la personne » peut apparaître comme trop réductrice et nous renvoyer plutôt au droit civil. En revanche, l'expression « droits de la personne humaine » est plus globale.

Les Canadiens ont retenu cette expression comme par exemple dans la Charte des droits et libertés de la personne québécoise de 1975, la loi canadienne sur les droits de la personne de 1977 ou la Charte canadienne des droits et des libertés de 1982.

On voit aussi apparaître aujourd'hui, notamment dans le domaine international, l'expression de « droits humains » qui, elle aussi, cherche à gommer le caractère faussement sexiste de l'expression droits de l'homme. C'est ce que retient par exemple Amnesty International.

C'est cette expression droits de la personne humaine qui a notre préférence. Mais les enseignements actuels conservant en règle générale l'expression « Libertés publiques », nous l'avons aussi conservée – à contrecœur – pour le titre de cet ouvrage.

Section 2

L'intérêt d'un enseignement dit de libertés publiques

L'intérêt d'un enseignement dit de libertés publiques est devenu particulièrement essentiel. Il concerne chacun d'entre nous, que nous résidions en France ou hors de notre pays, que nous soyons Français ou non.

1 • L'INTÉRÊT POUR LES PERSONNES

Il s'agit essentiellement des personnes physiques même si les personnes morales sont également concernées par certains aspects.

A - L'intérêt pour tout individu

1) Hier

Il existait autrefois dans les écoles primaires et dans les collèges, un enseignement intitulé « instruction civique » qui a été revu, corrigé, et pas forcément amélioré, sous le nom d'« éducation civique ».

Cet enseignement avait pour objet de former des citoyens. Des citoyens républicains. Car cet enseignement s'inscrivait dans la mission confiée à ces hussards de la République qu'étaient les instituteurs. Les enfants devaient acquérir la connaissance des principaux mécanismes de nos institutions. Certes l'enseignement restait timide, très formel, mais l'élève savait comment étaient élus les députés ou les sénateurs et surtout il apprenait – par cœur – la Déclaration des droits de l'homme et du citoyen. C'était très ambigu quand on sait que la portée juridique de ce texte, alors, était nulle et qu'elle n'avait qu'une portée morale ou politique. Mais, avec des gouvernants qui se réclamaient toujours des grands ancêtres de 1789, il était bon de connaître leur credo, quitte à pouvoir le leur rappeler s'ils venaient à l'oublier. Et cela leur arrivait.

2) Aujourd'hui

Mais cette connaissance est toujours utile à l'individu aujourd'hui.

La connaissance des éléments de ce cours conditionne l'existence de l'individu dans ses relations sociales. C'est vrai, sans doute, dans ses relations avec l'État et avec les autres autorités publiques car l'État et les autres autorités sont à la fois la limite à l'exercice des libertés mais aussi ces droits et libertés sont un élément de développement. En les reconnaissant, en les enserrant dans une réglementation, ils peuvent contribuer à leur essor (développement de la presse à partir de la loi du 29 juillet 1881, développement des associations à partir de la loi du 1er juillet 1901, développement de la radio et de la télévision à partir des réformes des années 1980).

Cette connaissance est aussi très importante car elle conditionne les relations de l'individu avec les autres personnes physiques ou morales. C'est en réalité une grosse lacune de notre enseignement des libertés publiques que de n'envisager le problème que dans sa relation individu-État. Elle témoigne d'une vision manichéenne qui oublie que l'État n'est pas le seul à menacer les libertés, mais que les autres personnes peuvent être un obstacle, un frein.

À cet égard, des pays comme l'Allemagne ou les Pays-Bas sont en avance avec l'idée d'effet tiers *(Drittwirkung/Derdenwerking)* ou effet horizontal. Le respect des droits et libertés n'est pas seulement une exigence pour les États. C'est aussi une obligation pour les particuliers. La Cour européenne des droits de l'homme a d'ailleurs joué un rôle important en estimant que la Convention s'applique aux relations entre personnes privées (CEDH, 13 août 1981, *Young, James et Webster c/ Royaume-Uni,* B 200, à propos du closed shop ; CEDH, 26 mars 1985, *X. et Y c/ Pays-Bas,* B 155). Les phénomènes de mondialisation nous démontrent aujourd'hui cela de façon éclatante. Nos droits et libertés sont certainement moins menacés par l'État, même si la vigilance doit rester, que par les entreprises multinationales et autres acteurs de la « globalisation », souvent insaisissables car difficilement repérables, partout et nulle part à la fois.

B - L'intérêt pour le juriste

C'est une banalité que de dire que les « libertés publiques » sont une discipline-carrefour. Elles constituent une admirable synthèse. Traditionnellement enseignées par des enseignants de droit public, elles doivent en fait, pouvoir être enseignées par tout enseignant, qu'il appartienne à la section de droit public, bien sûr, mais aussi de droit privé, d'histoire du droit ou de science politique, car cette discipline fait appel à toutes les branches du droit et à d'autres disciplines encore.

1) L'histoire du droit

Il est évident que les liens avec l'histoire du droit sont fondamentaux car des libertés ont existé dès que l'homme a existé. « L'Homme est né libre... ». Et on ne peut les connaître utilement sans une dimension historique. Principalement, les cours d'histoire qui intéressent les XVIIIe, XIXe et XXe siècles sont d'un apport capital. Mais pas uniquement. Il faut connaître le fonctionnement de la justice sous l'Ancien Régime pour comprendre les réactions des révolutionnaires de 1789 et les solutions apportées.

2) Le droit public

Il y a des liens étroits, bien évidemment aussi, avec le droit public.

a) Le droit constitutionnel

Le droit constitutionnel est concerné au premier chef. C'est à travers les textes constitutionnels que les principaux droits et libertés sont affirmés. C'est la Constitution qui va préciser l'autorité compétente pour réglementer, limiter (*cf.* art. 34). Mais l'importance du droit constitutionnel s'est accrue avec le développement des juridictions constitutionnelles. On savait déjà l'apport à la fois négatif et positif de la Cour suprême des États-Unis. Le développement des juridictions constitutionnelles en Europe, dont le chef de file est certainement aujourd'hui la Cour constitutionnelle allemande de Karlsruhe, même si l'on ne doit pas oublier le rôle pionnier de la Cour autrichienne, l'essor en France du Conseil constitutionnel à la suite de la décision du 16 juillet 1971 sur la liberté d'association et de la révision constitutionnelle de 1974 témoignent de cette prégnance du droit constitutionnel qui irrigue toutes les disciplines. On ne peut commencer un quelconque enseignement juridique sans évoquer les sources constitutionnelles de la discipline.

b) Le droit administratif

Le droit administratif a longtemps été la discipline avec laquelle s'identifiaient les libertés publiques, celles-ci étant considérées, positivisme oblige, comme une sorte de droit administratif spécial. C'est sans doute ce qui a renforcé cette vision des libertés envisagées dans la relation État-Citoyens, autorité administrative-citoyen. L'exercice des libertés se heurte à certaines exigences posées par les autorités administratives : ordre public, police administrative...

Pendant longtemps, on a loué le rôle protecteur du Conseil d'État. « *Le meilleur Ombudsman, c'est le Conseil d'État* », a pu écrire Roland Drago. On ne peut comprendre le régime juridique des droits et libertés si l'on ne connaît les techniques du droit administratif : autorisation, agrément... Le législateur est venu compléter le juge à la fin des années 70 : loi *Informatique et libertés*, loi sur l'accès aux documents administratifs, loi sur la motivation, etc.

c) Le droit international public

Le droit international public est aujourd'hui une dimension nouvelle et forte des droits et libertés. Déjà au XIXe siècle, on avait pu observer quelques protections comme l'interdiction de la traite des esclaves. Le traité de Versailles s'est intéressé aux droits économiques et sociaux créant dans sa partie XIII le Bureau international du travail (BIT).

Mais c'est surtout, au lendemain de l'Holocauste, que les instruments se sont multipliés, au risque parfois d'un trop grand nombre à la portée très diverse, susceptibles de faire disparaître toute efficacité. Cela a pu se faire au plan mondial (Déclaration universelle des droits de l'homme de 1948, Pactes de 1966) ou au plan régional (Convention européenne des droits de l'homme, Charte des droits fondamentaux de l'Union européenne, Convention américaine des droits de l'homme, Charte africaine des droits de l'homme et des peuples...).

d) *Finances publiques et droit fiscal*

Les finances publiques et le droit fiscal n'échappent pas à ces liens. Par exemple, en 1983, le Conseil constitutionnel a annulé des dispositions de la loi de finances pour 1984 permettant des perquisitions échappant à l'autorité judiciaire (CC164 *DC*, 29 décembre 1983, Perquisitions fiscales, *GDCC* n° 34).

3) Le droit privé

Les droits de la personne humaine intéressent toutes les branches du droit privé.

a) Le droit civil

Le droit civil est bien sûr intéressé. Lorsque le droit à la vie privée a été proclamé par le législateur, cela a été par une insertion dans l'article 9 du Code civil. Les droits de l'homme, nous l'avons déjà souligné, ne concernent pas que les relations de l'individu avec l'État mais avec toutes les autres personnes. Les conventions internationales ont posé certaines dispositions relatives à la liberté du mariage, par exemple.

b) Le droit judiciaire privé

Le droit judiciaire privé est une pièce maîtresse. On sait l'importance attachée par les Anglo-saxons à la procédure.

c) Le droit commercial

Le droit commercial, dans ses rapports avec la liberté d'entreprendre, est lui aussi intéressé.

d) Le droit social

Le XXe siècle a permis au droit social de connaître un prodigieux développement. La deuxième génération des droits de l'homme l'a enrichi. Certaines constitutions concernent des dispositions qui dans d'autres pays figurent dans le Code du travail.

e) Le droit pénal

Mais c'est sans doute le droit pénal (discipline rattachée au droit privé en France, mais pas à l'étranger) qui a les liens les plus étroits. Les exemples intéressant le droit pénal sont inutiles à mentionner. Ils s'imposent à l'évidence. On insistera aussi sur la procédure pénale. Les grands textes britanniques sont en grande partie des textes de procédure, à commencer par l'*Habeas Corpus*. Les dispositions les plus importantes et les plus longues de la Convention européenne des droits de l'homme ont trait au droit pénal et surtout à la procédure pénale.

4) La pluridisciplinarité

Les libertés publiques sont très certainement l'une des meilleures illustrations de la pluridisciplinarité. Mais cette pluridisciplinarité est double. Elle est une pluridisciplinarité entre les différentes branches du droit. Elle est aussi une pluridisciplinarité entre le droit et les autres disciplines (économie, histoire, science, médecine...). On ne peut comprendre les droits et libertés, et notamment l'évolution de leur régime juridique sans connaître le contexte historique, philosophique, scientifique qui a pu présider à leur élaboration.

Cet intérêt porté aujourd'hui aux droits et libertés se retrouve dans la formation du juriste, non seulement au sein des facultés de droit, mais dans l'exercice plus précis de sa profession. Une illustration éclatante en est fournie par la profession d'avocat. L'épreuve d'exposé discussion qui *« est l'épreuve centrale, pour ne pas dire reine »* (S. Guinchard) porte sur *« un sujet relatif à la protection des libertés et droits fondamentaux, permettant d'apprécier l'aptitude à l'argumentation et à l'expression orale du candidat »* (art. 8, al. 2, 1° de l'arrêté du 29 janvier 1998).

On peut aussi évoquer les procès fictifs *(moot courts)* qui permettent aux étudiants de mettre à l'épreuve leurs aptitudes au travail d'un dossier, à la plaidoirie, sur des thèmes intéressant les droits de la personne. On peut citer par exemple le rayonnement du Concours René Cassin organisé depuis 1985 par Juris Ludi (Strasbourg).

2 • UN INTÉRÊT UNIVERSEL

A - L'intérêt en France

La France, avec un orgueil mal placé, se veut le pays des droits de l'homme. En fait, elle ne les a découverts qu'en 1789, et encore y a-t-il eu quelques périodes bien longues de négation des droits et libertés, avant que leur installation soit – espérons-le – définitive. Avant la France, la Grande-Bretagne et les États-Unis ont ouvert la voie.

Ces droits ont été proclamés en 1789, sans doute, mais ils ont dû être reproclamés ou réaffirmés. Au XIXe siècle, la Révolution de 1830 se fait sur le thème de la liberté. Que l'on pense au tableau de Delacroix : *le 28 juillet 1830, La liberté guidant le peuple*. Il en est de même en 1848 avec l'apparition de nouveaux thèmes : abolition de l'esclavage, abolition de la peine de mort en matière politique, droit au travail... Et sous la IIIe République, le programme du parti radical sera la mise en œuvre des « immortels principes de 1789 »...

Mais l'intérêt est toujours actuel. Notre histoire a montré que nous étions facilement capables d'oublier ces « immortels principes ». Vichy, les excès de la Libération, la guerre d'Indochine, la guerre d'Algérie, et même après, et même aujourd'hui comme en témoignent nos nombreuses condamnations par la Cour européenne des droits de l'homme et les rapports d'Amnesty International. Il y a eu une lente remontée des enfers et aujourd'hui rien ne nous garantit absolument que les libertés et droits se maintiendront éternellement. Des objectifs louables (lutte contre le terrorisme, sécurité...) peuvent conduire facilement à une régression des libertés.

B - L'intérêt international

La dimension internationale est un aspect nouveau des droits et des libertés. L'idée de l'universalité n'est pas nouvelle. Si les Anglo-saxons ont voulu agir pour eux-mêmes, les Français ont eu une ambition plus vaste. La Déclaration de 1789 valait pour la France sans doute. Mais elle devait valoir aussi pour le monde entier, même si ce texte comporte des références très explicites à l'Ancien régime.

Aujourd'hui, nous sommes en présence d'une protection des droits de l'homme sur le plan international qui se veut plus concrète. Ce caractère concret est peut-être encore embryonnaire dans le cadre de l'ONU et des Pactes de 1966. Il est beaucoup plus réel sur le plan régional. L'exemple de la Convention européenne des droits de l'homme, suivi par la Convention américaine relative aux droits de l'homme, puis tenté par la Charte africaine des droits de l'homme et des peuples de Nairobi, sont une illustration.

En outre, la situation des libertés publiques dans les autres pays nous regarde. Elle est un élément de la politique internationale. Les organisations non gouvernementales nous sensibilisent à une solidarité nécessaire avec les autres pays où les droits et libertés sont malmenés. Le droit d'ingérence, qu'il faut certainement manier avec précaution car nous en avons vu récemment les dérives, est une des découvertes de la fin du XXe siècle, à moins qu'il n'en soit une adaptation moderne plus « politiquement correcte ».

Section 3

Les caractères d'un cours de libertés publiques

Le cours de libertés publiques est différent des autres enseignements des facultés de droit.

1 • UN COURS FAVORISÉ

C'est un cours favorisé. Il y a une prise de conscience des droits et libertés depuis la fin du XVIIIe siècle avec l'indépendance américaine et la Révolution française. Cette prise de conscience est revigorée par la dimension internationale qui est donnée mais aussi par l'émergence d'une opinion publique mondiale et par le rôle joué par certaines organisations non gouvernementales nouvelles (Amnesty International, Human Rights Watch...) mais aussi des institutions spirituelles comme l'Église. Depuis l'encyclique «*Pacem in terris*» de Jean XXIII, avec les engagements aujourd'hui de Jean-Paul II, l'Église a pris conscience des droits de la personne humaine et elle veut les promouvoir.

Cette approche a pu se concrétiser par l'existence de temps à autres dans les États, de ministres ou secrétaires d'État en charge des droits de l'hommew ou d'un droit ou d'une liberté en particulier.

2 • UN COURS MENACÉ

C'est aussi un cours menacé, parce que les libertés et les droits, en dépit des progrès réalisés pour leur protection, sont menacés partout dans le monde. Aucun État n'est immunisé, même ceux où leur contestation semble nulle. Avant 1973, on enseignait traditionnellement que le Chili faisait partie des rares démocraties solides où le risque de dictature était nul, où les libertés pouvaient prospérer. Le coup d'État de Pinochet et la mort du président Salvador Allende, le 11 septembre – déjà un 11 septembre – 1973, ont démontré qu'il n'y avait aucune garantie absolue.

3 • UN COURS ENGAGÉ

C'est enfin un cours engagé. On ne peut enseigner les droits et les libertés sans croire à la nécessité de leur épanouissement. C'est un cours dans lequel l'enseignant – et c'est parfois un danger – peut être tenté de prendre parti. Si l'on ne peut se contenter d'un exposé froid du régime des différentes libertés, on ne peut pour autant se transformer en propagandiste passionné. Mais quand on enseigne les libertés publiques, il y a parfois des formes d'engagement inhabituelles chez un enseignant qu'il importe d'avoir. À cet égard, l'exemple à suivre est certainement celui de René Capitant.

Le 9 février 1957, Maître Ali Boumendjel, avocat algérien, était arrêté par les parachutistes. Il se donnait la mort en se jetant par la fenêtre de l'immeuble où il était détenu. René Capitant qui avait été le professeur d'Ali Boumendjel à Alger décida de suspendre son cours à la Faculté de droit de Paris et adressa cette lettre au ministre de l'Éducation nationale :

« Monsieur le Ministre,

Je viens d'apprendre par une information du Journal parlé, qu'Ali Boumendjel s'est donné la mort, à Alger, en se jetant du haut d'une terrasse, pour échapper à l'interrogatoire auquel il allait être soumis.

Ali Boumendjel a été mon étudiant à la Faculté de droit d'Alger, à l'époque où je dirigeais le mouvement de résistance Combat en Afrique du Nord. La nouvelle de sa mort, survenue dans ces conditions, me bouleverse. Elle confirme de façon tragique ce que j'ai lu il y a quelques jours dans le livre de P.-H. Simon : *Contre la torture*.

Tant que de telles pratiques – auxquelles, même en pleine guerre, nous n'avons jamais soumis les prisonniers allemands – seront prescrites ou tolérées contre les Algériens par le gouvernement de mon pays, je ne me sentirai pas capable d'enseigner dans une faculté de droit française. J'interromprai donc mon cours.

Révoquez-moi, si vous le voulez, si vous le pouvez. J'accueillerai avec satisfaction tout ce qui contribuera à rendre publique ma protestation contre des faits susceptibles de déshonorer la France, si elle restait passive devant eux ».

BIBLIOGRAPHIE

BRAUD (Ph.), *La notion de liberté publique en droit français*, LGDJ, BCSP, n° 76, 1968.

CHEVALLIER (J.), *L'État de droit*, Montchrestien, Clefs, Politique, 1992.

MORANGE (J.), « La crise de la notion de liberté publique », in *Mélanges Roland Drago*, Economica, 1996, pp. 91-117.

Vedel (G.), « Les droits de l'homme ? Quels droits ? Quel homme ? », *Mélanges R.-J. Dupuy,* 1992, pp. 349-363.

« Les droits fondamentaux. Une nouvelle catégorie juridique ? », n° spécial *AJDA*, juillet 1998.

CHAPITRE 2

La hiérarchie des droits de la personne humaine

Les libertés sont multiples. Elles peuvent entrer en conflit. Les exemples sont évidents. Le droit à la vie privée peut se trouver bafoué par la liberté de la presse. Le droit de propriété peut entrer en conflit avec la liberté d'aller et de venir ou avec les droits économiques et sociaux.

Mais aussi, les droits et libertés sont susceptibles de connaître des limites en fonction des exigences de la vie sociale, de celles de l'ordre public. Les atteintes peuvent-elles être semblables en intensité pour toutes les libertés, notamment en cas de crise, ou bien certaines libertés ne sont-elles pas mieux protégées ?

Comment concilier les différents droits de la personne, et si cela s'avère impossible comment choisir de faire triompher plutôt l'un d'entre eux qu'un autre ? Quelles sont les droits ou libertés qui peuvent survivre en période de circonstances graves pour la société ou l'État et quelles sont celles qu'on peut sacrifier ?

Section 1

Les facteurs de détermination de la hiérarchie

Différents facteurs peuvent être retenus. On peut mettre l'accent sur une approche particulière des droits de la personne humaine.

1 • LA PHILOSOPHIE SOUS-TENDANT LES DROITS DE LA PERSONNE

L'importance accordée aux droits et libertés n'est pas la même selon la philosophie qui sous-tend la société. Les droits individuels, les droits de la personne connaîtront une place privilégiée par rapport aux droits collectifs dans les systèmes fondés sur l'idéologie libérale, alors que le marxisme préférera la hiérarchie contraire.

A - La philosophie judéo-chrétienne

La philosophie judéo-chrétienne que nous évoquerons plus loin et qui a marqué et continue de marquer notre société met l'accent sur les droits individuels. Elle a conduit au droit naturel. Elle s'attache – et il y a une véritable résurgence à cet effet – à la dignité de la personne puisque l'homme est créé à l'image de Dieu. Elle tend à mettre ce droit à la dignité au premier rang des droits et des libertés. Nous développerons ces aspects. Sans doute parce qu'historiquement elle est apparue plus tôt, elle a eu tendance à mettre en avant les droits et libertés individuels même si les droits collectifs ont pu être découverts ou redécouverts par la suite.

B - Le marxisme

L'accent est mis sur les droits collectifs. L'épanouissement de la personne ne peut se faire qu'au sein de la société, quand toute exploitation de l'homme par l'homme a cessé. Les droits économiques et sociaux seront privilégiés. Les droits individuels ne s'expliquent, ne s'exercent que par référence à l'ensemble de la société et ils deviennent donc seconds.

2 • LES GÉNÉRATIONS DES DROITS DE LA PERSONNE

Les droits de la personne sont le résultat d'une stratification dont le dépôt de couches s'est accéléré. La protection est différente selon l'ancienneté de la reconnaissance.

Ces distinctions sont apparues aux XVIIIe, XIXe et XXe siècles et avant tout entre la première et la deuxième génération lorsqu'il s'est agi de concilier démocratie politique et démocratie sociale.

Les textes internationaux établissent la différence en les distinguant au sein d'un même texte, voire en les exposant et garantissant dans des textes différents. La Déclaration universelle des droits de l'homme de 1948, même si elle ne fait pas une distinction formelle, en évoquant seulement dans l'article 23 les droits économiques, sociaux et culturels après avoir énuméré longuement des droits qui seront qualifiés de civils et politiques dans le Pacte de 1966, montre bien, dans une vision occidentale, où va sa préférence. Plus récemment, la Charte des Droits fondamentaux de l'Union européenne divise ces droits en six chapitres. Là encore l'ordre n'est pas indifférent. On commence par la dignité, puis on évoque les libertés, l'égalité, la solidarité, la citoyenneté et enfin la justice. La première place donnée à la dignité est révélatrice de notre conception judéo-chrétienne. Le fait d'évoquer d'abord les libertés puis ensuite l'égalité est la reprise du choix fait en 1789 – mais pas en 1793 –. Les droits de la deuxième génération n'arrivent que dans le quatrième chapitre sous l'intitulé solidarité. On pourra noter que se trouvent aussi les droits de la troisième génération qualifiés de droits de solidarité. Le caractère spécifique de la citoyenneté, lié ici bien souvent à des institutions spécifiques de l'Union européenne comme le Médiateur explique peut-être qu'on a accordé la cinquième place à la citoyenneté. On peut se demander si la dernière place donnée à la justice n'est pas en revanche plus surprenante quand on sait l'importance de ce thème chez les Britanniques et en 1789. Mais les textes internationaux font aussi une autre forme de distinction en préférant consacrer des textes spécifiques pour chacune des générations. Ainsi dans le cadre du Conseil de l'Europe, la Convention européenne des droits de l'homme s'intéresse à la première génération et la Charte sociale européenne à la deuxième ; de même en 1966, deux pactes ont été élaborés dans le cadre de l'ONU : Pacte sur les droits civils et politiques pour la première génération et Pacte sur les droits économiques, sociaux et culturels pour la deuxième génération.

A - La première génération : les droits civils et politiques

1) Caractères

Ce sont des droits individuels.

Ils peuvent se symboliser par la formule « droit de ». Ils se caractérisent par une défiance à l'égard de l'exécutif de qui viennent les menaces essentielles. Sans doute ont-ils émergé pour faire face à un arbitraire de l'exécutif qui rendait leur revendication plus évidente. Ils vont supposer une abstention de l'État. L'État n'a pas à intervenir pour leur mise en œuvre. Leur réalisation est même souvent un signe de défiance à l'égard des pouvoirs publics.

Ils sont marqués par une égalité formelle des individus. Ceux-ci ne sont pas distingués en fonction de leur situation. Ces droits doivent appartenir à l'homme parce qu'il est homme, de par sa naissance.

L'inspiration est libérale.

2) Contenu

Les libertés de l'esprit, notamment aux États-Unis, sont particulièrement mises en valeur. Pour les Américains, en fonction de leur histoire, c'est la liberté de religion qui prime par-dessus tout, même si la liberté d'expression est magnifiquement valorisée. Pour les Français, on mettra peut-être plus en avant la liberté d'expression – la libre communication des pensées et des opinions – que la liberté religieuse, et aussi, lié au contexte de 1789, le droit à la sûreté.

En revanche, on ne trouve qu'un droit à caractère économique, et dans une approche très individualiste : le droit de propriété. On est même très surpris de constater qu'il ne figure pas dans la Constitution américaine ni dans ses 10 premiers amendements.

Enfin l'égalité est un fil directeur, mais entre la liberté et l'égalité, on fera le choix de la liberté.

Mais aujourd'hui, la tendance dans cette revisite des droits de la première génération place en tout premier lieu le droit à la dignité toujours absent expressément de nos textes constitutionnels.

3) Textes de référence

Les textes de référence sont des textes nationaux, même si certains veulent, comme la Déclaration des droits de l'homme et du citoyen, dépasser le cadre national.

Les Anglo-saxons ont été les pionniers et avant tout les Britanniques avec la *Magna Carta* en 1215 dont il ne faut pas surestimer l'importance en matière de droits et de libertés, et les grands textes du XVIIe siècle : Pétition des Droits (1627), Acte d'*Habeas Corpus* (1679), *Bill of Rights* (1688).

Ce sont plutôt les « *droits de l'Anglais que les droits de l'homme* » (J. Morange).

Aux États-Unis, le mouvement est lancé par la Déclaration d'indépendance de Virginie suivie immédiatement de la Déclaration d'Indépendance américaine du 4 juillet 1776. Mais les textes américains sont plus une critique de l'attitude du Roi d'Angleterre et une justification de la Révolution qu'un véritable catalogue des droits et libertés.

Enfin, en France, la Déclaration des droits de l'homme et du citoyen du 26 août 1789 est le texte-phare, celui qui, en effet, réussira à dépasser les frontières de notre pays par son rayonnement.

Sur le plan international, ces droits sont affirmés dans les premiers articles de la Déclaration universelle des droits de l'homme, et le Pacte sur les droits civils et politiques et en Europe dans la Convention européenne des droits de l'homme et dans les titres I à III et VI de la Charte des droits fondamentaux de l'Union européenne.

4) Protection

La protection est certainement celle qui est la plus forte, d'une part parce qu'elle n'exige qu'une abstention des pouvoirs publics et parce que ces droits sont supposés être affirmés de façon précise. C'est pour ces droits que les textes internationaux mettent en place des procédures à caractère juridictionnel, principalement au plan régional avec l'exemple-type de la Cour européenne des droits de l'homme.

B - La deuxième génération : les droits économiques, sociaux et culturels

1) Caractères

Ce sont des droits individuels et collectifs. Il s'agit d'envisager l'individu situé et non pas l'individu isolé ou de façon abstraite.

Il n'y a pas de défiance à l'égard des « pouvoirs ». Bien mieux, on leur demande d'agir car ces droits ne peuvent exister par eux-mêmes mais que si la société intervient. L'idée de fraternité – troisième élément de notre devise – peut être le support.

Ce sont des droits créances qu'on peut formuler par l'idée de « droits à », cette créance étant à l'égard de la collectivité, de la société.

L'égalité est repensée. Elle intègre l'égalité des sexes. Elle s'intéresse à l'égalité économique. Elle annonce les discriminations positives.

2) Contenu

Il y a continuité des droits de la première génération mais parfois avec des limites comme pour le droit de propriété. Le sens de celui-ci est transformé. Propriété oblige affirmera la Constitution de Weimar.

La deuxième génération s'intéresse aux rapports entre l'individu et l'économie, intégrant l'idée de nationalisations, les conditions d'organisation de l'entreprise.

Elle envisage l'individu face aux différents âges de la vie.

Pour l'enfant et l'adolescent on proclame la protection de la famille, le droit à la santé, le droit à l'éducation.

Pour l'individu d'âge mûr, on le protège contre les aléas de la vie. Il doit être protégé contre les calamités. Pour lui aussi la protection de la famille et le droit à la santé s'imposent. Il est également protégé dans son travail. On proclame le droit au travail, la protection contre les effets du chômage, le droit de grève, le droit syndical.

La femme bénéficie d'une protection particulière en tant que mère.

L'individu âgé est également concerné avec le droit à la retraite, une protection spécifique des personnes âgées et bien sûr le droit à la santé.

3) Textes de référence

Certaines constitutions ont été innovantes à ce sujet, notamment la constitution mexicaine de 1917, non sans utopie. Les constitutions soviétiques sont également porteuses de ces idées. En France, on trouve une ébauche dans le préambule de 1848 et les textes de 1946 (surtout le projet d'avril 1946 mais aussi le préambule de la constitution d'octobre 1946) ont réceptionné cette nouvelle génération.

Sur le plan international les droits de cette génération figurent dans le Pacte sur les droits économiques, sociaux et culturels et en Europe, dans la Charte sociale européenne de 1961 et le titre IV de la Charte des droits fondamentaux de l'Union européenne. L'Europe est le seul continent à avoir réellement accordé une attention à ces droits, mais elle comporte de grandes limites.

4) Protection

La protection est beaucoup plus faible. Et ils cèdent devant les droits de la première génération. Notamment les mécanismes de protection mis en place dans les textes internationaux sont d'une très grande faiblesse. Seule l'OIT a essayé d'aller plus loin. La Déclaration universelle, dans son article 22 montre bien les limites de ces droits lorsqu'elle pose que *« toute personne... est fondée à obtenir la satisfaction de ces droits compte tenu de l'organisation et des ressources de chaque pays »*.

C - La troisième génération : Les droits de solidarité

L'expression n'est pas forcément très heureuse car bien souvent les droits de la deuxième génération peuvent aussi apparaître comme des droits de solidarité. Ainsi, dans le chapitre solidarité de la Charte des droits fondamentaux de l'Union européenne, on trouve aussi bien le droit à des conditions de travail justes et équitables appartenant plutôt la deuxième génération que le droit à « une protection élevée de l'environnement » considéré comme un droit de la troisième génération. Il est vrai que la liberté syndicale figure dans le deuxième chapitre – Libertés – de ce texte. Il s'agit cependant ici des « nouveaux droits de l'homme ». Avec les droits de solidarité la vision est plus planétaire. Ils sont nés dans les organisations internationales avec l'émergence des États du Tiers-Monde.

1) Caractères

Ils sont liés à une prise de conscience du monde. Ils intéressent un nouveau titulaire : « l'Humanité ». On voit apparaître les peuples. L'idée de patrimoine commun de l'humanité, notamment lancée à propos des fonds marins par le délégué maltais à l'ONU Arvid Pardo en 1967 est l'une des originalités. On a voulu faire de l'Humanité le titulaire d'un certain nombre de droits, de ressources. Mais il est difficile de définir ce qu'est l'Humanité.

2) Contenu

Les droits, qui sont aussi des « droits à » ont un contenu un peu hétéroclite. On y trouvera pêle-mêle le droit à l'environnement, le droit à la paix, le droit au développement. Droits-créances, on a du mal à cerner qui est le créancier.

3) Textes de référence

Certaines constitutions récentes ont commencé à intégrer avec prudence, ces nouveaux droits. Mais on les trouve surtout dans les résolutions des organisations internationales ou dans certaines conventions. Il semble d'ailleurs qu'il y ait une certaine stagnation en ce domaine en raison du recul de l'importance des États en voie de développement dans les organisations internationales à la suite de l'éclatement du bloc soviétique. La Charte africaine des droits de l'homme et des peuples évoque le droit à l'environnement (art. 24) et affirme que *« tous les peuples ont droit à la jouissance égale du patrimoine commun de l'humanité »* (art. 22) et se réfère au patrimoine commun de l'humanité. Cependant le projet de révision constitutionnelle français, en matière d'environnement, adopté en conseil des ministres le 25 juin 2003, quelque peu utopique, nous y rattache peut-être, encore qu'avec l'idée du principe de précaution il nous fasse franchir l'étape de la quatrième génération. Ce projet élaboré par une commission ne comprenant que deux juristes sur 18 membres doit compléter le préambule de la Constitution par une référence à la Charte de l'environnement de 2003.

4) Protection

La protection est très illusoire et est très liée aux rapports de force entre les États. Il suffit de voir l'attitude des États-Unis pour la ratification de la Convention des Nations Unies sur le droit de la mer de 1982 et aujourd'hui l'attitude à propos du Protocole de Kyoto en matière d'environnement. Il y a revendication des États en voie de développement et refus de prise en considération de certains États développés, et non des moindres.

D - La quatrième génération : les droits face aux nouvelles techniques

On peut éventuellement penser qu'il s'agit d'une quatrième génération, même si certains problèmes soulevés et certains droits revendiqués ne sont pas toujours très nouveaux. La prise de conscience de certains dangers engendrés par l'utilisation de certaines techniques (appelées abusivement technologies) nouvelles, ou récentes, ont conduit à une réflexion. Certaines catastrophes nucléaires évitées de justesse comme celle de Three Mile Island en Pennsylvanie, le 28 mars 1979, ou malheureusement survenues comme celle de Tchernobyl en Ukraine, le 26 avril 1986 au cours de laquelle 5 000 000 de personnes ont été exposées aux radiations, le nuage radioactif faisant le tour du monde, l'apparition de nouveaux virus passant la barrière des espèces comme le VIH (Virus de l'immunodéficience humaine) responsable du SIDA ou plus récemment le SRAS (Syndrome respiratoire aigu sévère), les espoirs mais aussi les craintes suscitées par les progrès en matière de biologie qui pourraient conduire l'homme à être le maître de la création de l'homme ont mobilisé philosophes et juristes.

1) Caractères

Ces droits sont liés à l'apparition de nouvelles techniques et semblent prôner un retour sur l'individu. On cherche souvent une vision nouvelle de certains droits affirmés dans le passé comme le droit à la santé menacé par ces nouvelles maladies, mais aussi le droit à la vie en raison de certaines conséquences de choix de bioéthique, le droit à la vie privée menacé par l'informatique et Internet.

2) Contenu

Ils intéressent les questions touchant à la bioéthique et celles intéressant l'individu face à l'informatique à travers les fichiers et le développement d'Internet. Mais la diversité des nouvelles techniques est telle que tous les droits peuvent se trouver ainsi revisités. Ces droits sont difficiles à appréhender de façon autonome et on peut se demander s'il s'agit véritablement d'une nouvelle génération ou plutôt de nouveaux défis que doivent affronter les droits et libertés déjà existant.

3) Textes de référence

Là encore, quelques constitutions récentes ont essayé de poser certains principes. La volonté de constitutionaliser prochainement en France le principe de précaution est une de ces illustrations.

Des conventions internationales, notamment dans le cadre du Conseil de l'Europe ont appréhendé le sujet. L'ONU peut aussi offrir un cadre à cet effet.

4) Protection

La protection, qui se veut forte, est en réalité variable et soumise aux aléas de l'évolution des techniques en même temps que des intérêts économiques en jeu. L'exemple de l'application de la convention-cadre des Nations Unies sur les changements climatiques du 9 mai 1992 et les difficultés pour obtenir, notamment des États-Unis, la ratification du protocole de Tokyo du 11 décembre 1997 montrent bien le caractère relatif et finalement discutable de cette génération de droits.

Section 2

Les manifestations de la hiérarchie

Officiellement les autorités en charge de la protection semble vouloir refuser de s'engager dans ce débat. Il en est ainsi du Conseil constitutionnel quoique la réalité soit un peu différente. Certains droits ont un «*poids spécifique*» (B. Genevois) différent.

Les indices d'une hiérarchie peuvent être multiples, tenant à la nature du texte qui les affirme, à l'ordre de présentation dans un texte, à la formulation, à l'attitude du juge.

1 • LA VALORISATION DES DROITS

A - Le cadre de la reconnaissance

Les droits et libertés, alors même que le régime juridique peut être plus fragile pour certains, peuvent être valorisés selon le type de texte dans lequel ils sont affirmés.

1) Textes à portée solennelle

Certains textes, en raison de leur caractère, du contexte dans lequel ils ont été élaborés et surtout de leur ancienneté ont acquis une force considérable et les droits et libertés qu'ils contiennent semblent intouchables. En outre on voit mal comment modifier, amender ces textes. Comment modifier la Déclaration de 1789 ? Certains ont essayé de le faire en 1989 à l'occasion du bicentenaire pour, heureusement, bien vite renoncer.

Les grands textes de l'histoire britannique appartiennent à cette catégorie même si, en théorie, un acte du Parlement pourrait les mettre à bas.

On peut penser qu'en France, la présence d'un droit dans la Déclaration des droits de l'homme et du citoyen témoigne d'une volonté d'en faire un droit se situant au sommet de la hiérarchie. Sans doute, devra-t-il être repris dans la Constitution pour que l'on passe de la Déclaration des droits à la garantie des droits.

La Déclaration peut être un texte extérieur à la Constitution comme ce fut le cas en 1789, même si dans l'esprit des rédacteurs il y avait un lien évident entre le texte proclamé le 26 août 1789 et la Constitution de 1791. La Déclaration peut être formellement liée à la Constitution comme en 1793, en l'an III ou dans le projet d'avril 1946.

Les droits peuvent figurer dans un préambule, formule typiquement française, qui peut constituer une fausse déclaration comme le Préambule de 1946 ou une simple introduction comme en 1958, même si le Conseil constitutionnel n'est pas resté dans la voie choisie par les rédacteurs.

Sur le plan international, la formule de la Déclaration a le même caractère de force, même si, sur le plan juridique, cette suprématie est parfois réduite à néant. En outre, la multiplication des déclarations finit par banaliser le genre et les effets. On ne peut que regretter la propension à faire des déclarations solennelles lors de rencontres internationales au plus haut niveau, déclarations qui sont très rapidement oubliées.

2) Constitution

Enfin les droits peuvent être affirmés seulement dans la constitution. Cela ne leur enlèvera certainement pas de l'autorité.

C'est d'ailleurs le cas dans la plupart des États. L'idée de déclaration solennelle ou encore de préambule est très française.

La distinction sera entre les libertés mentionnées dans la constitution – droits fondamentaux – et celles figurant dans d'autres textes. Mais cela n'est pas toujours une démarche certaine. D'une part le catalogue des droits figurant dans la constitution varie d'un État à l'autre. D'autre part certains droits et libertés figurant dans des lois peuvent acquérir un statut de droit fondamental comme en France avec les principes fondamentaux reconnus par les lois de la République.

Là aussi tout va dépendre de l'ancienneté de la constitution. Celle-ci pourra donner plus de force à ces droits et libertés. Le cas des dix premiers amendements à la Constitution américaine, présents depuis plus de 200 ans vient renforcer leur autorité. Il va de soi que pour certains États qui connaissent une grande instabilité constitutionnelle, la portée sera toujours plus réduite. Bien évidemment, il faut aussi ajouter aujourd'hui l'importance du rôle joué par les juridictions constitutionnelles qui vient conforter les affirmations de ce type.

B - Modalités de la reconnaissance

1) L'ordre de présentation

L'ordre dans lequel les droits sont affirmés n'est pas sans intérêt.

Ils peuvent être présentés dans des articles liminaires. En deux articles, la Déclaration des droits de l'homme et du citoyen a tout affirmé. Avec l'article 1 elle affirme la liberté et l'égalité et avec l'article 2 en tant que droits naturels et imprescriptibles de l'homme, la liberté, la sûreté, la propriété et la résistance à l'oppression.

La Charte canadienne des droits et des libertés compte, dans son article 2 l'affirmation de quatre libertés fondamentales : liberté de conscience et de religion (ce qui est très nord-américain) ; liberté de pensée, de croyance, d'opinion et d'expression, y compris la liberté de la presse et des autres moyens de communication ; liberté de réunion pacifique ; liberté d'association. Ce n'est certainement pas le choix que nous aurions fait en France.

On remarquera que n'y figure pas le droit à la vie (qui est mentionné à l'article 7) ni le droit à la dignité. Dans la Charte des droits et libertés de la personne du Québec de 1975 ne figure pas d'article de ce type. En revanche, ce texte contient un Préambule qui insiste sur la dignité même si cela n'est que dans une introduction.

Mais la place dans le « catalogue » est aussi d'un intérêt primordial.

Le Décalogue américain, constitué par les dix premiers amendements à la Constitution (dit *Bill of Rights*) en 1791, comprend en premier lieu la liberté de la religion facilement explicable par les raisons de l'établissement en Amérique de certains colons (il suffit d'évoquer les Pilgrim Fathers du Mayflower en 1620), la liberté de parole ou de presse, le droit de s'assembler paisiblement et le droit de pétition. «*Le Congrès ne pourra faire aucune loi ayant pour objet l'établissement d'une religion ou interdisant son libre exercice, de limiter la liberté de parole ou de presse, ou le droit des citoyens de s'assembler pacifiquement et d'adresser des pétitions au gouvernement pour qu'il mette fin aux abus*».

Cette première place est très symptomatique et très forte dans la conscience américaine. Dans le film «Les hommes du Président» de Alan J. Pakula, sur l'affaire du Watergate, lorsque Ben Bradlee, rédacteur en chef du Washington Post dit ironiquement que toute cette affaire ne met en cause que le premier amendement à la Constitution, pour un Américain, il s'agit de propos très forts.

Les constitutions modernes, à l'image de la Loi fondamentale de la République fédérale d'Allemagne, tendent à placer d'abord le droit à la dignité (RFA art. 1). En Espagne, l'article 10 qui est une sorte de chapeau du titre I «Des Droits et des devoirs fondamentaux» mentionne en tout premier lieu «*la dignité de la personne*». La même place privilégiée se retrouve en Pologne (art. 30). Il en est de même dans la Charte des droits fondamentaux de l'Union européenne.

On peut parfois se demander si, aussi, la dernière place, en conclusion en quelque sorte, ne constitue pas un indice valorisant. On peut penser au droit de propriété dans la Déclaration de 1789. Cependant, il ne faut pas oublier, qu'en réalité, la Déclaration des droits de l'homme et du citoyen est une œuvre inachevée.

2) La formulation

La façon dont un droit est affirmé peut comporter un caractère tendant à le renforcer. Dans la Déclaration de 1789, deux droits font l'objet d'une telle valorisation. La libre communication des pensées et des opinions est «*un des droits les plus précieux de l'homme*» (art. 11) et le droit de propriété est «*un droit inviolable et sacré*» (art. 17).

Le qualificatif, et notamment, celui de fondamental accolé à un droit ou à une liberté peut également être un indice, laissant entendre que si ces droits et ces libertés sont fondamentaux, les autres ne le sont pas. En accolant le qualificatif de «fondamentales» à quatre libertés, la Charte canadienne peut laisser penser à une telle interprétation.

Le projet Pétain avait détermine sept «libertés fondamentales» (liberté de conscience, liberté de culte, liberté d'enseigner, liberté d'aller et venir, liberté d'exprimer et de publier sa pensée, liberté de réunion, liberté d'association) que le régime de Vichy avait par ailleurs singulièrement malmenées.

3) Le rôle du juge

Dans le cas particulier de la voie de fait, la possible application de ce régime à la violation d'un droit ou d'une liberté dans certaines conditions signifie que le juge lui accorde le caractère de «*liberté fondamentale*».

On retrouve cette idée avec le rôle du juge dans le cadre du référé-liberté (cf. *infra*) qui peut s'appliquer à propos d'une liberté fondamentale. Ainsi le droit au logement décent, considéré comme un objectif de valeur constitutionnelle par le Conseil constitutionnel (CC 29 juillet 1998) n'et pas considéré comme une liberté fondamentale par le Conseil d'État (CE 3 mai 2002, Association de réinsertion sociale du Limousin et autres).

2 • LA PROTECTION SPÉCIFIQUE

D'autres signes peuvent nous éclairer. Ils peuvent se déduire de la révision constitutionnelle ou des régimes en période de crise.

A - La protection contre le pouvoir constituant

Même si on peut légitimement s'interroger sur la valeur de dispositions supraconstitutionnelles, certains droits et libertés peuvent être protégés contre le pouvoir constituant soit par l'interdiction de toute révision affectant tel droit ou telle liberté, soit par la mise en œuvre d'une procédure dérogatoire.

1) Les révisions interdites

Certaines constitutions, afin d'assurer la pérennité de certains principes ont entendu interdire toute révision à leur sujet. Ce fut le cas en 1884 lorsque la IIIe République posa que la forme républicaine du gouvernement ne pouvait faire l'objet d'une proposition de révision, disposition qui a été maintenue dans l'article 89 actuel *« la forme républicaine du Gouvernement ne peut faire l'objet d'une révision »*. On notera qu'au Maroc, c'est la forme monarchique de l'État (ainsi que les dispositions relatives à la religion musulmane) (art. 106) qui ne peut faire l'objet d'une révision. Aux États-Unis, en vertu de l'article 5, *« aucun État ne pourra être privé, sans son consentement, de l'égalité de suffrage au Sénat »*.

Certaines constitutions ont entendu ainsi protéger particulièrement certains droits et libertés. Ainsi, la Loi fondamentale de la République fédérale d'Allemagne prohibe toute révision touchant à *« l'organisation de la Fédération en Länder, au principe de la participation des Länder à la législation ou aux principes énoncés aux articles 1 et 20 »*. L'article 1 affirme que *« la dignité de l'être humain est intangible »* et pose le *« caractère obligatoire des droits fondamentaux pour la puissance publique »*. L'article 20 qui pose les fondements de l'ordre étatique allemand, a trait aussi au droit de résistance. *« Tous les Allemands ont le droit de résister à quiconque entreprendrait de renverser cet ordre [État fédéral démocratique et social], s'il n'y a pas d'autre remède possible. »* La constitution grecque émet aussi certaines interdictions de révision. Celles-ci visent *« le respect et la protection de la valeur de la personne humaine »*, l'égalité des Hellènes devant la loi, l'accès des seuls citoyens grecs pour exercer une fonction publique, sauf exceptions légales, l'interdiction de décerner des titres de noblesse ou de distinction, *« le droit de développer librement sa personnalité et de participer à la vie sociale, éco-*

nomique et politique du pays», l'inviolabilité de la liberté individuelle, la liberté de la conscience religieuse, la séparation des pouvoirs. La constitution portugaise pose (art. 288) 14 limites matérielles à la révision dont la séparation des Églises et de l'État, les droits, les libertés et les garanties des citoyens, les droits des travailleurs, des commissions des travailleurs et des associations syndicales, le pluralisme de l'expression et de l'organisation politique, l'indépendance des tribunaux...

On connaît le caractère relatif de telles prohibitions. Il suffit d'une double révision, la première faisant disparaître la disposition interdisant la révision et la seconde permettant alors de procéder à la révision souhaitée, sauf à considérer qu'une telle opération double constituerait un détournement de procédure. Encore faut-il que la révision de la Constitution puisse être contrôlée, ce qui n'est pas le cas, notamment en France.

On sait ce que valent ces interdictions et les constituants de 1793 avaient raison d'affirmer dans l'article 28 de la Déclaration des droits de l'homme et du citoyen accompagnant la constitution montagnarde qu'*«un peuple a toujours le droit de revoir, de réformer et de changer sa Constitution. Une génération ne peut assujettir à ses lois les générations futures»*.

2) Les procédures de révision dérogatoires

Les procédures dérogatoires correspondent à une vision plus réaliste des choses, à une limitation plus admissible, même si là encore, la double révision pourrait faire sauter le demi-verrou.

Afin de réviser la Constitution, une procédure plus rigoureuse peut être mise en place et permettre une meilleure garantie des droits et libertés. On observe cela dans certaines constitutions des pays de l'Europe centrale et orientale. Ainsi, la Constitution russe a prévu une procédure spéciale pour réviser les chapitres 1 (Fondements de l'ordre constitutionnel), 2 (Droits et libertés de l'homme et du citoyen) et 9 de la Constitution, permettant ainsi de mieux sauvegarder les droits et libertés. Alors que la révision ordinaire de la Constitution suppose un vote des membres du Conseil de la Fédération et des 2/3 des membres de la Douma, l'article 135 prévoit pour ces trois chapitres la convocation d'une Assemblée constituante sur vote des 3/5 des voix au Conseil de la Fédération et à la Douma. La révision au sein de l'Assemblée constituante nécessitera une majorité des 2/3 des voix à moins que n'ait lieu un référendum exigeant la majorité et la participation de la moitié des électeurs.

Il en est de même en Pologne où la Constitution pose un délai plus long pour la révision et la possibilité d'un référendum (art. 235).

B - Les régimes juridiques

Lorsque nous avons évoqué la notion de droit fondamental, nous avons mentionné l'importance du régime juridique induit par ce caractère.

1) La détermination du régime juridique

L'autorité chargée de fixer le régime juridique sera aussi un indice. Parfois il s'agit du Constituant lui-même. Si, sans doute, il n'appartient pas à une constitution de contenir tout le régime juridique d'un droit ou d'une liberté, il n'en reste pas moins que certains textes constitutionnels fixent au moins quelques principes directeurs. Il en est ainsi, très souvent, notamment dans les constitutions d'inspiration britannique à propos de la sûreté et elles constituent presque de véritables codes de procédure pénale. Mais d'autres libertés peuvent trouver des éléments de leur régime dans la Constitution. C'est le cas par exemple dans la constitution italienne où le régime de la saisie de presse est constitutionnalisé dans les alinéas 3 et 4 de l'article 21 de la Constitution.

Le plus souvent, et c'est même normalement la règle, ce sera la loi qui fixera ce régime. C'est le principe posé par l'article 34 de la Constitution française lorsqu'il dispose que *« la loi fixe les règles concernant les droits civiques et les garanties fondamentales accordées aux citoyens pour l'exercice des libertés publiques »*.

Mais ce régime pourra dans certaines circonstances laisser la place à l'intervention de l'autorité administrative. Il est évident que plus sa place sera grande moins la liberté ou le droit occuperont une place privilégiée dans la hiérarchie.

2) Le degré de liberté : régime répressif/régime préventif

Le type de régime auquel sera soumis une liberté sera également un indice. Si le régime est répressif, c'est-à-dire fondé sur la responsabilité de l'utilisateur de ces droits ou libertés, ce sera l'indice d'une liberté très protégée. Si le régime est préventif, c'est-à-dire supposant une intervention préalable d'une autorité, ce sera l'indice d'une liberté de moindre qualité. Là encore, il faut être prudent dans l'analyse comme nous le verrons plus loin.

3) Les procédures

Quelle procédure sera mise en œuvre lorsqu'il s'agira de réprimer l'abus d'une liberté ou de sanctionner la violation d'une liberté ? Si la procédure est une procédure de droit commun il s'agira sans doute d'une liberté moindre que si un régime spécifique de protection a été mis en œuvre. Là encore, les constitutions d'inspiration britannique, incorporent très souvent pour des droits ou libertés des dispositions spécifiques permettant une plus grande protection. Pendant longtemps le régime particulier qui, malheureusement, a progressivement perdu de son originalité témoignait de l'importance attachée à la liberté de la presse. Le jugement des délits de presse par la Cour d'assises en était une belle illustration. Cette exception, après s'être réduite, a disparu en 1944. Il subsiste encore certains aspects dérogatoires comme la prescription de trois mois. Mais pour combien de temps encore ? Les coups de boutoir contre celle-ci sont de plus en plus forts.

C - Le noyau dur

Certaines libertés apparaissent comme étant intouchables, même en période de crise.

Ce caractère est soit posé d'une façon de principe, soit à travers les régimes d'organisation – ou de restriction – des droits et des libertés pour ces périodes de troubles.

1) Les dérogations impossibles

Certaines constitutions affirment le caractère intangible de certains droits ou libertés. Nous avons par exemple déjà fait référence au droit à la dignité en Allemagne. C'est avant tout par les interdictions de révision constitutionnelle que se réalisent ces affirmations.

Mais le Droit international est également tout à fait intéressant.

Le jus cogens pourrait être un indice. L'article 53 de la Convention de Vienne sur le droit des Traités stipule qu'« *est nul tout traité qui, au moment de sa conclusion est en conflit avec une norme impérative du droit international général. Aux fins de la présente Convention, une norme impérative du droit international général est une norme acceptée et reconnue par la Communauté internationale des États dans son ensemble en tant que norme à laquelle aucune dérogation n'est permise et qui ne peut être modifiée que par une nouvelle norme du droit international général ayant le même caractère* ». Cette disposition qui a suscité l'hostilité de la France – et qui explique le refus encore actuel de la France de ratifier cette convention – animée par la tradition positiviste, et a été vigoureusement défendue par le Saint-Siège, représenté par le Professeur Rene-Jean Dupuy, n'a sans doute pas pu faire l'objet d'une énumération des règles ayant ce caractère. Mais il est évident que certains droits ou libertés pourraient y figurer. Ainsi le droit de ne pas tomber en esclavage, le droit de ne pas être torturé relèvent très certainement du *jus cogens*.

Les conventions relatives aux droits de l'homme ont adopté la technique du noyau dur en excluant absolument qu'« *il puisse être porté atteinte à certains droits ou libertés* ». En toutes circonstances.

La Convention européenne des droits de l'homme a ouvert la voie en 1950 avec l'article 15 qui stipule que « *en cas de guerre ou en cas d'autre danger public menaçant la vie de la nation, toute Haute Partie Contractante peut prendre des mesures dérogeant aux obligations prévues par la présente convention, dans la stricte mesure où la situation l'exige et à la condition que ces mesures ne soient pas en contradiction avec les autres obligations découlant du droit international. La disposition précédente n'autorise aucune dérogation à l'article 2, sauf pour le cas de décès résultant d'actes licites de guerre, et aux articles 3, 4 § 1 et 7* », c'est-à-dire au droit à la vie, à l'interdiction de la torture, à l'interdiction de l'esclavage et au principe de la légalité des délits et des peines.

Sur le plan mondial, le Pacte de 1966 sur les droits civils et politiques a repris cette technique du noyau dur en l'élargissant (art. 4). D'une part ce texte interdit absolument les mesures discriminatoires en matière de race, couleur, sexe, langue, religion et origine sociale, et d'autre part il prohibe les dérogations aux articles 6 (droit à la vie), 7 (interdiction de la torture), 8-1 (interdiction de l'esclavage), 8-2 (interdiction de la servitude), 11 (interdiction de la prison pour dette – contrainte par corps) 15 (principe de la légalité des délits et des peines), 16 (reconnaissance de la personnalité juridique) et 18 (liberté de pensée, de conscience et de religion). On constatera que les articles 11, 16 et 18 sont nouveaux par rapport à la Convention européenne des droits de l'homme.

La Convention américaine des droits de l'homme a repris la même technique mais en l'élargissant presque démesurément, ce qui sans doute était plus facile que sur le plan mondial en raison d'une plus grande communauté culturelle et idéologique. L'article 27 interdit tout d'abord que des mesures prises puissent être porteuses de discriminations fondées sur la race, la couleur, le sexe, la langue, la religion ou l'origine sociale. D'autre part, le deuxième alinéa protège ainsi absolument le droit à la reconnaissance juridique (art. 3), le droit à la vie (art. 4), le droit à l'intégrité de la personne (art. 5), l'interdiction de l'esclavage et de la servitude (art. 6), le principe de légalité et de non-rétroactivité des délits et des peines (art. 9), la liberté de conscience et de religion (art. 12), la protection familiale (art. 17), le droit à un nom (art. 18), les droits de l'enfant (art. 19), le droit à une nationalité (art. 20), les droits politiques [droit de participer aux affaires publiques, le droit d'élire et d'être élu] (art. 23), et enfin les garanties judiciaires pour protéger ces droits visées notamment aux art. 7-6 (recours immédiat à un juge en cas d'arrestation), 8 (procès juste et équitable) et 25-1 (recours effectif en cas de violation des droits fondamentaux) de la Convention.

Mais ce noyau dur ne vise que des droits de la première génération, ce qui tendrait à montrer, une fois de plus, la supériorité de ceux-ci sur ceux de la seconde génération. La Charte sociale européenne, dans son article 30, évoque l'hypothèse de dérogations en cas de guerre ou de danger public. Mais aucun droit n'est intangible.

Le Pacte sur les droits sociaux, économiques et culturels ne comporte même pas d'article de ce type.

2) Les législations de crise

Les dispositions applicables en période de crise peuvent apporter certaines distinctions, soit en écartant qu'il puisse être porté atteinte à certains droits ou libertés, soit en n'autorisant d'atteintes qu'à certains droits ou libertés.

Le cas de l'article 16 de la Constitution est assez exceptionnel qui ne souffre aucune exception, sauf bien sûr celles imposées par les conventions internationales (CC 85-188, *DC*, 22 mai 1985, Protocole n° 6 additionnel à la Convention européenne de Sauvegarde des droits de l'homme et des libertés fondamentales concernant l'abolition de la peine de mort, signé par la France le 28 avril 1983).

Deux techniques sont utilisées. La plus protectrice est celle énumérant les droits et libertés auxquels il peut être porté atteinte. C'était le cas de l'article 48 de la Constitution de Weimar, considéré comme un précédent à l'article 16 français. Le Président ne pouvait porter atteinte qu'à la liberté personnelle, à l'inviolabilité du domicile, au secret de la correspondance, à la liberté d'expression, à la liberté de réunion, à la liberté d'association et au droit de propriété. C'est aussi la situation avec l'état de siège et l'état d'urgence que nous verrons ultérieurement.

Certains textes opèrent de manière inverse en énumérant les droits et libertés auxquels il ne peut être porté atteinte.

C'est notamment la façon dont procèdent les conventions internationales avec la technique du noyau dur (cf. *supra*).

D - L'attitude des juges

Y a-t-il une hiérarchie, y a-t-il des droits plus importants les uns que les autres ? On sait que la subjectivité est très grande face à cette question.

Les juridictions constitutionnelles, notamment, ont été confrontées à cette interrogation. Lors de l'examen des nationalisations en 1982, on pouvait estimer qu'il y avait un conflit entre l'article 17 de la Déclaration de 1789 et le Préambule de 1946 dans ses dispositions sur les nationalisations. Le Conseil semble avoir privilégié la Déclaration de 1789 sur le Préambule de 1946 (CC 81-132, *DC*, 16 janvier 1982, Loi de Nationalisation, *GDCC* n° 31 ; F p. 11) en estimant que ce dernier texte «*tend seulement à compléter [les droits de 1789] par la formulation des "principes politique, économiques et sociaux particulièrement nécessaires à notre temps"*». De plus il a souligné que le droit de propriété, dans l'article 2 de la Déclaration de 1789 est mis au même rang que la liberté, la sûreté et la résistance à l'oppression. Le Conseil, en apparence, ne fait pas de tri entre les différents articles de la Déclaration pas plus qu'il n'en fait entre les différents alinéas du Préambule. Mais il semble faire une différence entre les textes de référence.

Cependant chaque fois que possible, il préférera essayer de concilier en le faisant, selon le Doyen Vedel, « *non par une préférence systèmatique donnée à tel droit, liberté, principe, objectif de valeur constitutionnelle sur tel autre, mais par une pesée concrète, le plus souvent à la lumière du principe de proportionnalité* ».

Il n'empêche que, parmi les droits de la première génération, des hiérarchies doivent exister. Nous pensons que, incontestablement, le droit à la vie est très certainement le droit le plus fondamental de l'homme, tout simplement parce que privé du droit à la vie, l'homme ne peut disposer d'aucun autre droit. C'est d'ailleurs ce qu'a reconnu la Cour européenne des droits de l'homme en affirmant que c'est un droit «*sans lequel la jouissance des autres droits et libertés garantis par la Convention serait illusoire*» (CEDH, 29 avril 2002, Pretty c/ Royaume-Uni). Le droit à la vie «*constitue un attribut inaliénable de la personne humaine et il forme la valeur suprême dans l'échelle des droits de l'homme*» (CEDH, 22 mars 2001, Streletz, Kessler et Krenz c/ Allemagne, B 125). D'ailleurs la Déclaration d'Indépendance plaçait en tête des «*droits inaliénables*» le droit à la vie. Les Américains semblent l'avoir oublié en perpétuant la peine de mort. Aujourd'hui, pourtant, la tendance serait de mettre en haut de cette pyramide le droit à la dignité. Encore faudrait-il être capable de déterminer de façon plus précise le contenu du droit à la dignité. Mais il n'y a pas forcément contradiction dans cette hiérarchie si on considère que le droit à la vie est partie intégrante du droit à la dignité, que toute atteinte au droit à la vie est une atteinte à la dignité de l'homme. Dès lors le droit à la vie constitue l'aspect suprême du droit à la dignité. Mais il est difficile, ensuite, d'établir une hiérarchie, si ce n'est en se référant au noyau dur de la Convention européenne des droits de l'homme – sous réserve de considérer que le droit à la vie est absolu comme il l'est d'ailleurs devenu dans la pratique du Conseil de l'Europe et avec l'apport des protocoles 6 et 13.

En réalité, quand il y a conflit dans un premier temps, on cherche avant tout à concilier. Mais qu'advient-il si la conciliation est impossible ?

BIBLIOGRAPHIE

BREILLAT (D.), « La hiérarchie des droits de l'Homme », *Mélanges Ph. Ardant*, 1999, pp. 353-372.

DENQUIN (J.-M.), « Sur les conflits de libertés », *Mélanges R.-E. Charlier*, 1981, pp. 545-561.

FAVOREU (L.), « La notion de liberté fondamentale devant le juge administratif des référés », *D.* 2001, Chr., pp. 1739-1744.

« Progrès scientifique et droits de l'homme », n° spécial de la *RTDH*, 1er avril 2003, pp. 339-744.

SAINT-JAMES (V.), *La Conciliation des droits de l'homme et des libertés en droit public français*, Presses Universitaires de France, 1995.

CHAPITRE 3

L'importance des idéologies

L'approche des droits de la personne humaine a été fortement influencée par les présupposés philosophiques. Diverses conceptions ont pu ainsi apparaître, qui ont pu certes évoluer en raison de l'histoire, mais aussi de la confrontation avec d'autres approches. La conception libérale a pu dominer dans nos sociétés occidentales (section 1). Elle n'est pas la seule et à son individualisme, on a pu opposer les conceptions communautaires (section 2).

Section 1

La conception libérale

Elle a été longtemps marquée par la théorie du droit naturel avant que n'apparaissent les thèses positivistes.

1 • LE DROIT NATUREL

L'idée est qu'il existe des règles évidentes, universelles, intangibles qui peuvent trouver leur source soit dans une création divine, soit déduites de la raison.

A - L'Antiquité

L'idée de liberté peut, pour partie, apparaître comme une idée des Grecs. Hérodote montre la force de cette liberté « *Les Athéniens, tant qu'ils furent soumis à un tyran ne se montrèrent nullement supérieurs à leurs voisins. À peine furent-ils délivrés du joug qu'ils les surpassèrent tous* ».

Sans soute peut-on trouver les origines du droit naturel chez les Grecs. N'est-ce pas le mieux affirmé que lorsque Antigone s'adressant à Créon afin de pouvoir enterrer son frère Polynice, évoque « *les lois non écrites, inébranlables des dieux : ce n'est pas d'aujourd'hui ni d'hier, mais de toujours qu'elles vivent et nul n'en connait l'origine* » (Sophocle).

Dans cette réflexion Aristote pose l'idée de l'harmonie d'un ordre naturel. Mais cela n'est pas toujours favorable aux droits et libertés car l'approche d'un ordre naturel peut être très subjective. Ainsi Aristote justifie-t-il l'esclavage parce qu'il est naturel que certains sont nés pour commander et d'autres pour obéir.

Il s'agit d'une liberté-participation. Chacun peut participer à l'établissement des règles qui régissent la vie sociale. Mais cette liberté gravite autour de l'idée de loi. En dehors de la loi à laquelle il est tenu d'obéir, l'homme est libre d'agir comme il l'entend. Toute la question réside dans le champ d'intervention de la loi. Or celle-ci peut intervenir beaucoup. Il suffit de penser à Lacédémone (Sparte).

En outre il y a certaines contradictions qu'il convient de relever.

Seuls les citoyens disposent de la liberté. Or, il y a une masse de personnes qui n'en jouit pas : les esclaves. La démocratie grecque a souvent été magnifiée mais n'oublions pas qu'elle était facilitée par l'esclavage qui permettait au citoyen, libéré des tâches matérielles par les esclaves, de participer à cette démocratie, d'aller à l'agora.

En outre ceux qui ne sont pas dans la norme peuvent en mourir. L'exemple de Socrate est le plus évident. Il boit la ciguë parce qu'il se soumet aux lois, et en cela il est bon citoyen, tout en affirmant la liberté de pensée. L'emprise de la Cité est grande et peut conduire au totalitarisme parce que la Cité peut intervenir dans tous les domaines de la vie, qu'elle soit publique ou privée.

B - L'apport du christianisme

Le christianisme est personnaliste en ce qu'il privilégie la personne humaine. Il ressort de l'enseignement du Christ un certain nombre d'idées qui vont sous-tendre les droits de la personne humaine jusqu'à aujourd'hui et que les Papes, depuis Jean XXIII, tentent de revivifier.

La première idée est celle de la dignité de l'homme, car il est créé à l'image de Dieu et son âme est immortelle. « *Ce que vous avez fait au plus petit d'entre les miens, c'est à moi que vous l'aurez fait* ». On comprend dès lors beaucoup mieux pourquoi dans les affirmations actuelles en Europe, le droit à la dignité figure au premier plan.

Une autre idée révolutionnaire est celle de l'égalité des hommes, une égalité devant Dieu et que Saint-Paul affirme ainsi : « *Il n'y a plus ni juif, ni grec, il n'y a plus ni esclave ni homme libre, il n'y a plus ni homme, ni femme, car vous êtes tous en Jésus Christ* » (Saint-Paul, Épître aux Galates). On en tirera aussi l'idée de solidarité.

Enfin les rapports de l'individu et de l'autorité temporelle sont posés de façon nouvelle. Il y a un domaine de l'individu auquel le pouvoir n'a pas accès. Il ne peut empiéter sur son domaine spirituel. Cela peut conduire à quelques difficultés car le Chrétien doit obéir aux autorités. Il faut rendre à César ce qui est à César. C'est la dualité du spirituel et du temporel qui était ignorée des Romains. L'unicité du pouvoir doit être refusée ce qu'affirmeront les Pères de l'Église, Saint-Ambroise et Saint-Augustin (De Civitate Dei) notamment.

Saint-Paul justifie la soumission au pouvoir temporel par le fait que le pouvoir vient de Dieu. « Nisi potestas a Deo ». « Que toute personne soit soumise aux autorités supérieures car il n'est point d'autorité qui ne soit de Dieu et celles qui existent sont établies par Dieu, de sorte que celui qui résiste à l'autorité résiste à l'ordre voulu de Dieu ». Cependant la soumission à une limite : lorsque le pouvoir intervient dans la sphère privée. Cela justifie la résistance qui peut conduire au martyre ou à une forme plus violente que certains prôneront, le tyrannicide, notamment à l'époque des Guerres de religion. Cette idée sera développée surtout au XVIe siècle et ne sera pas oubliée en 1789 avec la résistance à l'oppression de l'article 2 de la Déclaration des droits de l'homme et du citoyen. Saint Thomas d'Aquin, qui a recréé le droit naturel, a développé une théorie de l'insurrection distinguant entre l'autorité et le titulaire de l'autorité.

L'Église s'inscrit dans la continuité du droit naturel d'Aristote. Pour elle, il y a coïncidence entre la «*loi naturelle*» mise par Dieu dans le cœur de ses créatures et le «*droit naturel*» déduit de la raison.

Saint-Thomas, dans la Somme théologique, opère une distinction entre trois types de lois: la *lex divina* ou *lex aeterna*, qui est la Parole de Dieu, les enseignements de l'Église; la *lex naturalis*, qui peut être découverte par la seule raison humaine; et enfin la *lex humana*, créée par l'homme, qui sera le droit positif de l'État.

La concrétisation de ces principes ne sera pas toujours aisée pour l'Église et notamment celle de l'idée d'égalité. Pourtant des avancées positives apparaissent avec la transformation de la condition de la femme en exigeant canoniquement son consentement au mariage.

Des voix se font entendre pour l'abolition de l'esclavage. Les magnifiques combats de Bartolomé de Las Casas illustrent cette question et notamment la controverse de Valladolid, sur l'initiative du Pape Paul III, au cours de laquelle, Las Casas s'oppose à Juan Gines de Sepulvada qui, s'appuyant sur Aristote, prétendait que les Indiens n'ayant que l'apparence humaine n'avaient pas d'âme, n'étaient que des animaux, et donc pouvaient être mis en esclavage. Il obtiendra de Charles-Quint les «Lois nouvelles» qui en 1542 tentent de réfréner les abus.

Mais l'Église refuse la liberté de conscience. Celle-ci est d'ailleurs aussi bien rejetée par l'Église catholique que par Luther et Calvin.

C - Laïcisation du droit naturel

La théorie du droit naturel faisait appel à un principe religieux; désormais, pour certains, ce n'est plus indispensable. Il peut se laïciser. Pour cela on peut faire remonter l'idée au stoïcisme. Cela ne signifie pas qu'il y a une rupture. (C'est Pufendorf qui va couper le lien avec Dieu). Le droit naturel est né de la Parole de Dieu. «*Le droit naturel lui-même peut être attribué à Dieu, puisque la divinité a voulu que de tels principes existassent en nous*». Mais il a son autonomie. L'apport de Hugo De Groot, dit Grotius reste considérable à travers «*De jure belli ac pacis*» publié en 1625 et dédié à Louis XIII. Le droit naturel a sa propre origine. «*La mère du droit naturel est la nature même qui nous pousse encore à chercher le commerce de nos semblables, quand même nous n'aurions besoin de rien*». Grotius, bien sûr, ne nie pas l'existence d'un droit divin, mais il autonomise l'origine de ce droit naturel. C'est «*une maxime de la droite raison*» qui nous fait connaître qu'«*une action est moralement honnête ou déshonnête selon la convenance ou la disconvenance nécessaire qu'elle a avec la nature raisonnable et sociable de l'homme*».

Les tenants de cette laïcisation du droit naturel dégagent ces principes fondamentaux de l'ordre naturel des choses. Il y a un droit antérieur à l'État. Nul ne peut y porter atteinte sans aller contre la nature elle-même.

Grotius distingue le droit naturel et le droit des gens. Les règles de ce dernier sont susceptibles de varier selon les époques, selon les lieux.

L'idée d'état de nature est développée. Il s'agit d'une société dans laquelle les hommes jouissaient d'une liberté totale. Locke et Rousseau y cherchent ce droit naturel, avant même que les hommes ne se soient liés par le contrat social. Mais la vision de cet état de nature peut être bien différente. Pour Thomas Hobbes, il s'agit d'une situation d'anarchie et de désordre. C'est une vision très pessimiste qu'il propose dans le Léviathan [Le Léviathan, est un monstre phénicien évoqué dans la Bible qui représente l'État tout-puissant], (1651). Dans l'état de nature règne la loi du plus fort. Le contrat est indispensable pour la survie. « *L'homme est un loup pour l'homme* ». L'homme se trouve dans « *l'état inorganisé d'une humanité sans maîtres, qui ignore la sujétion des lois et le pouvoir coercitif capable d'arrêter le bras qui s'apprêtait au vol ou à la vengeance* » (Léviathan). La raison va imposer à l'homme que par un contrat passé avec les autres hommes, il renonce totalement aux droits qu'il possède au profit d'un souverain qui aura des pouvoirs illimités pour mettre fin à ce désordre. Cela peut donc justifier le totalitarisme, l'absolutisme.

La vision est plus optimiste chez John Locke. L'état de nature n'est pas cette abomination. L'homme entre dans la société par le contrat social pour connaître une situation encore meilleure. Sans doute les hommes doivent-ils abandonner une partie de leur liberté, mais le contrat social permettra de fixer les libertés qu'ils conservent.

Cette question préoccupe aussi Rousseau. Dans l'état de nature l'homme était libre. Ce n'est plus le cas maintenant estime-t-il. « *L'homme est né libre et partout il est dans les fers* ». *Il cherche « une forme d'association qui défende et protège de toute la force commune la personne et les biens de chaque associé et par laquelle chacun s'unissant à tous, n'obéisse pourtant qu'à lui-même et reste aussi libre qu'auparavant* ». L'homme aliène, dans le contrat social, les droits qu'il possédait dans l'état de nature mais l'homme ne les abandonne que pour conserver.

Chaque homme est une partie du souverain. Or c'est le souverain qui va exprimer la volonté générale. Celle-ci ne peut avoir d'intérêts contraires à ceux des particuliers qui forment le souverain.

Les hommes obéissent à la volonté générale qui est la volonté de tous. Personne ne peut se l'approprier.

On retrouve l'idée de liberté-participation des Anciens ; cela pose quand même la question de la minorité. Mais elle a tort... puisqu'elle est la minorité. Cela peut conduire à l'autoritarisme. (On rappellera les propos du député socialiste André Laignel en 1981, s'adressant à l'opposition de droite dans ces termes : « *Vous avez juridiquement tort parce que vous êtes politiquement minoritaires* »).

Avec Montesquieu on trouve plutôt l'idée de liberté-autonomie. La liberté consiste «*à pouvoir faire ce que l'on doit vouloir et à n'être pas contraint de faire ce qu'on ne doit pas vouloir*» écrit-il dans l'Esprit des lois.

L'individu aura le droit de faire tout ce que les lois permettent ce qui explique l'importance de la loi qui ne doit être que générale. Ce sera à l'exécutif de l'appliquer à des cas individuels. Mais dans cette tâche il utilisera une règle abstraite, impersonnelle, générale. Cela justifie la séparation des pouvoirs. Lorsque Montesquieu développe cette idée dans l'Esprit des lois (1748) c'est pour garantir un ordre libre.

Le droit naturel sous-tend le Code civil et l'avant-projet débutait ainsi : «*Il existe un droit universel, immuable, source de toutes lois positives; il n'est que la raison naturelle en tant qu'elle gouverne tous les hommes*». Cette affirmation a disparu par la suite puisque c'était une évidence.

La vitalité du droit naturel est toujours forte même si les propositions peuvent varier, par exemple entre François Gény pour qui il y a une universalité et une immutabilité du droit naturel et Rudolf Stammler pour qui le droit naturel a un contenu variable.

D - La question de la supraconstitutionnalité

L'esprit du droit naturel retrouve quelque vigueur avec le débat sur la supraconstitutionnalité. L'idée de droits intangibles n'est pas nouvelle. Même le projet de constitution du Maréchal Pétain, dans son article 1 posait que «*la liberté et la dignité de la personne humaine sont intangibles*»... En affirmant qu'il y a certains droits auxquels on ne peut toucher, qui s'imposent au pouvoir constituant, on se situe dans la logique du droit naturel avec des droits s'imposant à tous, appartenant à l'homme parce qu'il est homme. Il s'agit d'une question très actuelle mais que la France, dans la perspective du positivisme rejette.

2 • LE POSITIVISME

L'idée de droit naturel peut très facilement être discutée. Elle a sans doute le mérite de poser que ces droits s'imposent à l'État et qu'ils ne sont pas une simple concession de sa part.

Mais Savigny a montré qu'il n'existe pas de principes universels. Pour les positivistes, seul importe le droit positif, c'est-à-dire celui qui est en vigueur dans les différentes normes. Cette idée a été développée par la doctrine allemande et autrichienne.

Le positivisme étatique a été posé par Hegel pour qui le droit repose sur la force. Il y a chez le philosophe allemand une idolâtrie de l'État.

Jhering insiste sur l'idée de contrainte. Une règle de droit sans contrainte «*c'est un feu qui ne brûle pas, un flambeau qui n'éclaire pas*». Le droit est «*un ensemble composite de forces contradictoires et de buts antinomiques*».

Sans doute peut-on craindre que les droits et libertés ne soient ignorés en tant que tels. Mais l'autolimitation de l'État (Jellinek) peut être un frein.

Hans Kelsen développe l'idée d'une règle juridique qui se situe dans un ensemble hiérarchisé, les normes se présentant selon une forme pyramidale, chacune étant dépendante de celle qui est située au-dessus, la norme fondamentale, suprême (Grundnorm) étant dans l'ordre interne la Constitution et dans l'ordre international la règle *Pacta sunt servanda*. Si la théorie de Hans Kelsen est très séduisante et peut emporter la conviction, elle présente une faille. Il ne démontre pas la norme fondamentale. C'est un postulat qu'il pose.

La source du droit peut cependant être ailleurs. Elle peut être l'œuvre de la conscience collective du groupe pour Durkheim ou bien encore de la masse des consciences individuelles pour Léon Duguit.

Le droit positif, c'est le droit effectivement appliqué. Cela conduit à une séparation absolue entre droit et morale, entre droit positif et droit naturel.

La formulation « *libertés publiques* » est sans doute l'illustration du droit positif.

Le positivisme a l'avantage d'un très grand réalisme. Mais il présente aussi certains risques car il magnifie le rôle de l'État et peut facilement conduire à l'autoritarisme voire au totalitarisme. On l'a accusé d'avoir été le fourrier du nazisme.

Pour les positivistes, les libertés apparaissent à travers le prisme de la théorie de l'autolimitation de l'État. L'État ne peut trouver sa limitation qu'en raison de sa propre volonté. Si l'État accepte de s'autolimiter, c'est qu'il s'agit de son intérêt bien compris. En respectant les droits et les libertés, il renforce sa propre autorité.

Section 2

Les conceptions communautaires

1 • LA CRITIQUE DE L'INDIVIDUALISME DE LA CONCEPTION LIBÉRALE

L'individualisme de la conception libérale a pu avoir ses vertus. Il a eu aussi ses aspects négatifs. Les solutions proposées ont pu passer par des remises en cause partielles ou par des remises en cause radicales.

La critique apparaît surtout à partir de 1848 et le Préambule de la Constitution de la Deuxième république s'en ressent.

Les droits de 1789 sont excessifs car ils font prévaloir l'individu sur la société. Ils n'envisagent l'individu qu'isolément et ne lui accordent pas une protection suffisante dans sa condition sociale (travail, famille, organisations sociales).

2 • LES DIFFÉRENTES APPROCHES

A - La remise en cause partielle par la démocratie sociale

En 1789, l'État était l'ennemi potentiel des libertés. Maintenant on demande l'intervention de l'État ou des autres éléments de la société. On développe l'idée de fraternité, la place de la famille. Sans rejeter les droits individuels, on ajoute des droits sociaux.

Ce courant va surtout se développer pendant l'entre-deux-guerres: démocratie chrétienne, démocratie sociale. On cherche une troisième voie, on cherche à concilier.

En France cela se manifeste avec la pensée social-chrétienne et notamment avec Emmanuel Mounier et le personnalisme, où l'individu cède la place à la personne et où l'on retrouve le problème de l'opposition liberté formelle-liberté réelle des marxistes. Cette émergence a été facilitée par une évolution de l'Église et le rôle d'un Pape comme Léon XIII dont l'encyclique *Rerum Novarum* (1891) mettait l'accent sur le devoir social. C'est sans doute un tournant, même si l'évolution de l'Église sera encore longue. Pie VI avait condamné les «*droits monstrueux*» de l'homme au moment de la Constitution civile du Clergé (Bref *Quod Aliquantum* du 10 mars 1791). Plus tard ce sera le *Syllabus* de Pie IX, publié le 8 décembre 1864 en même temps que l'encyclique *Quanta Cura*, et qui condamne 80 propositions de différentes doctrines, dont le libéralisme moderne.

Le personnalisme met l'accent sur les droits de caractère économique et social dont la sauvegarde permet de donner un contenu effectif aux droits et libertés classiques. On admet la propriété car elle permet de donner une indépendance économique à l'homme.

La revue *Esprit* publie en 1945 une «Déclaration des droits des personnes et des Communautés». Ces Communautés sont la famille, la nation (pour les États multinationaux), les communautés économiques, les communautés de travail. La Déclaration mentionne le droit au travail, le droit au loisir, le droit à la sécurité en cas de maladie. Ce sont des obligations à la charge de l'État.

Cette critique va avoir une forte influence. Elle est d'abord dans les mots avec l'utilisation du qualificatif de «social». Le projet du 19 avril 1946 fait de la France une «République indivisible, démocratique et sociale» et la Constitution du 27 octobre 1946 affirme que «la France est une République, indivisible, laïque, démocratique et sociale», formule que reprend la Constitution de 1958. La loi fondamentale de la République fédérale d'Allemagne affirme que «la RFA est un État fédéral démocratique et social». Si l'Italie n'utilise pas l'adjectif qui avait été détourné dans la République sociale italienne de Mussolini à Salo, elle est peut-être la plus sociale de toutes dans ses affirmations.

Cette vision nouvelle a pu trouver ses premières tentatives d'application en Amérique latine au début du XXe siècle et en Europe après la première guerre mondiale.

L'égalité est repensée et étendue à ceux qui avaient été oubliés – volontairement ou non – permettant celle entre l'homme et la femme.

Des droits nouveaux apparaissent. Ce sont des droits collectifs comme le droit syndical, le droit de grève, ou des droits individuels comme le droit à l'emploi. La famille trouve une place officielle.

D'autre part on fait preuve d'une préoccupation d'effectivité. Les conditions de la mise en œuvre sont précisées. On fait également preuve d'un plus grand relativisme à l'égard du droit de propriété et de la liberté économique ; ce n'est plus l'État neutre mais l'État interventionniste.

Cette critique conduit à des remises en cause. Le droit de propriété acquiert une fonction sociale. L'article 153 de la Constitution de Weimar l'avait affirmé dans une formule forte : « *Propriété oblige. Son usage doit être en même temps un service rendu à l'intérêt général* ».

La Constitution chilienne de 1925 s'inspire de cette idée. Cette remise en cause du droit de propriété apparaît à travers l'idée des nationalisations. La Constitution de Weimar évoque « *les entreprises économiques privées susceptibles d'être socialisées* ». On réglemente la liberté du commerce et de l'industrie.

Certaines constitutions latino-américaines traduisent cette vision. La Constitution mexicaine du 5 février 1917 du président Venustiano Carranza, rédigée avant la révolution russe, affirme même une orientation très socialisante. Le titre VI *(« Du travail et de la prévoyance sociale »)* pose l'obligation pour l'employeur de procurer aux travailleurs des logis commodes et sains, d'établir des écoles et des services nécessaires à la Communauté. Ce texte est tellement détaillé qu'on a pu dire que c'était presque un Code du travail. Ainsi le longuissime article 123 qui compte 41 alinéas pose entre autres la durée maximale de la journée de travail de huit heures, l'interdiction du travail des mineurs de quatorze ans, Il affirme que « *les grèves seront licites lorsqu'elles auront pour but d'obtenir l'équilibre entre les divers facteurs de la production, en mettant en harmonie les droits du travail et ceux du capital* ».

La Constitution de Weimar du 11 août 1919 est une des formes de la traduction européenne les plus éclairantes.

C'est un texte très riche, très nouveau, qui à travers ses différentes sections (l'individu, la vie en société, religion et communautés religieuses ; éducation et école ; la vie économique) s'efforce de faire la synthèse des préoccupations nouvelles.

Le catalogue est particulièrement important, ne comprenant pas moins de 55 articles. Dans une partie intitulée « Droits et devoirs fondamentaux des Allemands », les libertés classiques, bien sûr y sont retenues et développées avec l'égalité de l'homme et de la femme. Une idée fait son entrée, presque par effraction, qui sera appelée à un grand développement, celle de dignité. L'article 151 affirme que « *l'organisation de la vie économique doit correspondre aux principes de la justice et se proposer comme but de garantir à tous une existence digne de l'homme* ».

Les droits sociaux sont affirmés, parfois en reprenant certains acquis comme les assurances sociales (art. 161).

Mais surtout on cherche à mettre en place une démocratie économique en cherchant une troisième voie. L'article 165, très long et dernier article de cette partie, essaie d'établir de nouveaux rapports entre le capital et le travail, s'inscrivant en réalité dans la suite de l'Accord dit d'*Arbeitsgemeinschaft* (communauté de travail) du 15 novembre 1918 entre les syndicats ouvriers et patronaux. «*Les travailleurs et employés sont appelés à collaborer au règlement des conditions de salaire et de travail comme au développement économique général des forces productives, sur la base de l'égalité des droits et en communauté avec le patronat*».

La Constitution républicaine espagnole de 1931 s'inscrit aussi dans ce courant. On y insiste sur le rôle de l'État «*pour assurer à tout travailleur les conditions nécessaires à une existence digne*». Là encore la dignité transparaît. L'État reconnaît les droits de l'enfant. Il doit dispenser la culture et en favoriser l'accès. La possibilité d'une socialisation de la propriété est envisagée.

B - Les remises en cause radicales

1) La conception marxiste

La conception marxiste s'appuie sur une philosophie matérialiste pour laquelle l'idée de «*nature de l'homme*» ne peut être retenue. L'idée de droits soustraits au mouvement de l'histoire est inacceptable. La liberté n'est pas donnée à l'homme, ce qui est un rejet absolu des thèses du droit naturel.

Le marxisme se rattache au positivisme car le droit est considéré comme un fait social. Cependant, il va plus loin que les auteurs positivistes juridiques en ce sens qu'il veut aussi être une critique.

Les marxistes procèdent à une critique de la conception libérale à laquelle ils font le reproche de rester purement abstraite. Les principes de 1789 sont posés sans se soucier du contexte social, de la situation des rapports de production.

Les droits et les libertés n'existent que pour une petite frange de la société, que pour la bourgeoisie. Ces libertés, même si en théorie elles sont pour tous, ne le sont que pour quelques-uns. Elles sont formelles parce qu'elles ne concernent que ceux qui ont les moyens de les utiliser. Ainsi, chacun peut, en principe fonder un journal; mais seuls ceux qui en ont les moyens matériels pourront utiliser cet aspect de la liberté de la presse. L'état des droits correspond à l'infrastructure économique. En conséquence, si on veut que les droits deviennent effectifs il faut modifier les rapports de production.

Contrairement à ce que souvent pensent les libéraux, le problème de la liberté ne se situe pas au niveau de l'État. L'État n'est qu'un moyen d'oppression au profit d'une classe dominante. C'est la structure sociale qui sera la clef des libertés réelles et celles-ci ne pourront exister que dans une société sans classe.

Cela ne signifie pas que la liberté soit considérée comme quelque chose de secondaire, sans valeur. Mais elle n'a rien à voir avec la nature humaine. La liberté est à conquérir, puis à défendre. La liberté ne peut exister que dans la société communiste après le dépérissement de l'État, ce qui n'était pas encore le stade de l'URSS avant son implosion. Elle était officiellement au stade de l'État du peuple tout entier.

Les libertés ont une finalité. Elles sont un moyen d'épanouissement de l'individu pour le plus grand intérêt de la société. Ce sont les libertés «*dirigées*» qu'évoque le Doyen Vedel. Ce n'est pas la liberté-autonomie. Ces libertés ne sont pas accordées pour un usage débridé, désordonné. Elles le sont pour «*consolider et développer le régime socialiste*» pour «*l'édification du communisme*». Il n'y a pas de liberté fondée sur la non-intervention de l'État. L'article 39, qui débute le chapitre 7 de la Constitution soviétique de 1977 consacré aux droits, libertés et devoirs fondamentaux des citoyens de l'URSS précise que l'exercice «*des droits et libertés ne doit pas porter préjudice aux intérêts de la société et de l'État, aux droits des autres citoyens*». La priorité des intérêts est très nette.

En outre, comme l'affirme l'article 59 de ce texte, «*l'exercice des droits et des libertés est inséparable de l'exécution de ses devoirs par le citoyen*». La constitution ne compte pas moins de 11 articles consacrés aux devoirs du citoyen, soit plus du tiers du chapitre.

Les libertés sont un moyen de mieux s'intégrer dans l'ordre social. Elles ne peuvent avoir un caractère inaliénable et sacré.

L'Union soviétique a essayé de concrétiser ces principes au fil de ses constitutions.

Le 16 janvier 1918 est adoptée «*la Déclaration des droits du peuple travailleur et exploité*» de la Russie soviétique. Elle a un caractère négatif. Elle exclut les classes et les individus liés au régime aboli. La propriété privée de la terre est abolie. Le contrôle ouvrier est établi sur les entreprises. Les banques sont transférées à l'«*État ouvrier et paysan*». Un service du travail obligatoire pour tous est établi «*en vue de supprimer les éléments parasites de la société*».

Le nouveau régime réserve le suffrage aux travailleurs, aux soldats et marins. La liste des exclus est longue : commerçants, propriétaires terriens, moines, prêtres, bourgeois, anciens fonctionnaires, policiers, gendarmes, membres de la famille impériale...

La Constitution du 31 janvier 1924 établit une structure fédérale pour le nouvel État. Elle ne comporte aucun chapitre consacré aux droits et libertés.

La constitution stalinienne du 5 décembre 1936 correspond à une période de stabilisation du régime. Elle durera 40 ans. Elle s'occidentalise un peu plus dans l'esprit et le vocabulaire, même si la réalité peut demeurer.

Elle énumère dans un chapitre X («Droits et devoirs fondamentaux des citoyens») un certain nombre de droits économiques et sociaux : droit au travail, c'est-à-dire à un emploi rémunéré et garanti (art. 118), droit au repos (art. 119), droit d'être assuré matériellement dans la vieillesse (art. 120), droit à l'instruction (art. 121). Elle affirme l'égalité des droits pour les hommes et pour les femmes. Mais on y trouve aussi des droits de la première génération, même s'ils sont affirmés en seconde place (liberté de conscience ; (art. 124), liberté de parole, de presse, de réunion, de manifestation (art. 125) ; inviolabilité de la personne (art. 127) ; inviolabilité du domicile (art. 128).

Ces droits sont effectifs en ce sens qu'ils sont accompagnés du moyen de leur réalisation. Le droit au repos est concrétisé par la journée de travail de 7 heures, le droit à l'instruction par l'organisation du système scolaire et universitaire. Il en va de même pour les droits classiques. La liberté de parole, de presse, de cortèges est assurée par la mise à disposition des travailleurs «*des imprimeries, des stocks de papier, des édifices publics, des rues, des moyens de communication et d'autres conditions matérielles nécessaires à l'exercice de ces droits*» (art. 125). Lorsque la Constitution évoque l'égalité des hommes et des femmes, elle énumère les dispositions en faveur des femmes (allocations aux mères de familles nombreuses et aux mères seules, congés de maternité avec maintien du salaire, «*large réseau de maternités, de crèches et de jardins d'enfants*»).

Mais il ne s'agit pas d'une liberté de choix mais d'une liberté d'adhésion Ces droits ne sont effectifs que dans la mesure où l'individu s'en prévaut pour édifier le communisme. Et ces droits seront enlevés aux ennemis du système. Ainsi «*les individus attentant à la propriété sociale, socialiste, sont les ennemis du peuple*» (art. 131).

La Constitution brejnévienne de 1977 se rapproche encore plus des constitutions occidentales tout en conservant son originalité. Elle fait apparaître plus tôt qu'en 1936 le chapitre consacré aux droits et aux libertés, sans que pour autant il soit en début de texte.

Les droits fondamentaux et les devoirs sont longuement développés et assortis de garanties qui doivent leur donner une effectivité réelle. Cela nous donne des articles dont la rédaction est longe, bien éloignée des formules lapidaires de nos déclarations historiques. Là encore, les droits sociaux (droit au travail, au repos, à la protection de la santé, à la sécurité matérielle, au logement, à l'instruction, à la culture) sont évoqués avant les droits individuels, certains étant nouveaux (vie privée, secret de la correspondance). Mais le lien entre droits et devoirs est toujours affirmé. L'article 59 pose que «*l'exercice des droits et des libertés est inséparable de l'exécution de ses obligations par le citoyen*».

L'institution de la *Prokuratura* est constitutionnalisée et son indépendance proclamée. (art. 168), ce qui est une reconnaissance implicite de la séparation des pouvoirs.

Le caractère concret est très fortement marqué, surtout pour les droits économiques et sociaux.

Mais certains droits sont absents comme le droit de grève. Il n'a pas sa place car c'est un instrument de la lutte des classes, or celle-ci a disparu en URSS. Pourtant, on verra la Chine le reconnaître dans la constitution du 5 mars 1978, mais comme un moyen d'expression, au même titre que les *Dazibaos*. D'ailleurs cela durera peu, la constitution de 1982 le fera disparaître. D'autres droits sont très limités. C'est le cas, on le devine du droit de propriété (art. 131). On peut se demander s'il n'y a pas à ce sujet une réponse à la Déclaration de 1789 quand la constitution soviétique évoque la propriété sociale, socialiste comme «*base sacrée et inviolable du régime*»...

2) La conception de type fasciste

Nous utilisons cette expression plutôt que conception fasciste car le fascisme, *stricto sensu* correspond seulement au régime qu'a connu l'Italie de 1922 à 1943.

Ici l'objectif est différent du marxisme. On vise à détruire les libertés.

Il y a une opposition radicale à l'individualisme libéral. L'individu n'est pas la fin du droit. L'individu n'existe qu'en fonction de la Communauté à laquelle il appartient.

S'il y a des points communs, notamment chez les fascistes et chez les nationaux-socialistes, il y a aussi des différences.

Chez les fascistes, l'individu est un moyen. Il y a une exaltation de l'État qui est l'incarnation juridique de l'État. On connaît la formule fameuse de Mussolini : « *Tout pour l'État, rien contre l'État, rien en dehors de l'État* ». C'est une « *Statocratie* » (M. Prélot).

L'article 1 de la Charte du travail de 1927 pose que « *la Nation est une unité morale, politique et économique qui se réalise intégralement dans l'État fasciste* ». « *La Nation est un organisme doué d'une existence, de buts, de moyens d'action supérieurs en puissance et en durée à ceux des individus isolés ou groupés qui la composent* ».

L'idéologue du régime Alfredo Rocco, rédacteur des lois « *fascistissimes* » de 1926 qui ont assuré la dictature, a pu écrire « *l'individu ne peut, selon la conception fasciste, être considéré comme la fin de la société, il en est seulement le moyen... Pour le fascisme le problème fondamental n'est pas celui des droits de l'individu ou des classes, mais seulement le problème du droit de l'État auquel fait pendant le devoir de l'individu* ».

La liberté individuelle n'existe que par rapport à l'État. Il ne peut y avoir de libertés si celles-ci se heurtent à l'État. Or toute liberté finit par gêner l'État. Ainsi les fascistes avaient inventé le « *délit d'expatriation abusive* » sanctionnant ceux qui cherchaient à quitter l'Italie car l'État avait besoin de tous les Italiens...

Ces idées se retrouvent dans l'Espagne franquiste. Le Point 7 du programme de la Phalange affirme que « *la liberté ne peut s'exercer contre la force de la patrie* ».

Par la suite le régime, devant les nécessités internationales, tentera, pour sa survie, de s'adapter à des conceptions plus proches, non sans difficultés, des principes libéraux. Le Fuero de los Españoles du 16 juillet 1945 affirme l'existence de libertés fondamentales pour les Espagnols.

La conception communautariste a pu aussi avoir une influence sur le régime de Vichy. L'article 5 du projet Pétain témoigne du rejet de l'individualisme. « *L'État reconnaît les droits des communautés spirituelles, familiales, professionnelles et territoriales au sein desquelles l'homme prend le sens de sa responsabilité sociale et trouve appui pour la défense de ses libertés* ». Mais l'inspiration est plus confuse hésitant entre les droits et les devoirs. Sans doute y a-t-il affirmation de « *libertés fondamentales* » sans limitation spécifique (liberté de conscience, de culte, d'enseigner, d'aller et venir, d'exprimer et publier sa pensée, de réunion, d'association ; droit de propriété). Mais les devoirs ont aussi une place importante comme la discipline, l'obéissance aux lois, l'accomplissement des obligations civiques pouvant aller « jusqu'au sacrifice total pour le salut de la Patrie ».

Dans le régime national-socialiste, il y a primauté de la *Volksgemeinschaft*, ce que l'on traduira imparfaitement par Communauté du peuple. Le *Volk* (peuple) se définit par le sang et par le sol. La place de l'État est différente de ce qu'on a rencontré chez les fascistes. Ici l'État n'est plus un but, mais il devient un moyen au service du *Volk*.

L'individu n'a pas de droits parce qu'il n'est qu'un élément de la *Volksgemeinschaft*. «*Du bist nichts; dein Volk ist alles*» (Tu n'es rien, ton peuple est tout).

C - Les conceptions extra-européennes

La confrontation des conceptions européennes des droits de la personne humaine avec celles des cultures extra-européennes a pu poser de grands problèmes. Sans doute y a-t-il pu avoir une apparente acceptation. Mais la réalité est différente.

1) L'explication de la diversité

Des raisons diverses l'expliquent.

a) Les raisons économiques

Des raisons économiques démontrent encore plus le caractère abstrait des droits laissent apparaître de façon éclatante la notion de liberté formelle. L'aveu est d'ailleurs fait dans l'article 22 de la Déclaration universelle des droits de l'homme qui dispose que «*tout individu peut obtenir satisfaction des droits économiques et sociaux compte tenu de l'organisation et des ressources de chaque pays*». Ce caractère relatif de certains droits lié à la situation économique se retrouve dans d'autres textes comme la Convention américaine des droits de l'homme [« dans le cadre des ressources disponibles », (art. 26)].

Cela aboutit à ce qu'on insiste beaucoup sur les devoirs : travail, solidarité nationale, familiale.

b) Les raisons politiques

Des raisons politiques s'y ajoutent. Nombre des États devenus indépendants depuis la seconde guerre mondiale sont des États avant d'être des Nations. On observe aussi la relation entre le sous-développement et le surpouvoir. Le développement économique suppose une concentration des pouvoirs qui peut facilement mener à une suppression des libertés. «*Je préfère l'injustice au désordre : on peut mourir de désordre, on ne peut pas mourir d'injustice. Une injustice peut être réparée*» disait Félix Houphouët-Boigny en 1963 reprenant peut-être Goethe deux siècles après *(«J'aime mieux commettre une injustice que tolérer un désordre»)*. Il nous semble pourtant qu'on peut toujours mourir d'une injustice.

c) Les raisons culturelles

Enfin il y a les raisons culturelles liées à d'autres civilisations.

Cela intéresse essentiellement les continents africain et asiatique. Du fait de la colonisation européenne la situation du continent américain est différente puisque les cultures autochtones ont été anéanties ou dominées. L'Amérique latine sur de nombreux points a pu même être en avance. Nous avons déjà évoqué la constitution mexicaine. Les positions abolitionnistes exprimées dès le XIXe siècle étaient un bel exemple de cette avance. Cependant, en Amérique latine, les structures sociales ont aussi montré le décalage entre les textes et la réalité. Les textes latino-américains ont subi la triple influence de la Déclaration de 1789, des déclarations nord-américaines et de la Constitution mexicaine de 1917.

Les civilisations européennes font de l'homme le centre de toute chose. Les civilisations africaines, asiatiques, islamiques reposent sur des bases différentes. Elles sont plus collectives parce qu'elles conçoivent les rapports entre l'individu et le groupe, entre l'État et la Société.

Certaines pratiques sont mal admises par les Européens actuellement en ce qu'elles portent atteinte à la dignité humaine. On connaît les débats relatifs à l'excision. Les amputations pratiquées comme sanction dans certains pays musulmans sont condamnées, tout en oubliant qu'en France, jusqu'en 1832, le parricide, avant d'être exécuté était amputé du poing, et ne parlons pas de certains supplices comme ceux subis par les régicides (Ravaillac, Damiens).

En Inde, le système des castes rend difficile l'idée d'égalité. Certains pays, même s'ils le nient, continuent à pratiquer l'esclavage, sans compter des formes plus subtiles de ce fléau. Mais l'esclavage est également présent dans nos sociétés.

2) L'exemple de l'Islam

On a parfois mis en évidence la contradiction entre islam et droits de l'homme. Les visions simplistes obscurcissent la question. Les droits de l'homme ne sont pas obligatoirement exclus et l'Islamic Council de Londres a pu publier en 1981 une Déclaration islamique universelle des droits de l'homme fondant les droits de l'homme sur une volonté divine.

Il n'en reste pas moins que certains points posent problème. La liberté religieuse en est sans doute un exemple. Lors de l'adoption de la Déclaration universelle des droits de l'homme, l'Arabie Saoudite s'est abstenue en raison de l'article sur cette question, refusant la liberté de changer de religion. La conséquence est que la liberté de changer de religion ne figure pas dans le Pacte de 1966 qui ne reconnaît que la «*liberté d'avoir ou d'adopter une religion ou une conviction de son choix*». Si l'Islam rejette la contrainte pour devenir musulman *(«nulle contrainte en la religion»)*, en revanche, il condamne la liberté d'abandonner l'islam. L'apostasie est punie d'un «*tourment cruel dans la vie immédiate et dernière*». C'est parce que Salman Rushdie était considéré comme apostat que l'Iran a justifié la *fatwa* prononcée contre lui et entraîné d'autres pays derrière lui.

Le mariage soulève aussi difficulté et c'était une raison supplémentaire de l'attitude de l'Arabie Saoudite en 1948. La Déclaration de 1948 affirmait le droit de se marier «*sans aucune restriction… quant à la religion*». Ceci a disparu du pacte de 1966.

Enfin certains aspects du droit pénal sont incompatibles avec les affirmations libérales actuelles lorsqu'il s'agit de certaines peines prévues par le Coran ou la Sunna de Mahomet (amputation, lapidation, flagellation, peine de mort).

3) L'influence des puissances coloniales

Pourtant les influences de la puissance colonisatrice peuvent subsister.

On pourrait évoquer d'abord les mauvaises influences dans la mesure où cette puissance colonisatrice a habitué à l'inégalité de traitement, au maintien de la distinction de statuts différents, aux discriminations.

Mais aussi il y a eu des influences qui pourront sembler plus positives. Les constitutions de ces États se sont inspirées des dispositions de la puissance colonisatrice en ce qui concerne les droits et les libertés.

Dans les pays anglophones, les formules sont assez pragmatiques. Il faut aussi y ajouter l'influence de la Convention européenne des droits de l'homme dont l'article 63 permettait l'extension aux territoires «*dont il assure les relations internationales*», donc aux territoires coloniaux. Or le Royaume-Uni l'avait fait pour 42 territoires.

Certain pays, pourtant, n'évoquent pas cette question. Cependant lorsqu'ils le font, c'est par la technique de l'énumération. L'influence britannique apparaît par le fait qu'il y a peu de droits créances et qu'on insiste beaucoup sur les procédures. Ce sont des dispositions assez longues et qui se veulent, précises, concrètes.

Dans les pays francophones, on perçoit immédiatement les emprunts à la Vᵉ République. C'est souvent la technique du Préambule qui est retenue. Ainsi, la Constitution béninoise de 1990 comporte un préambule précisant l'«*attachement aux principes de la démocratie et des droits de l'homme, tels qu'ils ont été définis par la Charte des Nations unies de 1945 et la Déclaration universelle des droits de l'homme de 1948, la Charte africaine des droits de l'homme et des peuples*».

La formule des Chartes est également souvent retenue.

Mais parfois c'est la technique de la garantie des droits que l'on trouve avec des formules calquées sur des textes français. Ainsi la constitution togolaise de 1978 (très courte : 54 articles seulement) posait que «*l'autorité judiciaire, gardienne des libertés, veille au respect des droits fondamentaux. Nul ne peut être arbitrairement détenu*», très fortement inspiré de l'article 66 de la Constitution française.

Cela n'empêche pas, d'ailleurs, de trouver à la fois la technique du préambule et de la garantie des droits. C'est précisément le cas du Bénin évoqué plus haut.

Mais on a pu dans le passé, moins maintenant, trouver d'autres influences. Certains États ont pu se réclamer du marxisme. Ainsi dans la constitution du Congo de 1979 l'influence, qui pouvait malgré tout sembler limitée, apparaissait par certains signes. Le Titre «*Des libertés publiques et de la personne humaine*» était précédé d'un titre «*De l'ordre économique et social*».

C'est malgré tout l'influence libérale qui a été le plus souvent reprise. Dans l'affirmation, la conception reste individualiste ce qui semble paradoxal dans les pays islamistes et en Afrique Noire. Dans la société traditionnelle d'Afrique Noire, l'individu est entièrement submergé par le groupe. Il lui est subordonné par des liens assez rigides. La société tout entière est enserrée dans un réseau de solidarités plus ou moins étroites qui lient les membres de la famille, du clan ou du village, les uns aux autres.

4) Les droits et libertés retenus

Aucun individu n'est isolé et chacun se définit par ses liens de parenté et sa place dans la communauté. Cela présente aussi des avantages indéniables. La considération et le traitement des personnes âgées en est une illustration.

Il n'empêche qu'on retient une liste des droits et libertés analogues à ceux des pays industrialisés, des droits et libertés qui avaient été refusées par la puissance coloniale. On n'hésite pas non plus à développer les droits-créances. Au premier rang, on met l'égalité, on condamne les discriminations ethniques ou régionalistes, surtout parce qu'elles mettent en cause l'unité nationale.

Puis on rencontre la liberté physique, religieuse (même s'il y a religion d'État), de conscience, de presse, d'information. Les libertés politiques jusqu'à la fin des années 80 subissaient des restrictions avec le parti unique.

On trouve aussi les droits économiques et sociaux. Ce ne sont pas les droits d'un groupe, d'une collectivité mais plutôt des droits individuels qui s'adressent à la société. On insiste sur les droits de la famille en Amérique latine. On y trouve le droit à l'éducation, à la culture, à la santé, à la sécurité sociale, au travail, au repos. Le droit de grève est mentionné, mais réglementé. Ainsi l'ancienne constitution centrafricaine précisait-elle qu'«*il ne peut en aucun cas porter atteinte à la liberté du travail, ni au libre exercice du droit de propriété*».

On y ajoute aussi les devoirs du citoyen : devoir de contribuer aux charges publiques et d'acquitter des impôts, de participer à la défense nationale, d'appliquer la loi, de travailler.

À ces influences des puissances colonisatrices qui trouvent une transposition adaptée plus ou moins heureusement, s'ajoutent les influences des organisations régionales : OEA en Amérique latine qui dès 1948 avait adopté une Déclaration américaine des droits et devoirs de l'homme et qui a concrétisé cette ambition avec la Convention du 22 novembre 1969 de San José ; OUA avec le Préambule de la Charte d'Addis Abeba et la Charte africaine des droits de l'homme et des peuples, parfois constitiutionnalisée comme nous l'avons vu au Bénin.

Les devoirs ont une place plus importante qu'en Europe. Ainsi la Déclaration de Bogota de 1948 affirme les devoirs envers la société, les devoirs des enfants et des parents, le devoir de s'instruire, le devoir de suffrage, d'obéissance à la loi, de servir la communauté et la nation, d'entraide et de sécurité, de payer les impôts, de travailler et – ce qui est plus original mais représentatif de cette époque – de s'abstenir d'activités politiques en pays étranger.

Mais les préoccupations propres au sous-développement tiennent aussi une large place. On y insiste sur la question de la décolonisation avec le souci de la libération des peuples et l'affirmation du droit des peuples à disposer d'eux-mêmes. La liberté du peuple passe avant la liberté de l'homme. Un quart des articles de la Charte africaine est consacré aux droits des peuples.

L'une des premières affirmations figurait dans le Communiqué final de la Conférence de Bandoeng (en avril 1955). Dans une section relative aux «*droits de l'homme et autodétermination*» on se réfère à la Charte de l'ONU et à la DUDH et on fait apparaître les préoccupations des pays décolonisés : racisme, libération des peuples dépendants.

Ces idées ont été surtout dominantes pendant les périodes proches des indépendances. On peut retrouver les idées de Frantz Fanon, médecin d'origine martiniquaise qui a rejoint le FLN en 1956 et qui fut l'un des principaux théoriciens de l'anticolonialisme. Dans *Les Damnés de la terre* (1961), il fait la critique du rôle de l'Europe dont il condamne les haines raciales, l'esclavage, les génocides. Il propose que les pays en voie de développement cherchent leur voie propre : « *Ne payons pas de tribut à l'Europe en créant des États, des institutions et des sociétés qui s'en inspirent* ».

La Déclaration finale du Sommet des pays non-alignés de La Havane qui réunissait une centaine d'États, du 3 au 9 septembre 1979, énumère 5 principes jugés « *essentiels* » pour garantir « *pleinement les droits de l'homme* » :

a) Tous les droits de l'homme et les libertés fondamentales sont inaliénables, indivisibles et interdépendants...

b) Le droit au développement et à l'égalité des chances pour y parvenir constitue une prérogative tant des nations que des individus.

c) Nécessité absolue d'éliminer en toutes circonstances, les violations massives et flagrantes des droits de l'homme et des droits de peuples et des individus.

d) Instauration d'un Nouvel Ordre Économique international indispensable en vue de la promotion effective des droits de l'homme et des libertés fondamentales.

e) Nécessité d'examiner les questions relatives aux droits de l'homme dans leur ensemble, en tenant compte du contexte général des diverses sociétés dans lesquelles ils existent...

BIBLIOGRAPHIE

BONNARD (R.), *Le droit de l'État dans la doctrine nationale-socialisme,* 2e éd., LGDJ, 1939.

BREILLAT-MILHAUD (M.), *Les libertés publiques dans l'Italie fasciste,* Sirey, 1939.

CHABOT (J.-L.), *La doctrine sociale de l'Église,* PUF, Que sais-je ? n° 2495, 1989.

DIJON (X.), *Droit naturel I : Les questions de droit,* PUF, Thémis, 1998.

LAVROFF (D.-G.), *Les libertés publiques en Union soviétique,* Pedone, 1963.

MOUNIER (E.), *Le personnalisme,* PUF, Que sais-je ?, 17e éd., n° 395.

SERIAUX (A.), *Le droit naturel,* PUF, Que sais-je ? 2e éd., n° 2806, 1999.

PARTIE 1

Les droits de la personne humaine dans l'ordre interne : l'exemple français

Les droits de la personne humaine nécessitent tout d'abord une reconnaissance qui peut prendre des formes très différentes (titre 1). Ensuite, il appartiendra aux autorités, avant tout le législateur, mais subsidiairement l'exécutif, d'organiser ces droits ce qui signifie souvent les limiter (titre 2), l'objectif essentiel étant que les titulaires de ces droits soient protégés pour permettre un exercice de ceux-ci (titre 3).

TITRE 1

La reconnaissance des droits de la personne humaine

Les droits sont devenus aujourd'hui très nombreux. De ce fait les modes de leur reconnaissance ont pu prendre des formes très diverses. Cela a été tout d'abord à travers des textes très solennels dont les Anglo-Saxons ont été les initiateurs (chapitre 4), mais la France a su trouver une expression retentissante avec la Déclaration des droits de l'homme et des citoyens (chapitre 5). Les tentatives pour retrouver ce souffle ont été plus décevantes (chapitre 6), les voies empruntées par d'autres États n'ayant pas été suivies en France (chapitre 7). La reconnaissance s'est banalisée, empruntant la forme classique de la Constitution (chapitre 8) ou la voie législative voire juridictionnelle (chapitre 9).

CHAPITRE 4

Les modèles anglo-saxons

Avec quelque prétention, la France se targue volontiers d'être la patrie des droits de l'homme, de les avoir inventés. En fait, les Anglo-saxons avaient auparavant apporté une contribution essentielle. Cela donnera lieu d'ailleurs à des querelles doctrinales sur fond de conflit franco-allemand au tout début du XXe siècle avec le débat Boutmy-Jellinek dans lequel les préjugés nationaux étaient également présents. En 1902 Georg Jellinek considérait que la Déclaration des droits de l'homme et du citoyen n'avait aucune originalité. Elle avait été copiée sur la déclaration américaine... inspirée par la doctrine de la Réforme. Donc, via les États-Unis, elle avait une origine allemande. Emile Boutmy répliquait que l'inspiration venait de la seule philosophie des lumières...

Oublions ces vaines querelles pour considérer les apports inestimables des Britanniques (section 1) et des Américains (section 2)

Section 1

L'apport britannique

Depuis 1215, la Grande-Bretagne a connu nombre de pactes, conventions avec le Roi qui ont enrichi la question. Au XVIIIe siècle, l'Angleterre est à la mode. Voltaire, Montesquieu, surtout l'admirent beaucoup. C'est dans un chapitre intitulé *« De la Constitution d'Angleterre »* que celui-ci développe l'idée qui générera la séparation des pouvoirs.

1 • LA MAGNA CARTA

Le premier texte traditionnellement cité est la Grande Charte (Magna Carta). Elle est accordée le 12 juin 1215, dans la prairie de Runnymede, non loin de Windsor, par le Roi Jean sans Terre aux barons anglais révoltés. Ce n'était pas un texte forcément novateur car il s'agissait en fait de revivifier ce qui avait été accordé par les prédécesseurs de Jean. On prit plus tard l'habitude d'en recopier le texte en tête de la collection des statuts si bien qu'elle est considérée comme le premier texte constitutionnel anglais. Le texte n'eut pas, pourtant, une grande incidence dans l'immédiat. Il dut être reproclamé à plusieurs reprises car les Rois cherchaient toujours à s'en affranchir, et il sera même un peu oublié pendant le règne des Tudor, mais les débats parlementaires du XVIIe siècle en firent le symbole des libertés fondamentales anglaises. La Magna Carta, composée de 63 clauses, est un texte très pragmatique, un peu fourre-tout car il correspond aux préoccupations des barons et de l'Église révoltés.

La Magna Carta proclame le droit d'aller et venir à l'intérieur du royaume et d'en franchir librement les frontières.

La question de la justice est primordiale. On veut que les affaires locales soient jugées localement sans avoir à aller là où le Roi est. Dans la Charte, le Roi affirme que «*À personne Nous* [le Roi] *ne vendrons, refuserons ou retarderons le droit à la justice*». La Magna Carta réaffirme la garantie majeure de la liberté individuelle qu'est le droit pour un homme libre d'être jugé par ses pairs. On perçoit aussi l'origine du «rule of law» dans la clause 39 qui pose que «*Aucun homme libre ne sera saisi, ni emprisonné ou dépossédé de ses biens, déclaré hors la loi, exilé ou exécuté de quelques manières que ce soit. Nous ne le condamnerons pas non plus à l'emprisonnement sans un jugement légal de ses pairs conformément aux lois du pays*». On évoque les hommes libres. Cela signifie, bien sûr, *a contrario*, que tous les hommes ne sont pas libres.

Les préoccupations fiscales sont très présentes. La révolte est venue, entre autres, des taxations pour financer la guerre contre le Roi de France marquée par la bataille de Bouvines en 1214. Les aides devront être modérées. Les autres impôts devront être soumis au «Conseil commun» et certains y verront l'origine du principe du consentement l'impôt, de la règle «no taxation without representation». Mais ce ne sont pas des droits individuels. Ce sont des privilèges garantis à l'Église (c'est la première et la dernière clause pour une église pour laquelle on affirme: «*Nous ordonnons fermement que l'Église d'Angleterre* [expression prémonitoire] *soit libre*»), aux comtes et barons et à certains bourgeois. 25 barons devaient surveiller l'application de la Charte et si le Roi ne remédiait pas aux abus, les barons pourraient l'y obliger en saisissant les biens royaux. Dans une telle hypothèse, les barons «*Nous affligerons et Nous harcèlerons par tous les moyens leur disposition*».

Ce texte est pour beaucoup, l'origine des principes qui seront développés ultérieurement tant en Grande-Bretagne qu'en Amérique. Ainsi les 5e (réquisitions), 6e (jugement des affaires localement) et 8e (proportionnalité des peines) amendements à la Constitution américaine trouvent leur source respectivement dans les clauses 28 à 32, 18 et 20 de la Magna Carta.

2 • LE XVIIe SIÈCLE ÉMANCIPATEUR

C'est ensuite le XVIIe siècle très tourmenté qui va voir se succéder des textes forts.

A - La Pétition des droits

Le premier d'entre eux est la Pétition des droits (Petition of Right) en 1628. Il s'agit d'un texte présenté par les deux Chambres du Parlement à Charles I. La Pétition des droits rappelle divers statuts, notamment la Magna Carta et le Statut De tallagio non concedendo de 1297 et souligne notamment le droit exclusif de consentir à tout impôt. Elle proteste aussi contre certains abus tels que les taxations arbitraires, les arrestations illégales. Elle réaffirme la nécessité d'un jugement par les pairs avant qu'on ne puisse *« attenter à la liberté d'un homme non servile »*.

Ce texte, dans lequel il n'y avait rien de bien nouveau, est sanctionné par le Roi le 16 juin 1628 et devient donc Statut, réalisant ainsi la première limitation constitutionnelle des pouvoirs en Angleterre depuis la fin du XVe siècle. Mais une fois de plus, une fois l'orage passé, le Roi oublie ses engagements et le Parlement ne sera plus convoqué de 1629 à 1640. L'aveuglement de Charles I le conduira à l'échafaud en 1649.

B - L'*Habeas Corpus*

Le *writ d'Habeas Corpus* (*Habeas Corpus ad subjiciendum :* que tu aies le corps pour le présenter [au juge]) en 1679 demeure sans doute le plus emblématique de l'histoire des libertés en Angleterre. Il pose que toute personne arrêtée peut faire examiner la légalité de son arrestation. La personne détenue devra être conduite devant le juge qui devra délivrer un *writ*, c'est-à-dire un acte demandant les raisons et les preuves ayant conduit à l'arrestation. Cette procédure doit éviter les arrestations arbitraires. Sans doute codifie-t-on en réalité des coutumes très anciennes. Cependant, ce texte est important par le rayonnement qu'il a pu avoir de par le monde, mais aussi par l'importance qu'il accorde aux procédures comme garanties des droits et des libertés. Nous l'examinerons plus loin.

C - Le *Bill of Rights*

Le *Bill of Rights* (Acte déclarant les droits et libertés des sujets et réglant la succession de la Couronne) de 1688, élaboré par le Parlement Convention est lié à l'accession au trône de Mary et Guillaume d'Orange, conditionnant celle-ci après le départ de Jacques II, père de Mary. Il rappelle les libertés et les droits fondamentaux du Royaume mentionnés dans les statuts antérieurs et la supériorité de la loi sur le Roi *(Debet Rex esse sub lege)*. La loi ne peut être suspendue ni abolie sans le consentement du Parlement. Ce texte limite considérablement l'exercice de la prérogative royale. Le Parlement est souverain en matière de levée d'argent. Il *« devra être fréquemment réuni »*. Le *Bill of Rights* lance ainsi le mouvement qui va conduire aux institutions britanniques modernes. Il contient aussi la réaffirmation d'un certain nombre de libertés qu'on retrouvera parfois outre-Atlantique. Ainsi il y est redit qu'*« il ne peut être exigé de cautions, ni imposé d'amendes excessives, ni infligé de peines cruelles et inusitées »*, ce qui n'est pas sans nous rappeler le 8e amendement à la Constitution américaine. L'*Habeas Corpus*, le principe du jury, le droit de pétition y sont rappelés.

Depuis lors, le Royaume-Uni n'a plus connu de textes solennels intéressant les droits et libertés. Bien mieux, on reprochera à ce pays d'avoir pris, par la suite un grand retard en la matière. Le *Human Rights Act 1998* du 9 novembre 1998, qui incorpore dans le droit britannique la Convention européenne des droits de l'homme est peut-être le texte le plus novateur depuis le XVIIe siècle en matière de droits et libertés.

Tous ces textes ne partent pas de présupposés. Ils sont très pragmatiques. Ils s'intéressent avant tout au pouvoir du Roi.

Leur force peut sembler fragile car ils peuvent être facilement remis en cause par le législateur. Mais qui penserait et oserait les mettre à bas ?

Section 2

L'apport américain

L'apport des États-Unis est lié aux conditions originales de la colonisation et de la rupture avec l'Angleterre. Ces nouveaux territoires connaissent peu de structures sclérosantes. Ils ont aussi l'expérience de l'organisation des colonies. En outre c'est la terre de refuge pour beaucoup qui ont été persécutés pour leurs idées, notamment religieuses. Le cas des Pilgrim Fathers du Mayflower, fondateurs du Massachusetts, arrivés le 26 novembre 1620 est très symbolique. Cela explique aussi la place importante que prend dans ce pays la liberté de conscience.

Ce qui caractérise les États-Unis, c'est sans doute la technique de la Déclaration, sur le plan formel.

1 • LE PRÉCÉDENT DE LA DÉCLARATION DE VIRGINIE

La première déclaration est celle de Virginie, du 12 juin 1776, inspirée par George Mason, anti-esclavagiste. Cette déclaration affirme notamment que tous les hommes sont égaux. « *Tous les hommes sont nés également libres et indépendants* ». Or cela pose le problème de l'esclavage. Mais on répond que la question de l'égalité ne les concerne pas car ils ne sont pas « *membres constituants* » de la société... Cette déclaration de Williamsburg qui précède la constitution servira de modèle aux autres déclarations dont se doteront certains États (Pennsylvanie, Delaware, Maryland, Caroline du Nord, Massachusetts) et elle inspirera à la fois la Déclaration d'Indépendance et les 10 premiers amendements. Elle affirme que « *tous les hommes sont nés également libres et indépendants, et qu'ils ont certains droits inhérents dont ils ne peuvent, lorsqu'ils entrent dans l'état de société, priver, ni dépouiller par aucun contrat leur postérité : à savoir le droit de jouir de la vie et de la liberté, avec les moyens d'acquérir et de posséder des biens et de chercher à obtenir le bonheur et la sûreté* ». La déclaration, en 18 articles pose certaines idées qu'on retrouvera comme la séparation des pouvoirs, le jugement par jury, l'interdiction « *de caution excessive* », de « *trop fortes amendes* » ou de « *peines cruelles ou inusitées* », la liberté de religion. Elle affirme « *que la liberté de la presse est l'un des plus puissants bastions de la liberté et ne peut jamais être restreinte que par des gouvernements despotiques* ».

2 • LA DÉCLARATION D'INDÉPENDANCE

Bien évidemment on retiendra avant tout la Déclaration d'Indépendance du 4 juillet 1776, rédigée par Jefferson ; « *Nous tenons pour évidentes pour elles-mêmes les vérités suivantes ; tous les hommes sont créés égaux ; ils sont doués par le Créateur de certains droits inaliénables ; parmi ces droits se trouvent la vie, la liberté et la recherche du bonheur. Les gouvernements sont établis parmi les hommes pour garantir ces droits, et leur juste pouvoir émane du consentement des gouvernés...* ». Cette déclaration n'a pas de caractère exhaustif. Elle n'évoque que « certains » droits. On notera la mention du droit à la vie, affirmation inspirée de la Virginie mais qui ne sera reprise qu'au XXe siècle. Cette déclaration est aussi une justification – comme l'est aussi la déclaration de 1789 –. La plus grande partie est consacrée aux « méfaits » du Roi d'Angleterre.

3 • LE *BILL OF RIGHTS* AMÉRICAIN ET LES AUTRES AMENDEMENTS

Les Articles de la Confédération et d'Union perpétuelle du 15 novembre 1777 sont muets sur les droits et libertés, tout comme la Constitution du 17 septembre 1787. Certains États s'en étaient émus et c'est pourquoi afin de les inciter à ratifier la nouvelle constitution, promesse fut faite que des amendements seraient apportés ce qui se concrétisa très rapidement sous la forme d'un décalogue. On peut penser que le nombre de 10 ne tient pas au hasard pour un peuple religieux comme les Américains. Ces dix amendements ont été surnommés « Bill of Rights », à l'instar du texte anglais de 1688. Le contenu reflète l'importance accordée par les Américains à ces droits et il n'est pas surprenant que le premier amendement vise la liberté de religion ainsi que les libertés de parole, de réunion et de pétition.

Le deuxième amendement est devenu un grave problème pour la société américaine. Évoquant la formation des milices, qui se comprenait très bien dans le contexte de la guerre d'indépendance, il pose le droit de chacun de porter une arme. On sait les conséquences désastreuses d'une telle disposition sur laquelle notamment s'appuie la National Rifle Association. Le troisième amendement est aussi lié au contexte de l'indépendance puisqu'il interdit le logement des soldats en temps de paix sans l'accord du propriétaire. Puis sont posées les dispositions relatives aux perquisitions et saisies (IV), les principes de droit pénal, dont la règle *non bis in idem* et le *due process of law*, ainsi que le droit de propriété (V), les principes de procédure pénale (VI), le principe du jury déjà mentionné dans les cinquième et sixième amendements (VII), les dispositions relatives au cautionnement et l'interdiction « *des peines cruelles et d'un genre inaccoutumé* », mal comprise par les Américains avec le maintien de la peine capitale (VIII), l'interdiction de restriction des droits des citoyens (IX) et enfin la compétence des États (X). Il s'agit du socle des droits et libertés des Américains. À ces dix premiers amendements s'en sont ajoutés par la suite d'autres intéressant les droits et libertés, à commencer par l'interdiction de l'esclavage en 1865 (XIII), le *due process of law* dans les États (1868, XIV) mais aussi des droits politiques comme le vote pour tous les hommes sans aucune exclusion « pour raison de race, couleur ou condition antérieure de servitude » (1870, XV), pour toutes les femmes (1920, XIX), l'interdiction des *poll-taxes* (taxes électorales) (1964, XXIV) et le vote à 18 ans (1971, XXVI). D'autres auraient dû s'y ajouter mais le refus de certains États de les ratifier n'a pas permis leur inclusion comme l'Equal Rights Amendment, qui aurait dû poser l'égalité entre femmes et hommes. Adopté en 1972, il n'a été ratifié que par 35 États alors qu'il en aurait fallu 38.

Les conceptions américaines et françaises sont très certainement différentes quant au contenu des droits protégés. Cependant les influences sont indéniables. Il y a un très grand prestige de la révolution américaine. La Fayette siège à l'Assemblée constituante. C'est un ami de Jefferson... qui est présent à Paris lors du vote de la Déclaration des droits de l'homme et du citoyen. Le 28 août, il écrit à son fidèle Madison : *« Dans toutes les occasions, nos actes ont été considérés comme des modèles ».*

BIBLIOGRAPHIE

DUBOURG-LAVROFF (S.) et DUPRAT (J.-P.), *Droits et libertés en Grande-Bretagne et en France,* L'Harmattan, Logiques juridiques, 1999.

FARNSWORTH (E.A.), *Introduction au système juridique des États-Unis,* LGDJ, 1986.

SPENCER (J.R.), *La procédure pénale anglaise,* PUF, Que sais-je ? n° 3274, 1998.

TOINET (M.-F.), *La Cour Suprême; les grands arrêts,* Presses universitaires de Nancy, Nancy, 1989.

TUNC (A.) et (S.), *Le système constitutionnel des États-Unis d'Amérique,* 2 vol., Domat Montchrestien, Les systèmes de droit contemporains, 1954.

ZOLLER (E.), *Le droit des États-Unis,* PUF, Que sais-je ?, n° 1259, 2001.

CHAPITRE 5

L'affirmation transcendante : la déclaration des droits de l'homme et du citoyen, « texte immortel » et son héritage

Les membres de l'Assemblée Constituante ont su trouver les mots et la forme pour proclamer de la façon la plus solennelle qui puisse s'imaginer, les droits de la personne humaine (section 1). Par la suite les différents régimes qui se succéderont tenteront d'imaginer des textes aussi forts. Ils ne parviendront pas à laisser une empreinte aussi durable (section 2). Sans doute y aura-t-il des perspectives nouvelles en 1848 mais elles seront vite des espérances déçues (section 3). Et c'est la IIIe République, de façon très pragmatique, qui pourra laisser penser à un « âge d'or » même si l'idée doit être nuancée (section 4).

Section 1

Le coup de tonnerre du 26 août 1789

1 • LE CONTEXTE

La question des droits et des libertés était omniprésente en 1789. La plupart des cahiers de doléances les évoquaient, sans forcément de cohérence. Certains demandaient une déclaration des droits, un « catéchisme des citoyens ». Certains cahiers comportaient même de véritables projets.

Les choses vont aller très vite. Dès début juillet, Mounier obtient du Comité chargé du travail sur la Constitution dont il est le rapporteur, de la faire précéder d'une déclaration des droits de l'homme. Le 11, La Fayette présente une motion sur la nécessité d'une déclaration. Différents projets sont proposés dont ceux de Sieyès et de Mirabeau. Le projet de ce dernier va être utilisé comme point de départ de la discussion au 6e bureau de l'Assemblée. Dans la nuit du 4 août a été proclamée la suppression du régime féodal pour ce qui est des personnes et le rachat des droits féodaux pour les propriétés (le décret du 11 août affirme : *« L'Assemblée nationale détruit entièrement le régime féodal »*). La discussion de la Déclaration se déroule du 20 au 26 août et sont adoptés un préambule et 17 articles. Mais le 27, l'Assemblée constituante décide de s'en tenir là pour le moment. Elle «*borne quant à présent la Déclaration des droits de l'homme et du citoyen aux 17 articles qu'elle a arrêtés et... elle va procéder sans délai à fixer la Constitution de la France pour assurer la prospérité publique, sauf à ajouter après le travail de la Constitution, les articles qu'elle croirait nécessaires pour compléter la Déclaration des droits*». C'est une oeuvre à la fois achevée et inachevée. Elle peut se suffire à elle-même. Mais elle pourrait aussi être complétée.

Le 1er octobre, l'Assemblée décide de soumettre le texte au Roi ainsi que les décrets des 4-11 août. Le 5 celui-ci finira par la sanctionner sous la pression des groupes révolutionnaires venus de Paris à Versailles et ceux-ci ramèneront «le boulanger, la boulangère et le petit mitron» à Paris.

2• LES CARACTÈRES DE LA DÉCLARATION

La Déclaration se veut un texte porteur. Son style est lapidaire. Elle comporte des formules très heureuses d'autant plus surprenantes que le texte original était peu flamboyant. Mais c'est dans la passion des débats que le texte va heureusement évoluer.

1) Les influences

Les influences sont multiples. La pensée judéo-chrétienne est bien sûr dominante avec l'idée de dignité de l'homme, même si ce principe n'est pas expressément affirmé, avec l'idée d'égalité posée à l'article 1.

C'est la philosophie du droit naturel qui inspire le texte. L'article 2 énumère expressément «*les droits naturels et imprescriptibles de l'homme*». Le préambule mentionne «*les droits naturels, inaliénables et sacrés de l'homme*».

Les philosophes du XVIIIe siècle sont également présents: Rousseau avec l'idée de volonté générale, Montesquieu avec la séparation des pouvoirs posée dans l'article 16. Les physiocrates sont présents avec l'importance accordée au droit de propriété.

L'influence américaine apparaît au moins pour la forme utilisée, la déclaration. La Fayette avait dans son cabinet de travail le texte de la Déclaration d'indépendance des États-Unis et à côté un cadre vide prévu pour la future Déclaration française.

2) L'individualisme

C'est une conception individualiste qui domine. «*Le but de toute association politique est la protection des droits naturels et imprescriptibles de l'homme*» affirme l'article 2 alinéa 1.

3) L'ambition universelle

À la différence des Américains, l'ambition des révolutionnaires de 1789 est plus vaste. Les textes américains étaient à usage «*domestique*». Sans doute, la Déclaration doit-elle être un «*catéchisme national*» (Barnave), mais la Déclaration française est aussi pour l'univers entier parce qu'on y affirme des «*principes simples et incontestables*». Sieyès souligne que «*le but d'une telle déclaration est de présenter à toutes les constitutions politiques l'objet et le but que toutes, sans distinction, doivent s'efforcer d'atteindre*». C'est une déclaration pour le monde et pour tous les temps puisqu'on évoquera souvent les «*principes immortels de 89*».

4) Une déclaration marquée par son temps

Il n'en reste pas moins que cette déclaration est marquée par son temps et par ses rédacteurs. Même si la critique est moins nommément faite qu'aux États-Unis on y perçoit la condamnation des abus de l'Ancien Régime. C'est notamment vrai avec l'insistance sur le droit à la sûreté. La Déclaration consacre aussi l'avènement de la bourgeoisie, par les dispositions sur l'accès aux emplois publics et surtout par le droit de propriété qui conclut cette déclaration par une formulation forte : droit «*inviolable et sacré*». La Déclaration complète la nuit du 4 août.

5) L'idéal de 1789

La Déclaration est aussi empreinte d'idéalisme et de naïveté à la fois. On le voit avec cette foi dans la loi. C'est le mot le plus souvent utilisé dans le texte (11 fois) en dehors bien sûr des mots droits et homme.

C'est aussi une vision du monde, une *Weltanschauung*. C'est le «credo» d'une nouvelle société. Une société avec une inspiration déiste puisque ces droits sont affirmés en présence de l'Être Suprême.

6) Déclaration et garantie des droits

Enfin, dans la forme, c'est une Déclaration. Elle se distingue de la garantie des droits. Ce n'est pas un texte de droit positif. Et d'ailleurs elle est marquée par une certaine abstraction. C'est à la Constitution de garantir les Droits, pas à la Déclaration. D'ailleurs la Constitution de 1791 élaborée par la même assemblée constituante contient un titre intitulé «Dispositions fondamentales garanties par la Constitution». On y reprend les droits mentionnés dans la déclaration en complétant avec d'autres droits qui auraient peut-être été à leur tour ajoutés à la Déclaration si le régime mis en place avait duré plus longtemps. Ainsi cette constitution garantit «*la liberté des citoyens de s'assembler paisiblement et sans armes*».

3 • LE CONTENU DE LA DÉCLARATION

A - Le Préambule

La Déclaration est précédée d'un préambule justifiant l'œuvre. Cette Déclaration devra rappeler «*sans cesse leurs droits et leurs devoirs*» à tous «*les membres du corps social*». Elle sera la référence pour juger les «*actes du pouvoir législatif et ceux du pouvoir exécutif*». Elle sera le fondement des «*réclamations des citoyens*». Et il sera facile de le faire car ces principes sont «*simples et incontestables*».

Déclaration des droits de l'homme et du citoyen, elle comprend des droits pour tout individu – et c'est bien le caractère universel de la déclaration – et des droits pour le citoyen.

B - Les droits de l'homme

Trois articles semblent résumer l'ensemble de la déclaration, les deux premiers puisque y sont affirmés les idées d'égalité et de liberté dans le premier, le deuxième énumérant les droits naturels et imprescriptibles de l'homme, le troisième précisant la souveraineté. Les autres articles vont s'efforcer de décliner ces différents aspects.

La liberté et l'égalité sont mentionnées dans le premier article, mais, à l'inverse de ce qu'on trouvera dans la Déclaration de 1793, les constituants ont évoqué en premier lieu la liberté qui est définie à l'article 4.

1) L'égalité

L'égalité n'est que la conséquence du décret des 4-11 août 1789. « *Les hommes naissent et demeurent libres et égaux en droit* ». Même si le mot hommes n'implique pas qu'il s'agit des êtres de sexe masculin, les femmes devront attendre le Préambule de 1946 pour que toute incertitude soit levée sur leur égalité avec ceux de l'autre sexe. On sait qu'en 1791, Olympe de Gouges avait rédigé une Déclaration des droits de la femme et de la citoyenne, également composée de 17 articles. Elle débutait ainsi : « *La femme naît libre et demeure égale à l'homme en droit* ». On rappellera aussi son article 10 : « *Nul ne doit être inquiété pour ses opinions même fondamentales. La femme a le droit de monter sur l'échafaud, elle doit avoir celui de monter à la tribune pourvu que ses manifestations ne troublent pas l'ordre public établi par la loi.* »

L'égalité figure dans l'article 1er. C'est une « *égalité en droit* ». On n'envisage certainement pas de discriminations positives. L'égalité est absente de l'article 2 qui évoque les droits naturels et imprescriptibles de l'homme. Il y a des lacunes dans cette égalité et principalement sur le plan politique avec la distinction entre citoyens actifs et citoyens passifs qui sera concrétisée dans la Constitution de 1791.

Cependant la déclaration précise certains aspects de cette égalité par ailleurs. C'est l'égalité devant la loi (art. 6), devant les emplois (art. 6 *in fine*) devant l'impôt (art. 13).

2) La liberté

La liberté tient une place encore plus grande. Une définition nous est donnée à l'article 4 qui n'est pas très heureuse car rédigée de façon négative. Cette définition est complétée à l'article 5. Cette liberté n'est pas absolue. Elle peut connaître des limites, « des bornes », mais celles-ci ne sauraient résulter de l'arbitraire puisque seule la loi peut apporter ces limites. En réalité les limites sont avant tout les droits d'autrui. C'est une fois de plus cette confiance quasi absolue dans la loi, même si on admet dans l'article 5 qu'il faille aussi se protéger de la loi.

Plusieurs libertés particulières sont affirmées. La liberté d'opinion revêt une très grande importance. Cela se manifeste par une formulation forte pour la communication des pensées et des opinions (« *l'un des droits les plus précieux de l'homme* »). Cette liberté doit aussi être religieuse. Et c'est une extraordinaire nouveauté que souligne « même religieuses », ce qui démontre que ce n'était guère évident.

3) La sûreté

Le droit à la sûreté, l'un des quatre droits fondamentaux et imprescriptibles, semble essentiel en 1789 pour ne plus connaître les lettres de cachet de l'Ancien Régime. Les articles 7 à 9 viennent apporter quelques précisions de droit pénal et de procédure pénale. La non-rétroactivité de la loi, la proportionnalité des peines, la légalité des délits et des peines, le principe de présomption d'innocence figurent parmi ces principes.

4) La propriété

Le droit de propriété tient une place de choix. Affirmé parmi les droits naturels et imprescriptibles de l'homme, il est repris dans le dernier article de la Déclaration avec un qualificatif puissant, « *droit inviolable et sacré* ». Sans doute n'est-il pas absolu car on prévoit l'expropriation, mais celle-ci est enserrée dans des limites strictes.

5) La résistance à l'oppression

Quatrième et dernier droit naturel et imprescriptible, le droit de résistance à l'oppression montre toute son ambiguïté. Il était important pour les révolutionnaires de 1789 de l'affirmer car c'était la justification de leur action. Les Américains n'avaient pas fait autrement en énumérant leurs griefs contre le Roi d'Angleterre pour justifier leur révolte. Cependant affirmer le droit de résistance à l'oppression peut avoir un effet pervers parce que chacun pourra estimer qu'il est opprimé et chercher à se révolter. C'est cet écueil que semblent vouloir éviter les rédacteurs de la Déclaration dans l'article 7 en affirmant qu'on doit obéir à la loi – toujours cette confiance aveugle dans la loi – et qu'on se rend coupable quand on refuse d'y obéir.

C - Les droits du citoyen

Les droits du citoyen sont en principe un autre aspect de la Déclaration. Certes le mot homme est celui utilisé le plus souvent. Il n'empêche que le citoyen apparaît parfois. Le préambule évoque « *les réclamations des citoyens* » en cas de violation des droits. Le citoyen se voit également reconnaître d'autres droits par la Déclaration. L'article 6 dispose qu'il peut concourir personnellement ou par ses représentants à la formation de la loi. Le même article affirme l'égalité des citoyens devant la loi et leur égale admissibilité aux dignités, places et emplois publics, « *sans autre distinction que celle de leurs vertus et de leurs talents* ». Cette prescription de la Déclaration qui semblait réserver les emplois aux citoyens, ce que le Conseil constitutionnel a contesté (CC 91-293, *DC*, 23 juillet 1991, Loi portant diverses dispositions relatives à la fonction publique), a perdu de sa force. Depuis 1968, les étrangers peuvent accéder aux fonctions de professeurs des universités. Afin de s'adapter aux exigences communautaires, l'article 5 *bis* de la loi du 13 juillet 1983 issu de la loi du 26 juillet 1991 modifiée par la loi du 16 décembre 1996 ouvre certaines « *fonctions et emplois dont les attributions soit sont séparables de l'exercice de la souveraineté, soit ne comportent aucune participation directe ou indirecte à l'exercice de prérogatives de puissance publique de l'État et des autres collectivités publiques»* aux ressortissants de l'Union européenne ou d'un autre État partie à l'Espace Économique européen.

Mais on peut se demander si la distinction homme/citoyen est toujours pertinente. Ainsi l'article 7 affirme que «*nul homme ne peut être accusé, arrêté ni détenu que dans les cas déterminés par la loi, et selon les formes qu'elle a prescrites*». Mais le même article, après avoir prohibé les ordres arbitraires ajoute que «*tout citoyen appelé ou saisi en vertu de la loi doit obéir à l'instant*». Il est évident qu'il y a ici une non-distinction. De même après avoir affirmé que «*la libre communication des pensées et des opinions est un des droits les plus précieux de l'homme*», l'article 11 ajoute immédiatement que «*tout citoyen peut donc parler, écrire, imprimer librement...* ». Le « donc » est révélateur de cette confusion. Lorsque l'article 13 mentionne que la contribution commune «*doit être également répartie entre tous les citoyens, en raison de leurs facultés*», il est évident que les étrangers ne sont pas dispensés de cette contribution s'ils résident en France. En revanche l'article 14 relatif, entre autres, au consentement à l'impôt nous ramène à une conception étroite du citoyen.

D - Les principes de gouvernement

Enfin des principes de gouvernement sont affirmés. La question de la souveraineté est tranchée en faveur de la souveraineté nationale puisque l'article 3 pose que «*le principe de toute souveraineté réside essentiellement dans la Nation*».

La séparation des pouvoirs est également posée. L'article 16 nous donne les règles du système politique libre. «*Toute société dans laquelle la garantie des droits n'est pas assurée, ni la séparation des pouvoirs déterminée n'a pas de Constitution*». Par constitution, il faut entendre ici régime politique libre.

Les constituants vont affirmer scrupuleusement ces idées dans le texte de 1791 puisqu'il comportera une garantie des droits et qu'on retiendra la séparation stricte des pouvoirs.

Section 2

Les copies non conformes de 1789

Les rédacteurs de nos textes constitutionnels qui se succéderont à partir de la Convention tenteront de réécrire les droits et libertés. Mais ils ne réussiront pas à laisser la même empreinte que ce soient les régimes révolutionnaires et encore moins les régimes impériaux ou monarchistes.

1 • LES CONSTITUTIONS RÉVOLUTIONNAIRES

La Déclaration de 1789 qui était celle accompagnant la constitution de 1791 (elle s'y réfère expressément) n'a vécu que jusqu'à la journée du 10 août 1792. Mais les régimes qui vont se succéder se lanceront eux aussi dans la tâche de rédiger une déclaration plus ou moins inspirée de 1789. La Convention va même réussir le tour de force d'élaborer trois déclarations successivement...

A - Le projet girondin

Un projet n'ira pas à son terme du fait de l'élimination de ses auteurs : le projet girondin. Il y avait pourtant quelques innovations. Aux quatre droits naturels et imprescriptibles de 1789, le projet ajoutait l'égalité et la garantie sociale. Il ajoutait aussi la liberté du commerce et de l'industrie *(« nul genre de travail, de commerce, de culture ne peut être interdit »)* et aussi une place importante était accordée à l'instruction ce qui n'est pas pour surprendre quand on sait que Condorcet était l'un des principaux inspirateurs. Ce texte se terminait sur la résistance à l'oppression. On peut regretter d'ailleurs que les idées généreuses de Condorcet (droits des femmes, abolition de la peine de mort) n'aient été encore plus présentes.

B - La Déclaration montagnarde

La déclaration montagnarde de 1793 se veut d'inspiration beaucoup plus démocratique que 1789. Le préambule est un décalque de celui de 1789. L'égalité est placée en tête de la liste des droits naturels, avant même la liberté, ce qui est une inversion par rapport à l'article 1 de 1789. L'article 2 pose que les droits naturels et imprescriptibles de l'homme sont « *l'égalité, la liberté, la sûreté, la propriété* ». L'esclavage est incompatible avec ce texte qui proclame que « *tout homme ne peut se vendre, ni être vendu* » (art. 18). La constitution déclare mais aussi garantit. Elle garantit, affirme l'article 122 « *l'égalité, la liberté, la sûreté, la propriété, la dette publique, le libre exercice des cultes, une instruction commune, des secours publics ; la liberté indéfinie de la presse ; le droit de pétition, le droit de se réunir en sociétés populaires, la jouissance de tous les droits de l'homme* ». On insiste aussi encore plus sur la résistance à l'oppression, « *conséquence des autres droits de l'homme* » par une formule très forte. « *Quand le Gouvernement viole les droits du peuple, l'insurrection est, pour le peuple et pour chaque portion du peuple, le plus sacré des droits et le plus indispensable des devoirs* » (art. 35 de la Déclaration).

On met l'accent, ce qui est nouveau, sur certaines prestations de l'État. Cependant ce n'est pas une constitution « *presque socialiste* » comme on l'a affirmé parfois un peu trop vite. Il suffit de constater à la fois la place du droit de propriété (art. 17 et 19) et la liberté économique ignorée dans la Déclaration de 1789.

On sait que cette constitution qui était la première à établir le suffrage universel, qui était pour certains considérée comme une référence plus que 1789, ne sera pas appliquée puisqu'il avait été décidé que « *le gouvernement sera révolutionnaire jusqu'à la paix* » mais la paix est venue beaucoup plus tard...

C - La Déclaration des droits et des devoirs de l'an III

La Déclaration de l'an III (1795) est d'une toute autre facture. Elle accompagne la Constitution du Directoire et est une réaction à la période montagnarde. Elle illustre la

Révolution dans sa phase conservatrice. Elle met en avant le droit de propriété. «*C'est sur le maintien des propriétés que repose... tout l'ordre social*». Il ne faut pas oublier que les nouveaux gouvernants y sont encore plus attachés qu'ils se sont enrichis par la vente des biens nationaux.

Innovation: la Déclaration est une Déclaration des droits et des devoirs du citoyen. La déclaration des devoirs d'inspiration moralisante et sentimentale que révèle bien l'article4 des devoirs: «*Nul n'est bon citoyen, s'il n'est bon fils, bon père, bon frère, bon ami, bon époux*». Une nouveauté. Ce texte reconnaît la liberté d'enseignement.

2• LES PARENTHÈSES IMPÉRIALES ET MONARCHISTES

A- Les droits et libertés selon Napoléon Bonaparte

Même si Bonaparte se veut l'héritier de la Révolution, avec lui, comme cela est d'ailleurs affirmé, «*la Révolution est terminée*». Et notamment en ce qui concerne ce mouvement d'affirmation des droits et des libertés. La Constitution de l'an VIII ne contient aucune déclaration des droits. Elle garantit indirectement quelques libertés dans son titre VII intitulé de façon bien neutre «Dispositions générales» (sûreté personnelle avec une parodie d'*Habeas Corpus*, inviolabilité du domicile, droit de pétition individuelle). Le sénatus-consulte du 28 floréal an XII, qui instaure l'Empire garantit particulièrement deux libertés: la liberté personnelle et la liberté de la presse!...

B- Les Cent-Jours

Lorsque Bonaparte revient pour cent jours au pouvoir en 1815, il a le temps de doter la France d'un nouveau texte constitutionnel, l'Acte additionnel aux constitutions de l'Empire, surnommé la Benjamine car il reflète les idées de Benjamin Constant. Les intentions sont louables puisque Napoléon veut «*accroître la prospérité de la France par l'affermissement de la liberté publique*». Un titre VI «Droit des citoyens» affirme l'égalité devant la loi, le droit à la sûreté, la liberté des cultes, le caractère inviolable des propriétés, la liberté de la presse «*sans aucune censure préalable*» et avec jugement des délits de presse par un jury, droit de pétition. Waterloo empêchera de tester ces intentions.

C- La Restauration

On pouvait tout craindre de la Restauration. Le texte est une charte «octroyée» par le Roi. Il ne peut être question de droits naturels de l'homme. Pourtant dans un titre intitulé droit public des français, quelques libertés sont affirmées: égalité devant la loi; égale admissibilité aux emplois publics; liberté personnelle; liberté d'opinion; liberté du culte... Mais l'affirmation a été en contradiction avec la pratique qui n'a pas empêché les cours prévotales, les mesures contre la presse, etc. La liberté a ses martryrs comme le général Berton ou les quatre sergents de La Rochelle.

D - La Monarchie de Juillet

La Charte de 1830 garde le texte de 1814 dans la forme mais le modifie sur quelques points pouvant intéresser les libertés.

Notamment, parce que c'est sur ce thème que s'était faite la révolution de 1830, il est affirmé que la censure ne pourra jamais être rétablie. On ajoute également la liberté de l'enseignement.

Section 3

Le Préambule de 1848

La deuxième République marque une nouvelle étape. La Constitution a été précédée de certains textes importants, notamment, sous l'impulsion de Victor Schoelcher, le décret du 27 avril 1848 qui pose que «*l'esclavage sera entièrement aboli dans toutes les colonies et possessions françaises*», avec cette précision «*que l'esclavage est un attentat contre la dignité humaine*». Il est intéressant de voir apparaître cette notion de dignité qui sera une notion majeure à la fin du XXe siècle.

Avec la deuxième République, c'est une nouvelle technique qui fait son apparition: celle du Préambule. Mais celui-ci dans la lignée du droit naturel affirme que la République «reconnaît des droits et des devoirs antérieurs et supérieurs aux lois positives» et qu'elle «a pour principe la Liberté, l'Égalité et la Fraternité». L'originalité est que le Préambule expose les devoirs tant des citoyens que de la République, ces derniers pouvant apparaître comme des droits à certaines prestations. Les droits sont plus particulièrement exposés dans le corps de la Constitution sous la forme d'une garantie des droits. 1848 complète 1789 en ajoutant l'inviolabilité du domicile, l'abolition de la peine de mort en matière politique, l'interdiction de l'esclavage, la liberté d'association et de réunion, la liberté d'enseignement. Mais certains droits économiques et sociaux font leur apparition: la liberté du travail et de l'industrie, l'égalité des rapports entre patron et ouvrier, l'assistance aux déshérités. On perd un peu de l'individualisme de 1789 avec la liberté d'association, de réunion, avec la reconnaissance de la famille.

L'influence des socialistes n'a été perceptible qu'au début de la Révolution de 1848. Elle a cessé avec les journées de juin et l'Assemblée qui a élaboré la Constitution était conservatrice. Les propositions pour proclamer des droits sociaux ont échoué, notamment pour le droit au travail. Certes on affirme dans le préambule que «*la République doit par une assistance fraternelle, assurer l'existence des citoyens nécessiteux… en leur procurant du travail dans les limites de ses ressources*» mais c'est autre chose. Pourtant elle veut «*assurer une répartition de plus en plus équitable des charges et des avantages de la société*».

Section 4

« L'âge d'or des libertés »

Le coup d'État du Prince-Président met un terme à ce régime. La Constitution du 14 janvier 1852 règle la question de façon expéditive. Aucun catalogue, aucune déclaration. Simplement un article (art. 1) qui affirme que « la Constitution reconnaît, confirme et garantit les grands principes proclamés en 1789 et qui sont la base du droit public des Français ». La petite constitution de 1870 repose la même idée.

Et pourtant le second Empire ne sera pas aussi négatif, surtout dans la période de l'Empire libéral car il va supprimer le caractère délictuel (délit de coalition) de la grève et il encourage les associations professionnelles. Ce sont les idées sociales de l'Empereur.

La Troisième République – tout au moins à partir de 1879 lorsque la République devient républicaine – qui se veut l'héritière de 1789 va laisser une empreinte profonde, alors que le support constitutionnel est des plus minces.

1 • L'ŒUVRE DE LA IIIe RÉPUBLIQUE

A - Les lumières de la IIIe République

La Troisième République a souvent été considérée comme l'« âge d'or des libertés ». Et pourtant droits et libertés sont absents des trois lois constitutionnelles de 1875. Mais l'œuvre de la IIIe République sera d'une autre nature. Les droits et libertés seront présents de façon réelle dans des lois affirmant de façon solennelle et par une organisation minutieuse les libertés essentielles : loi du 30 juin 1881 sur les réunions ; loi du 29 juillet 1881 sur la presse ; lois des 16 juin 1881 et 28 août 1882 sur la gratuité de l'enseignement primaire ; loi du 21 mars 1884 sur les syndicats ; loi municipale du 5 avril 1884 ; loi du 29 juillet 1901 sur les associations ; loi du 9 décembre 1905 sur la séparation des Églises et de l'État. L'œuvre semble immense et magistrale et le Préambule de 1946 lui rendra hommage, non sans ambiguïté, à travers l'insertion des « principes fondamentaux reconnus par les lois de la République ».

B - Les ombres de la IIIe République

Cependant l'image de ce régime n'est pas aussi idyllique comme l'ont souligné Jean Rivero et Jean-Pierre Machelon. L'« âge d'or des libertés » a été essentiellement la décennie 1880-1890. Différents évènements, certaines tensions politique ou sociale sont dangereuses pour les libertés. Les menées anarchistes suscitent les « lois scélérates » liberticides des 23 juillet et 11 décembre 1893. La politique anticléricale du tournant du XXe siècle, si elle favorise la liberté de conscience, heurte en même temps certaines consciences. Les dispositions sur les congrégations, l'affaire des fiches, la jurisprudence Bouteyre (CE 10 mai 1912, Abbé Bouteyre, *GAJA* n° 26) illustrent cette attitude. La première guerre mondiale voit une interprétation trop large de l'état de siège et l'apparition de la jurisprudence des pouvoirs de guerre puis des circonstances exceptionnelles. La IIIe République, à la différence des démocraties nouvelles, est incapable de reconnaître les droits émergeants. La montée des périls totalitaires dans l'entre-deux-guerres conduit à des textes restrictifs. C'est un décret-loi (et non une loi car le Parlement a abdiqué ses pouvoirs en la matière) du 23 octobre 1935 qui vient combler la lacune du régime juridique des manifestations sur la voie publique, mais avec la volonté de mieux les encadrer, à la différence de l'esprit de 1880. La loi du 10 janvier 1936 sur les groupes de combat vient constituer une menace pour la liberté d'association. Et comme bien souvent, ces textes qui visaient des groupes particuliers seront utilisés par la suite contre des courants d'expression tout à fait différents. Ce n'est pas Vichy qui prend des mesures «*pour sauvegarder la race*». C'est le gouvernement Daladier.

Et puis, surtout, la IIIe République manque le train de l'Europe nouvelle qui fait émerger les droits sociaux, qui vise à l'égalité de l'homme et de la femme notamment dans le suffrage du fait de l'aveuglement des sénateurs, cléricaux (qui ignoraient la position du Pape Benoît XV en faveur du vote des femmes le 15 juillet 1919) et anticléricaux mêlés, alors que les députés avaient accordé le droit de vote en 1919 à la demande d'Aristide Briand par 324 voix contre 53. Mais les sénateurs s'y opposeront par 184 voix contre 156 et les propositions des députés seront repoussées six fois par le Sénat.

Sans doute y a-t-il des progrès dans le domaine social. En 1874, le travail est interdit aux mineurs de moins de 13 ans, en 1892 la journée de travail des 13-18 ans est de 10 heures, celle des femmes de 11 heures et le travail de nuit leur est prohibé – ce que l'Union européenne vient de faire tomber –, le repos hebdomadaire obligatoire est institué.

2 • LE DÉBAT SUR LA SURVIVANCE DE LA DÉCLARATION DE 1789

L'absence de déclaration et de toutes dispositions relatives aux droits et libertés dans les textes fondateurs de la IIIe République a suscité la question d'une survivance éventuelle de la Déclaration des droits de l'homme et du citoyen. Différentes théories ont pu être proposées.

Les lois constitutionnelles de 1875 ne contenaient aucune disposition relative aux droits et libertés. On sait qu'il s'agissait en fait de textes qui devaient être provisoires, en attendant le rétablissement de la monarchie, une fois que légitimistes et orléanistes auraient trouvé un accord, que la question du comte de Chambord serait résolue dès lors que «*Dieu aurait bien voulu lui ouvrir les yeux... ou les lui fermer*». Les droits proclamés en 1789 avaient-ils cependant survécu ?

A - Les théories proposées

Les partisans du droit naturel étaient favorables à la survivance, sinon de la Déclaration, tout au moins des droits par eux-mêmes dans la mesure où ils appartenaient à l'individu par nature. Les droits affirmés en 1789 sont des droits qui préexistaient. Ils ne peuvent donc avoir été anéantis par la disparition de la Constitution de 1791. Droits naturels et imprescriptibles de l'homme, ils étaient toujours liés à la condition d'homme.

Gaston Jèze (*RDP* 1913.685s), Léon Duguit (Traité de Droit constitutionnel, t. III, 1930 p. 604), Maurice Hauriou (Précis de droit constitutionnel, 1929, p. 624) ont prôné la supraconstitutionnalité de la Déclaration de 1789. La Déclaration des droits de l'homme et du citoyen avait une valeur supérieure non seulement aux lois ordinaires mais aussi aux constitutions, non pas par sa forme mais par son contenu.

Maurice Hauriou, jusnaturaliste, distinguait entre la constitution politique constituée par les lois constitutionnelles de 1875 et la constitution sociale contenue dans la Déclaration des droits de l'homme et du citoyen. La DDHC instaure un «*ordre social individualiste*» s'imposant aux acteurs juridiques. Pour le maître de Toulouse, «*la Déclaration des droits est le texte constitutionnel de la constitution sociale*». Il estime que depuis 1852 subsiste «*une Constitution sociale dont le texte intégral doit être constitué avec toutes les déclarations des droits antérieures qui se sont appliquées*».

Pour Léon Duguit, positiviste sociologique, les libertés de la DDHC sont des droits positifs que la conscience collective a créés et qu'elle veut imposer aux acteurs juridiques, y compris constituants. Les principes de 1789 ont été sous-entendus par les constituants de 1875 et en conséquence «*la Déclaration de 1789 s'impose au législateur constituant*».

Mais on peut se demander pourquoi choisir 1789 plutôt que 1793 ou l'an III.

En revanche, Raymond Carré de Malberg, positiviste juridique, nie toute valeur juridique à la DDHC. Si on admet qu'elle ait fait partie de la Constitution de 1791, elle a disparu le 10 août 1792. Elle n'a que «la portée dogmatique d'une Déclaration de vérités philosophiques». Les affirmations de 1789 n'étaient que des «maximes abstraites ou axiomes théoriques». Il convenait donc qu'il y ait une réception constitutionnelle ou législative. Or celle-ci était absente.

B - La jurisprudence

La jurisprudence a refusé les théories supraconstitutionnelles de Duguit et de Hauriou et elle a plutôt suivi Carré de Malberg.

Dès lors que la DDHC n'est pas remise en vigueur en 1875, elle n'a pas de valeur juridique sauf si ses dispositions sont reprises dans d'autres normes comme les lois ou encore par les principes généraux du droit.

Mais le Conseil d'État a refusé toute valeur à la DDHC (CE 9 mai 1913, Roubeau, Rec. 521 ; CE, S, 4 février 1944 Guieysse).

BIBLIOGRAPHIE

COLLIARD (C.-A.) et autres, *La Déclaration des droits de l'homme et du citoyen, ses origines, sa pérénnité*, Documentation Française, 1990.

La déclaration de 1789 (Dir. S. RIALS), Droits, n° 8, 1988.

JAUME (L.), *Les déclarations des droits de l'homme*, GF, Flammarion, 1989.

MACHELON (J.-P.), *La République contre les libertés*, Presses FNSP, 1976.

MORANGE (J.), *La Déclaration des droits de l'homme et du citoyen*, PUF, Que sais-je ? 3e éd., n° 2 408, 1993.

RIALS (S.), *La Déclaration des droits de l'homme et du citoyen*, Hachette, coll. Pluriel, 1988.

CHAPITRE 6

Le renouveau des lendemains de la seconde guerre mondiale : la solennité essoufflée

Au lendemain de la seconde guerre mondiale, la France a voulu se doter d'une nouvelle constitution. La tâche n'a pas été aisée puisqu'il a fallu s'y prendre à deux fois (section 1) et que le texte adopté l'a été du bout des lèvres (section 2). Douze ans plus tard, lorsqu'il a fallu rédiger une nouvelle constitution, les rédacteurs du texte ont fait passer la préoccupation des droits et libertés au second plan (section 3).

Section 1

L'essai manqué d'avril 1946

La première assemblée constituante avait une majorité proche des conceptions marxistes [Parti communiste et SFIO (socialistes)]. 1789 n'était qu'une étape. 1946 devait permettre de franchir un pas supplémentaire en faisant cesser l'oppression capitaliste. Le troisième grand parti était le MRP, parti démocrate chrétien et prônant la doctrine sociale chrétienne. Il entendait seulement atténuer l'individualisme de 1789.

Le texte adopté, même s'il se présente sous la forme d'une (longue) déclaration précédée d'un préambule qui sera repris en partie dans le Préambule de la Constitution du 27 octobre, est intégré à la Constitution.

Il laisse penser que le droit naturel reste malgré tout influent puisqu'il affirme que « tout être humain possède des droits inaliénables et sacrés auxquels nulle loi ne saurait porter atteinte ».

Il comprend deux parties bien séparées. La première intitulée « Des Libertés » reprend les droits classiques en apportant quelques compléments comme l'égalité entre l'homme et la femme, qui constitue le premier article, la liberté d'aller et de venir, le droit d'asile, l'inviolabilité du domicile, le secret de la correspondance, le droit de pétition, la liberté de manifestation, la liberté d'association et il précise d'autres droits comme le droit à la sûreté, en essayant d'organiser une version française de l'*Habeas Corpus* (le projet prévoit la comparution dans les quarante-huit heures devant un juge qui statuera sur la légalité de l'arrestation et la confirmation chaque mois de la détention par décision motivée), la liberté religieuse (art. 13). Il envisage une limitation de certains droits en cas de crise, *« lorsque la République est proclamée en danger »* (une formulation très 1793). Peuvent ainsi être suspendus la liberté d'aller et de venir, le secret de la correspondance, la liberté de la presse, la liberté de manifestation. Toujours se voulant plus proche de 1793 que de 1789 on reprend la formule de l'article 35 de la constitution montagnarde. Ce n'est plus l'insurrection qui est le plus sacré des droits et le plus impérieux des devoirs, mais la résistance. Il est vrai que ce mot avait pris alors un sens extraordinairement fort. L'idée de dignité ne figure pas dans cette première partie mais dans la seconde consacrée aux droits sociaux et économiques (art. 22 et 27). La déclaration comporte des droits créance : droit à la santé « dès la conception », droit au libre développement de la famille, droit à la culture, droit au travail (mais aussi devoir de travailler), droit aux loisirs. Les droits collectifs comme le droit de grève et le droit syndical sont également présents. Le droit de propriété est maintenu dans une formulation moins absolue qu'en 1789 (art. 35). « *La propriété est le droit inviolable d'user, de jouir et de disposer des biens garantis à chacun par la loi...* ». L'article 36 en montre les limites. « *Le droit de propriété ne saurait être exercé contrairement à l'utilité sociale ou de manière à porter préjudice à la sûreté, à la liberté, à l'existence ou la propriété d'autrui* ».

Ce projet, du fait notamment de l'hostilité du MRP et des gaullistes, fut rejeté par référendum le 5 mai 1946. Tout était à refaire.

Section 2

Le Préambule de la Constitution de 1946

Il est important d'évoquer ce texte puisqu'il est l'un des éléments du bloc de la constitutionnalité d'aujourd'hui suite à la décision du Conseil constitutionnel du 16 juillet 1971.

Suite au rejet du projet d'avril 1946 par le peuple, une nouvelle assemblée constituante fut élue le 2 juin 1946. La gauche n'avait plus la majorité absolue et le MRP devenait le premier parti de France. Le résultat des travaux fut une constitution, fruit d'un compromis qui se retrouve à propos des droits et des libertés.

Nous n'avons plus une déclaration mais un préambule à la structure complexe. On peut y distinguer quatre éléments.

1 • LE CONTENU DU PRÉAMBULE

A - Le préambule du Préambule

En une phrase évoquant notamment « *la victoire remportée par les peuples libres sur les régimes qui ont tenté d'asservir et de dégrader la personne humaine* », le préambule, qui reprend pour partie le préambule de la déclaration qui accompagnait le texte rejeté, vient situer le texte. On pourrait penser qu'il s'agit d'une disposition de pure forme. Pourtant le Conseil constitutionnel a pu déduire de cette formulation, en 1994

(CC 343 et 344, *DC*, 27 juillet 1994, « Bioéthique », *GDCC* n° 47), le droit à la dignité qui était manquant dans notre bloc de la constitutionnalité. Pour le Conseil constitutionnel, il en « *ressort que la sauvegarde de la dignité de la personne humaine contre toute forme d'asservissement et de dégradation est un principe à valeur constitutionnelle* ». On pourrait aussi y puiser le principe de non-discrimination, mais celui-ci figure dans l'article 1 (nouvelle numérotation) de la Constitution. Une fois de plus on évoque des droits inaliénables et sacrés ce qui nous inscrit toujours dans une optique jusnaturaliste.

Ce premier paragraphe se termine par une référence à deux sources : la Déclaration de 1789 et les principes fondamentaux reconnus par les lois de la République.

B - Le rappel de 1789

Ce texte s'inscrit certainement plus dans la continuité de 1789 que le précédent et ce préambule le marque par une évocation de la Déclaration des droits de l'homme et du citoyen qu'il « *réaffirme solennellement* ». Certes, le projet d'avril de 1946 ne méconnaissait pas 1789. On se voulait « *fidèle aux principes de 1789* » et on précisait même qu'il s'agissait de la charte de la libération du peuple français. Cependant on ne mentionnait pas expressément la Déclaration. On préférait évoquer les « *principes* », comme dans la constitution de 1851... En outre, on établissait, dans la forme, un parallèle avec 1793, 1795 et 1848. Cette fois-ci, les choses sont plus claires. Seul 1789 est évoqué et la Déclaration est reconnue comme ayant consacré les droits et les libertés de l'homme et du citoyen.

C - Les principes fondamentaux reconnus par les lois de la République

1) La notion

En même temps qu'il réaffirme la Déclaration de 1789, le préambule de 1946 réaffirme les « principes fondamentaux reconnus par les lois de la République. C'est une expression presque nouvelle qui est le résultat d'une forme de compromis. Le MRP souhaitait que soit affirmée la liberté de l'enseignement. Communistes et socialistes y étaient hostiles. Les démocrates chrétiens ont pensé qu'à travers cette formule ils pourraient malgré tout insérer cette liberté. Le Conseil constitutionnel devait en 1977 montrer que cette stratégie avait été judicieuse. Cet amendement fut adopté de justesse (274 voix contre 272) malgré l'opposition de la SFIO et du Parti communiste.

Sans doute a-t-on voulu y voir un hommage à la IIIe République pour son œuvre législative. Mais il n'y a aucune liste de ces lois. C'est donc au juge et plus particulièrement aujourd'hui au juge constitutionnel de les déceler. En outre il lui appartiendra de déterminer, au sein de ces lois, les principes retenus. Cependant, il conviendra qu'aucune dérogation n'ait eu lieu avant 1946 (CC 88-244, *DC*, 20 juillet 1988, « Loi portant amnistie » ; CC 89-254, *DC*, 4 juillet 1989).

2) L'éclairage du Conseil d'État

C'est d'abord le Conseil d'État qui a commencé à déterminer de tels principes, en 1956, à propos de la liberté d'association (CE, Ass., 11 juillet 1956, Amicale des Annamites de Paris). Il poursuivra avec mesure sa découverte avec le principe de l'indépendance des professeurs de l'enseignement supérieur (CE, 16 octobre 1987, Syndicat autonome des enseignants de médecine ; CE, 29 mai 1992, Association amicale des professeurs titulaires du Muséum national d'histoire naturelle ; CE, 13 mars 1996, Bohin), l'interdiction de l'extradition dans un but politique se fondant sur la loi du 10 mars 1927 (CE, Ass, 3 juillet 1996, Koné, *GAJA* n° 109 ; F p. 85)... Certains de ces principes ne trouvent pas encore leur équivalent dans la jurisprudence du Conseil constitutionnel. C'est précisément le cas avec l'arrêt *Koné*. Mais le Conseil d'État dans un avis du 9 novembre 1995 avait préparé la décision en affirmant que l'interdiction de l'extradition dans un but politique « *constitue un principe fondamental reconnu par les lois de la République* ». Il pouvait s'appuyer sur la loi du 10 mars 1927 relative l'extradition. Mais le Conseil constitutionnel a donné de son côté un plus grand développement à cette source.

3) L'éclairage du Conseil constitutionnel

Le Conseil constitutionnel a consacré divers principes fondamentaux : la liberté d'association (CC 71-44, *DC,* 16 juillet 1971, « Liberté d'association », *GDCC* n° 19 ; F p. 62 ; CC 2000-434, *DC,* 20 juillet 2000, Chasse) reconnu en 1956 par le Conseil d'État ; les droits de la défense (CC 76-70, *DC,* 2 décembre 1976, « Loi relative au développement de la prévention des accidents du travail » ; CC 80-127, *DC,* 19-20 janvier 1981, « Sécurité et Liberté », *GDCC* n° 30 ; F p. 408) ; la liberté individuelle (CC 76-75, *DC,* 12 janvier 1977, « Fouille des véhicules », *GDCC* n° 24 ; F p. 403) ; la liberté d'enseignement en s'appuyant sur l'article 91 de la loi de finances du 31 mars 1931, et la liberté de conscience même si la référence est moins claire car on ne sait si le Conseil se fonde sur la Déclaration de 1789 ou la loi du 9 décembre 1905 relative à la séparation des Églises et de l'État (CC 77-87, *DC,* 23 novembre 1977, « Liberté d'enseignement et de conscience », *GDCC* n° 25 ; F p. 68) ; l'indépendance des juridictions administratives en s'appuyant sur la loi du 24 mai 1872 (CC 80-119, *DC,* 22 juillet 1980, « Validation d'actes administratifs », *GDCC* n° 29 ; F p. 72) ; la liberté de communication des idées (CC 81-129, *DC,* 31 octobre 1981 « Loi portant dérogation au monopole d'État de la radiodiffusion » ou CC 82-141, *DC,* 27 juillet 1982, « Loi sur la communication audiovisuelle ») ; l'indépendance des professeurs d'université en s'appuyant sur le régime des incompatibilités parlementaires et notamment la loi du 15 mars 1849 étendue à juste titre aux maîtres de conférences (CC 83-165, *DC,* 20 janvier 1984, « Libertés universitaires », *GDCC* n° 35 ; CC 94-355, *DC,* 10 janvier 1995) ; l'exclusivité de la compétence du juge administratif pour le contentieux de l'annulation des actes de puissance publique (CC 86-224, *DC,* 23 janvier 1987, « Conseil de la Concurrence », *GDCC* n° 41 ; F p. 78 ; CC 89-260, *DC,* 28 juillet 1989, « Loi relative à la sécurité et à la transparence du marché financier ») ; l'autorité judiciaire gardienne de la propriété privée immobilière (CC 89-256, *DC,* 25 juillet 1989, « Loi relative à la sécurité et à la transparence du marché financier ») ; les perquisitions domiciliaires (CC 90-281, *DC,* 27 décembre 1990,

« Loi sur la réglementation des télécommunications » ; CC 90-285, *DC*, 28 décembre 1990, « Loi de finances pour 1991 ») ; le respect des droits de la défense (CC 76-70, *DC*, 2 décembre 1976 « Prévention des accidents du travail » ; CC 90-127, *DC*, 19 et 20 janvier 1981, « Sécurité et Liberté », *GDCC* n° 30 ; F p. 408 ; CC 97-389, *DC*, 22 avril 1997, « Immigration » ; CC 99-416, *DC*, 23 juillet 1999, « Couverture maladie universelle ») ; l'atténuation de la responsabilité pénale par l'âge et le « relèvement » du mineur délinquant par des mesures éducatives adaptées (CC 2002-461, *DC*, 29 août 2002, « Loi d'orientation et de programmation pour la justice »). On avait cru la liste épuisée mais la décision de 2002 montre qu'il n'en est rien.

De plus les requérants, devant le Conseil constitutionnel ont tendance à proposer des principes nouveaux, sans que pour autant la Conseil ne se laisse aller à les suivre. Il a ainsi refusé l'idée de collégialité des juridictions de jugement [CC 75-56, *DC*, 23 juillet 1975, « Loi organique relative au statut de la magistrature » (juge unique) F p. 8] ; la gratuité des voies publiques (CC 79-107, *DC*, 12 juillet 1979, Ponts à péage) ; l'individualisation des peines (CC 80-127, *DC*, 19-20 janvier 1981, « Sécurité et Liberté », *GDCC* n° 30 ; F p. 408) ; la prohibition de toute rétroactivité de la loi en matière contractuelle (CC 89-254, *DC*, 4 juillet 1989), l'exclusivité des mesures d'amnistie pour les sanctions pénales (CC 88-244, *DC*, 20 juillet 1988, « Loi portant amnistie »), le principe du double degré de juridiction (CC 92-316, *DC*, 20 janvier 1993 « Loi relative à la prévention de la corruption et à la transparence de la vie économique et des procédures publiques »), l'acquisition de la nationalté française pour tout individu né en France d'un étranger lui-même né en France (CC 92-316, *DC*, 20 janver 1993), la protection du patrimoine génétique de l'humanité (CC 94-343 et 344, *DC*, 27 juillet 1994, « Bioéthique », n° 47) ; la responsabilité personnelle (CC 94-343 et 344, *DC*, 27 juillet 1994, « Bioéthique », n° 47) ; l'universalité des allocations familiales (CC 18 décembre 1997, « Allocations familiales », n° 49) ; le principe de l'élection du plus âgé en cas d'égalité des sufrages (CC 98-407, *DC*, 14 janvier 1999) ; l'exclusion pour les mineurs de plus de 13 ans des mesures de contraintes, de sanctions, ou même d'incarcération (CC 2002-461, *DC*, 26 août 2002, « Loi d'orientation et de programmation pour la justice »).

D - Les principes particulièrement nécessaires à notre temps

À première vue, l'apport nouveau du Préambule de 1946 semble résider dans ce qui est mentionné comme des *« principes politiques, économiques et sociaux »* considérés comme *« particulièrement nécessaires à notre temps »*. En effet les droits et libertés « consacrés » par la déclaration de 1789 et les principes fondamentaux reconnus par les lois de la République sont « réaffirmés ». Mais ces droits n'ont sans doute pas la même force comme en témoigne l'expression « en outre » (« Il proclame en outre »).

Les principes politiques sont en nombre limité puisque y figurent l'égalité de l'homme et de la femme sous une formule qui, *a contrario*, semble permettre à la femme d'avoir plus de droits que l'homme même si ce n'était pas l'intention du constituant. « La loi garantit à la femme, dans tous les domaines, des droits égaux à ceux de l'homme ».

Le nouveau texte insère le droit d'asile pour « tout homme persécuté en raison de son action en faveur de la liberté ». S'agissant de la terminologie on notera une fois de plus, l'ambiguïté du mot homme. Dans l'alinéa précédent, homme signifie personne de sexe masculin. Dans cet alinéa homme – on l'espère – suppose toute personne humaine. Cette disposition a perdu de sa force avec la révision constitutionnelle (art. 53-1) qui a fait suite à la décision du Conseil constitutionnel du 12-13 août 1993 (CC 93-325, *DC,* « Maîtrise de l'immigration », *GDCC* n° 46 ; F p. 419).

Puis sont développés des droits sociaux : droit d'obtenir un emploi précédé cependant du devoir de travailler (CC 83-156, *DC,* 28 mai 1983, « Loi portant diverses mesures relatives aux prestations de vieillesse » ; CC 85-200, 16 janvier 1986, « Loi relative à la limitation des possibilités de cumul entre pensions de retraite et revenus d'activité »), et non-discrimination dans le travail ou l'emploi. Le droit syndical et la liberté syndicale sont affirmés. Le droit de grève est reconnu mais sans caractère absolu puis qu'il « s'exerce dans le cadre des lois qui le réglementent » (CC 79-105, *DC,* 25 juillet 1979, « Droit de grève à la radio et à la télévision », *GDCC* n° 27 ; F p. 53 et CC 87-230, *DC,* 28 juillet 1987, « Loi portant diverses mesures d'ordre social »). Le Préambule pose aussi le droit à la détermination collective des conditions de travail (CC 77-79, *DC,* 5 juillet 1977, « Loi portant diverses dispositions en faveur de l'emploi des jeunes et complétant la loi n° 75-574 du 4 juillet 1975 tendant à la généralisation de la Sécurité sociale » F p. 245) et à la gestion des entreprises. On est là à la frontière des principes d'organisation économique, ceux-ci apparaissant plus nettement avec la socialisation de certaines entreprises, qui prend même un caractère obligatoire lorsque l'exploitation de celles-ci ont les caractères d'un service public national ou d'un monopole de fait (CC 81-132, *DC,* 16 janvier 1982, « Loi de nationalisation », *GDCC* n° 31 ; F p. 11 ; CC 82-139, *DC,* 11 février 1982 « Loi de nationalisation », *GDCC* n° 31 ; F p. 15 ; CC 25-26 juin 1986, « Privatisation », *GDCC* n° 39 ; F p. 28).

Le préambule mentionne un certain nombre de droits créances. Il s'agit du droit au développement de l'individu et de la famille, (CC 86-216, *DC,* 3 septembre 1986, « Loi relative aux conditions d'entrée et de séjour des étrangers en France » ; CC 93-325, 12 et 13 août 1993, « Maîtrise de l'immigration », *GDCC* n° 46 ; F p. 419) de la protection de la santé (CC 74-54, *DC,* 15 janvier 1975, « Interruption volontaire de grossesse I », *GDCC* n° 23 ; F p. 313), de la sécurité matérielle, du repos et des loisirs, ainsi que du « *droit d'obtenir de la collectivité des moyens convenables d'existence* » pour ceux qui sont « *dans l'incapacité de travailler* » (CC 86-224, *DC,* 23 janvier 1987, « Conseil de la Concurrence » ; F p. 78). La solidarité est affirmée en cas de calamités nationales. Enfin le droit à l'instruction, à la formation professionnelle et à la culture est posé, l'État devant organiser un « *enseignement public gratuit et laïque à tous les degrés* » (CC 77-87, *DC,* 23 novembre 1977, « Liberté d'enseignement et de conscience », *GDCC* n° 25 ; F p. 68). On voit ainsi indirectement affirmée l'idée de laïcité qu'on retrouve ensuite dans le corps même de la constitution puisque la France est une République laïque.

Le Préambule conclut avec certaines dispositions intéressant la situation internationale de la France et ses rapports avec les territoires sous son autorité. La France entend respecter les « *règles du droit public international* » (CC 75-59, *DC,* 30 décembre 1975,

« Comores » ; F p. 305). Elle accepte également des limitations de souveraineté (et non des transferts – soulignera le Conseil constitutionnel en 1976, CC 76-71, *DC*, 29-30 décembre 1976, « Assemblée européenne », F p. 109 ; CC 92-308, *DC*, 9 avril 1992 « Maastricht I », *GDCC* n° 45 ; F p. 116 ; CC 92-312, *DC*, 2 septembre 1992 « Maastricht II », *GDCC* n° 45 ; F p. 121 ; CC 97-394, *DC*, 31 décembre 1997 « Traité d'Amsterdam » ; F n° 135) pour « *L'organisation et la défense de la paix* ».

2 • LA PORTÉE DU PRÉAMBULE

A - La situation nouvelle

Les débats que l'on avait connus sous la IIIe République à propos de la survivance de la DDHC se sont trouvés renouvelés avec le Préambule de la Constitution de 1946. Les lois constitutionnelles de 1875 n'évoquaient en aucune manière la Déclaration de 1789. Désormais, la situation comporte des données tout à fait différentes. Ce Préambule, tout d'abord, se réfère expressément à 1789. D'autre part, il n'est pas sans lien avec la Constitution qui a été approuvée, en outre, par référendum. De plus, il « réaffirme » les droits proclamés en 1789. Quelle était l'intention des constituants ? Il est difficile de l'établir d'autant plus que le texte adopté constituait un recul par rapport au projet d'avril 1946. En effet, le texte du projet d'avril 1946 constituait les 39 premiers articles de la Constitution. En revanche, le Préambule de la Constitution du 27 octobre 1946 est détaché de la numérotation de la Constitution.

B - Les propositions doctrinales

Différentes propositions ont pu être faites.

Pour certains, le Préambule n'avait aucune portée juridique. C'était nous replonger dans la situation de la IIIe République.

D'autres, comme le Doyen Claude-Albert Colliard, proposaient une valeur simplement législative.

Enfin certains, comme Jean Rivero ou le Doyen Vedel, considéraient qu'il y avait une valeur constitutionnelle pour les dispositions suffisamment précises.

C - L'évolution du juge

La IVe République qui avait mis en place une forme très atténuée de contrôle de la constitutionnalité des lois, avait prohibé tout contrôle par rapport au Préambule puisque l'article 92 alinéa 3 limitait le contrôle seulement par rapport aux titres I à X. Ainsi il excluait le contrôle portant sur les titres relatifs à la révision de la Constitution et aux dispositions transitoires, mais surtout, il excluait le Préambule.

Très tôt le juge civil a donné une portée juridique même si cela a été d'abord dans une décision d'une juridiction inférieure (Trib. civil de la Seine 22 janvier 1947 V. c/ Dame B...).

En ce qui concerne le juge administratif, on a pu observer une évolution.

Dans un avis du 23 avril 1947, le Conseil d'État avait dénié toute valeur juridique à la Déclaration de 1789 et au Préambule de 1946. Ce préambule, affirmait-il, « *n'a pas de valeur légale positive* ».

Pourtant la section du contentieux l'a admis avec la nécessité d'un relais par les lois ou les principes généraux du droit. Ce fut le cas avec l'arrêt *Dehaene* (CE, Ass., 7 juillet 1950 Dehaene, *GAJA* n° 68 ; GDJA 396) à propos du droit de grève. L'arrêt *Barel* (CE, Ass., 28 mai 1954 Barel, *GAJA* n° 77 ; *GDJA* 593) s'inscrit dans cette ligne. Il évoque même « les principes généraux du droit tels qu'ils résultent, notamment du préambule de la Constitution » (CE, 25 janvier 1957, Syndicat fédéral des fonctionnaires malgaches et assimilés).

Mais à la fin de la IVe République, le Conseil d'État semble avoir franchi le pas et accepter une véritable portée du préambule. En 1956 (CE, 11 juillet 1956, Amicale des Annamites de Paris), il vise les principes fondamentaux reconnus par les lois de la République et en 1957 il se fonde sur les articles 8, 9 et 10 de la DDHC (CE, 7 juin 1957, Condamine).

Aujourd'hui, il n'y a plus d'ambiguïté (ex. CE, 2 novembre 1992, Kherouaa et Mme Kachour et Balo et Mme Kizic ; CE, 14 mars 1994, Yilmaz, où le Conseil d'État s'appuie sur l'article 10 de la Déclaration de 1789 à propos du foulard islamique).

Section 3

La Ve République

Rédigée avec le souci de réagir au mauvais fonctionnement de la IVe République, élaborée dans le contexte de la guerre d'Algérie où les violations des droits et libertés, encouragées par l'aveuglement des pouvoirs publics, ont été une tache pour notre pays, la Constitution du 4 octobre 1958 fait peu de place aux droits de la personne humaine. On sait que la seule contrainte pour le gouvernement chargé de rédiger la Constitution figurait dans le quatrième principe de la loi constitutionnelle du 3 juin 1958 : « L'autorité judiciaire doit demeurer indépendante pour être à même d'assurer le respect des libertés essentielles telles qu'elles sont définies par le préambule de la Constitution de 1946 et par la Déclaration des droits de l'homme à laquelle il se réfère ». Les rédacteurs répondront à cette exigence par l'article 66 et par un mini-préambule.

1 • LE MINI-PRÉAMBULE DE LA CONSTITUTION

La Constitution de 1958 est nettement moins riche en ce qui concerne l'affirmation des droits et des libertés. Elle comporte un très court préambule de 2 paragraphes et 90 mots seulement, qui pourrait bientôt s'enrichir d'une référence à la Charte de l'environnement de 2003, si le projet de révision constitutionnelle adopté en conseil des ministres le 25 juin 2003 aboutit. C'est surtout le premier paragraphe qui est intéressant puisqu'il renvoie à d'autres textes. « Le peuple français proclame solennellement son attachement aux droits de l'homme et aux principes de la souveraineté nationale tels qu'ils sont définis par la déclaration de 1789, confirmée et complétée par le préambule de la Constitution de 1946 ».

Mais ce préambule semblait avoir avant tout un aspect formel et ne paraissait pas voué à un avenir brillant. Le Conseil constitutionnel devait en décider autrement.

2 • LA PORTÉE DU PRÉAMBULE

A - La volonté des rédacteurs de la Constitution

Le Préambule de 1958 semble beaucoup plus fragile que celui de 1946. Sa brièveté paraît montrer un certain recul. Et surtout il y a la volonté des constituants. Il semble qu'il n'y ait aucune ambiguïté. Lors des débats devant le Comité consultatif constitutionnel, le Commissaire du gouvernement Janot auquel on demandait si le Préambule avait une portée contraignante avait répondu de façon très catégorique « *Certainement, non !* ». La cause était entendue. Mais lorsque la Constitution sera soumise au référendum le 28 septembre 1958, elle sera – comme en 1946 – précédée d'un préambule.

B - L'interprétation des juridictions classiques

Le Conseil d'État poursuit l'évolution engagée à la fin de la IVe République. Il admet d'abord la portée du préambule par le biais des principes généraux du droit en 1959 (CE, S, 16 juin 1959, « Syndicat général des ingénieurs-conseils », *GAJA* n° 83 ; F p. 91) affirmant que « *les principes généraux du droit résultant notamment du préambule s'imposent toute autorité réglementaire même en l'absence de dispositions législatives* », puis plus directement en 1960 (CE, S, 12 février 1960, Société Eky). Il se réfère expressément à l'article 6 de la Déclaration de 1789.

C - L'interprétation du Conseil constitutionnel

Le Conseil constitutionnel va profiter d'une « lacune » de la constitution. À la différence de la Constitution de 1946 qui excluait formellement le contrôle de la constitutionalité des lois par rapport au préambule, la Constitution de 1958 n'avait pas repris cette prohibition tellement cela était évident.

Le Conseil constitutionnel va agir en deux temps.

En 1970, le Conseil constitutionnel, lors de sa première application de l'article 54 de la Constitution relatif aux traités, vise le préambule de la Constitution dans sa décision du 19 juin. (CC 70-39, *DC*, 19 juin 1970, Traité signé à Luxembourg le 22 avril 1970). Le Conseil admet la constitutionnalité des limitations de souveraineté du fait de la réciprocité, ce qui s'appuierait sur l'un des alinéas du préambule de 1946. Il le fait de façon très anodine, dans les visas par un « Vu la Constitution et notamment son préambule ». Mais en 1971, le Conseil va aller plus loin. Dans sa décision du 16 juillet 1971 (CC 71-44, *DC,* 16 juillet 1971, « Liberté d'association », *GDCC* n° 19; F p. 62) il se réfère au préambule et plus particulièrement au Préambule de 1946 en s'appuyant sur les principes fondamentaux de la République. À cet effet, il a utilisé la loi de 1901, ce qui semble un exemple de principe fondamental indiscutable encore que la loi de 1901 ne soit que pour partie favorable aux libertés. Elle l'est certainement dans les titres I et II consacrés aux associations. En revanche elle ne l'est absolument pas dans le titre III consacré aux congrégations. Mais en 1956 le Conseil d'État avait utilisé la même loi. La portée de la décision est très forte. Intervenant sur un texte auquel tenait beaucoup le gouvernement afin de contourner la jurisprudence des juridictions administratives sur le refus de délivrance des récépissés en matière de déclaration d'association, la décision d'annulation partielle prononcée par le Conseil constitutionnel va avoir un extraordinaire retentissement, tant politique que juridique. Le Conseil constitutionnel devient majeur.

Enfin en 1973 dans la décision sur la taxation d'office (CC 73-51, *DC,* 27 décembre 1973, « Taxation d'office », *GDCC* n° 21 ; F p. 269), il se réfère à la DDHC.

BIBLIOGRAPHIE

Comité national chargé de la publication des travaux préparatoires des institutions de la Ve République : Documents pour servir à l'histoire de l'élaboration de la Constitution du 4 octobre 1958, Documentation française, 4 vol., 1987, 1988, 1991, 2001.

MBONGO (P.), *La gauche au pouvoir et les libertés publiques* (1981-1995), L'Harmattan, Logiques juridiques, 1999.

PELLOUX (R.), « Le préambule de la Constitution du 27 octbre 1946 », *RDP* 1947, pp. 347-398.

RIVERO (J.), « Les Principes fondamentaux reconnus par les lois de la République : une nouvelle catégorie constitutionnelle ? », *D.* 1972 Chr., pp. 265-268.

VEDEL (G.) et RIVERO (J.), « Les problèmes économiques et sociaux dans la consttution de 1946 », *Droit social*, vol. XXXI, 1947, pp. 13 s.

CHAPITRE 7

Des voies nouvelles possibles

Les droits et les libertés n'ont pas de caractère statique. Des droits et des libertés nouveaux peuvent être déterminés ainsi que le montre l'idée des différentes générations de droits de la personne humaine. Le droit constitutionnel comparé montre ces perspectives, principalement dans les États qui ont dû reconstruire après des périodes d'écrasement des libertés. À cet égard l'Europe a connu trois vagues. La France a participé à la première sans aller aussi loin que le feront l'Allemagne et l'Italie (section 1). Elle aurait pu puiser des idées dans les deux autres (Europe du Sud et Europe centrale et orientale) ce qu'elle n'a pas fait (section 2 et section 3). Des chantiers très prometteurs ont été ouverts en France sans véritables lendemains (section 4).

Ce qu'on a fait à l'étranger l'a été par la voie classique de la Constitution, même si on a pu essayer de glisser des éléments de supraconstitutionnalité.

Section 1

Les exemples allemand et italien

La première vague correspond à la démocratie retrouvée dans les pays qui avaient connu des systèmes de type fasciste. Le préambule de 1946 s'inscrit dans cette vague. D'autres États ont marqué leur originalité à cet effet : l'Allemagne et l'Italie.

1 • LA LOI FONDAMENTALE ALLEMANDE

La Loi fondamentale allemande du 23 mai 1949 se veut une réaction à la République de Weimar en ce qui concerne le système politique et une réaction au national-socialisme en ce qui concerne les droits et libertés. Elle s'inspire fortement du droit naturel et accorde assez peu de place aux droits économiques et sociaux même si l'article 14 sur le droit de propriété est proche de la formulation de Weimar, reprenant le fameux «*Propriété oblige*» et si l'article 15 permet la socialisation et la propriété collective peut-être dans l'espoir d'une réunification avec la partie sous occupation soviétique.

Le premier droit mentionné est le droit à la dignité considéré comme le droit essentiel, ce qui s'explique tout à fait par le contexte de l'après-IIIe Reich.

Les libertés ne peuvent avoir un caractère absolu et des dispositions permettent de combattre ceux qui voudraient y attenter. Pas de liberté pour les ennemis de la liberté c'est ce qui ressort des articles 18, qui permet la déchéance des droits fondamentaux, et 21 qui permet l'interdiction de certains partis politiques.

2 • LA CONSTITUTION ITALIENNE

La Constitution italienne offre un texte beaucoup plus dense, là aussi, adapté sur certains points au contexte italien. Les droits et libertés occupent 54 articles de la Constitution. Après avoir posé les principes fondamentaux où notamment sont évoqués la dignité sociale de l'homme, le droit au travail, la protection des minorités linguistiques, les rapports entre l'État et l'Église catholique, constitutionnalisant les « Pactes du Latran », la Constitution expose les rapports civils où on trouve la liberté personnelle, l'inviolabilité du domicile, le secret de la correspondance, la liberté d'aller et venir, la liberté de réunion, d'association, de conscience d'expression... Puis sont mentionnés les rapports éthico-sociaux où on insiste sur la famille (et le mariage) et la liberté de l'enseignement. Les principes économiques constituent parfois un véritable programme. On y trouve la liberté syndicale, le droit de grève qui *« s'exerce dans le cadre des lois qui le règlent »*. L'initiative économique privée est libre. La propriété privée, à l'instar de l'Allemagne a une fonction sociale. Les nationalisations sont possibles. On veut limiter la propriété privée foncière et on évoque la transformation des latifundia. Enfin les principes politiques évoquent le droit de vote, les partis politiques, l'accès aux emplois publics...

On notera un point commun à ces deux constitutions. Elles instaurent une juridiction constitutionnelle. Sans doute celle-ci peut-elle se justifier par la nécessité d'une juridiction répartitrice des compétences avec le fédéralisme allemand et la régionalisation italienne. Mais ces juridictions appuieront leur autorité par leur défense vigilante des droits et libertés.

Section 2

L'Europe du Sud

La deuxième vague a concerné les démocraties issues des dictatures du Sud de l'Europe : Portugal, Grèce, Espagne.

1 • LA GRÈCE

Sans doute parce que la dictature grecque a été plus brève, le schéma est plus classique. La Constitution ne consacre que 24 articles aux « droits individuels et sociaux », le premier d'entre eux étant l'égalité. Les autres dispositions ne manifestent guère d'originalité. Il n'en est pas de même dans la péninsule ibérique.

2 • LE PORTUGAL

La Constitution portugaise du 2 avril 1976, très marquée encore par les soubresauts de la Révolution des oeillets de 1974, se présente comme une constitution révolutionnaire par sa dimension (près de 300 articles !) et par ses dispositions relatives aux droits fondamentaux contenues dans 68 articles. Le premier droit proclamé est le droit à la vie (art. 24) et la peine de mort est abolie, ce qui est classique dans les constitutions post-dictatoriales tant il est vrai que peine de mort et démocratie sont incompatibles. Une variante de la dignité fait son apparition avec l'idée de dignité sociale (art. 13) déjà rencontrée trente ans plus tôt en Italie. La Constitution emprunte à beaucoup de systèmes. Ainsi l'*Habeas Corpus* est présent (art. 35). L'*Ombudsman* est transposé en tant que *Provedor de Justiça*. Les nouvelles techniques sont visées avec des dispositions relatives à l'utilisation de l'informatique, la création et la constitutionnalisation d'une Haute Autorité à la Communication sociale.

Les droits économiques sont très développés.

3 • L'ESPAGNE

La Constitution espagnole du 27 décembre 1978 est sans doute plus équilibrée mais non moins originale dans son chapitre intitulé, comme au Portugal, des droits et des devoirs fondamentaux, mais dans une dimension moindre (45 articles). Le premier droit proclamé est le droit à la dignité, droit indispensable dans une ère post-dictatoriale (art. 10). Le droit à la vie est proclamé bien évidemment et la peine de mort abolie dans cette démocratie nouvelle. L'*Ombudsman* est présent sous la forme du *defensor del pueblo*.

Section 3

L'Europe centrale et orientale

La troisième vague est celle succédant aux dictatures marxistes. Les droits et libertés y acquièrent une place de choix. 48 articles y sont consacrés dans la constitution russe du 12 décembre 1993. Celle-ci insiste dès son article 1er sur l'idée d'État de droit. Le droit à la vie est affirmé, mais, hélas ! pas d'une façon absolue (art. 20). Le droit à la dignité est également présent. Il y a un retour aux libertés classiques même si le style peut parfois rappeler le régime ancien lorsqu'on évoque « la liberté de l'information de masse ». Certes le droit de propriété est évoqué de façon plus « occidentale » (art. 35) mais on ne rompt pas avec les droits sociaux qui sont présentés d'une façon rappelant les constitutions soviétiques (*cf.* droit au logement art. 40 ; droit à la santé, art. 41).

La Constitution polonaise de 1997 marque une rupture bien plus nette avec le système communiste. Elle qualifie La Pologne d'État démocratique de droit (art. 2) et consacre un très long titre de 57 articles aux « droits et devoirs de l'homme et du citoyen » faisant de la dignité le point majeur puisque « *la dignité inhérente et inaliénable de l'homme* » est la « source des libertés et des droits de l'homme et du citoyen ». Puis après avoir évoqué des principes généraux, le titre développe les libertés et droits personnels, les libertés et droits politiques, les libertés et droits économiques, sociaux et culturels, les mesures de protection des libertés et des droits et enfin les devoirs. Parmi les libertés et droits personnels le premier est l'affirmation de la protection juridique de la vie. On ne précise pas plus et peut-être était-il difficile de la faire sans se heurter au débat sensible, dans ce pays, sur l'avortement. Les libertés et droits économiques, sociaux et culturels ont souvent un caractère programmatoire mais là encore dans une vision plus occidentale. Les droits et libertés affirmés nous apparaîtront de facture très classique et les devoirs n'ont plus rien à voir avec le régime disparu évoquant beaucoup plus le devoir de fidélité à la Pologne. On y trouve aussi des aspects plus modernes avec « *le droit à l'accès aux documents officiels qui les* [les personnes] *concernent et aux bases de données* » (art. 51 et aussi 61), la protection des consommateurs (art. 76) et parmi les devoirs, celui de veiller à la qualité de l'environnement (art. 86 et dernier du titre).

Section 4

Une occasion manquée : le Comité Vedel

1 • UNE VOLONTÉ DE TOILETTE DE LA CONSTITUTION

L'intégration d'éléments nouveaux ou omis dans nos textes solennels aurait pu être faite en 1993 à la faveur des conclusions du Comité Vedel. Le président Mitterrand, sans doute pour des raisons politiques car nous étions à trois mois des élections législatives, avait voulu lancer un grand chantier de révision constitutionnelle. Pour ce faire, il avait adressé le 30 novembre une lettre aux présidents du Sénat, de l'Assemblée nationale et du Conseil constitutionnel dans laquelle il formulait un certain nombre de suggestions. Il suggérait notamment de reprendre les projets de révision interrompus en 1984 sur l'élargissement du référendum aux libertés publiques et en 1990 sur le contrôle de constitutionnalité par voie d'exception. Il proposait aussi une réforme du Conseil supérieur de la Magistrature pour renforcer l'indépendance de la justice. Il souhaitait également constitutionnaliser certaines institutions comme le Médiateur de la République, la Commission nationale informatique et libertés, le Conseil supérieur de l'audiovisuel. Enfin, il s'interrogeait sur l'article 16. Un décret du 2 décembre 1992 créait un « *Comité consultatif pour la révision de la Constitution* » qui devait « *formuler toutes les recommandations qu'il jugera utiles pour adapter les institutions de la Ve République* ». Présidé par le Doyen Georges Vedel, ce Comité comprenait quinze autres membres choisis parmi les meilleurs spécialistes français de droit constitutionnel. Ce Comité a accompli un travail remarquable et dès le 15 février 1993 remettait son rapport qui d'une part présentait ses réflexions et d'autre part formulait des propositions de modification de la Constitution sous la forme d'un projet élaboré. Le rapport a voulu comme «*achèvement en guise de conclusion*» un «*citoyen plus présent*». Pour cela il estime que «*trois termes résument cette exigence: la reconnaissance des droits et des libertés, la protection qui leur est nécessaire, la participation directe à la formation et à l'expression de la volonté générale*».

Le Comité Vedel a repris les projets de 1984 et de 1990. S'agissant des droits et libertés nouveaux, il n'a pas fait preuve, de façon très réaliste, d'une surenchère à la portugaise. Il s'est contenté d'une part de poser le respect de la vie privée et de la dignité de la personne et de renforcer la protection de la liberté et du pluralisme de la communication audiovisuelle.

2 • LES PROJETS DE LOI CONSTITUTIONNELLE

Suite aux propositions du Comité, deux vastes projets de loi ont été déposés par le président de la République sur proposition du Premier ministre. Bien entendu, ils ne se limitent pas aux droits et libertés. Ils veulent une véritable toilette de la Constitution. Le premier projet (n° 231) portait sur le Conseil constitutionnel, l'institution judiciaire et la Haute Cour de Justice. Il proposait notamment la reprise du projet de 1990 permettant de saisir le Conseil constitutionnel par voie d'exception de toute disposition de loi portant atteinte aux droits fondamentaux. Afin d'assurer l'indépendance de l'autorité judiciaire il renforçait le Conseil Supérieur de la Magistrature. Le second projet (n° 232) avait trait à l'organisation des pouvoirs publics. Certaines de ses dispositions intéressaient les droits et libertés. Il proposait une nouvelle rédaction de l'article 1 de la Constitution en posant que «*la République assure le respect de la vie privée et de la dignité de la personne*». Le projet de révision de 1984 était également repris puisque le référendum pouvait désormais porter sur «*les garanties fondamentales des libertés publiques*». Le Médiateur de la République était constitutionnalisé. Contrairement aux vœux du Comité Vedel, l'article 16 était abrogé. L'article 34 était ainsi complété: «*La loi fixe la composition et les missions de l'organisme indépendant qui veille au respect de la liberté et du pluralisme de la communication audiovisuelle*». Enfin l'état d'urgence était constitutionnalisé alors que seul l'état de siège l'était jusqu'à maintenant.

Seul le premier projet a connu une suite, en raison du résultat des élections législatives de mars 1993. Le second projet qui était le plus riche pour notre sujet n'a malheureusement pas été examiné.

On peut regretter que cette actualisation, qui n'avait rien de révolutionnaire, n'ait pu être effectuée. De plus, on peut noter, qu'en fait, on s'était gardé de toucher aux textes transcendantaux. On était resté dans une vision très banale quant à la forme, en s'en tenant à l'affirmation suprême classique.

3 • LA CONSTITUTIONNALISATION DU DROIT À L'ENVIRONNEMENT

Cette actualisation pourrait, en partie, se faire très bientôt avec le projet de révision constitutionnelle adopté en Conseil des ministres le 25 juin 2003. La technique semble, en apparence, un retour à l'utilisation d'un texte solennel. En réalité, il n'aura certainement pas la même portée historique que la DDHC... Ce projet vise à une modification du préambule de la Constitution en affirmant l'attachement du peuple français «*aux droits et devoirs définis dans la Charte de l'environnement de 2003*». Ce texte vient développer le droit à l'environnement en posant que «*chacun a le droit de vivre dans un environnement équilibré et favorable à sa santé*» ainsi qu'en affirmant le droit d'accéder aux informations relatives à l'environnement détenues par les autorités publiques, déjà posé dans le traité d'Aarhus du 25 juin 1998. Cette Charte – et c'est nouveau dans nos textes solennels – mentionne aussi des devoirs: devoir de «*prendre part à la préservation et à l'amélioration de l'environnement*»; devoir pour toute personne «*de prévenir ou limiter les atteintes qu'elle est susceptible de porter à l'environnement*». Sont également posées les idées de développement durable, de principe de précaution. Elles ne sont pas nouvelles dans notre droit. L'article L. 110-1, article liminaire du Code de l'Environnement, se réfère au développement durable comme objectif et retient quatre principes: principe de précaution; principe d'action préventive et de correction, par priorité à la source, des atteintes à l'environnement; principe polleur-payeur; principe de participation. On est cependant loin des formules fortes de 1789 et le texte n'a certainement pas une précsion qui facilitera la tâche du Conseil constitutionnel. On peut s'interroger sur la définition qu'il pourra retenir, par exemple, du « développement durable ».

BIBLIOGRAPHIE

AUTEXIER (Ch.), *Introduction au droit public allemand*, PUF, Droit fondamental, Droit politique et théorique, 1997.

CAPITANT (D.), *Les effets juridiques des droits fondamentaux en Allemagne*, LGDJ, BCSP, n° 87, 2001.

GREWE (C.) et RUIZ FABRI (H.), *Droit constitutionnel européen*, PUF, Droit fondamental, 1995.

VEDEL (G.) (Prés.), *Propositions pour une révision de la Constitution: 15 février 1993: rapport au président de la République (Comité consultatif pour la révision de la Constitution)*, Documentation Française, 1993.

CHAPITRE 8

L'affirmation suprême classique

Du fait de la présence au sommet des normes internes, de la Constitution, l'affirmation des droits dans ce texte est bien sûr d'une importance majeure (section1). Mais elle peut prendre des aspects très divers (section 2) et si l'affirmation constitutionnelle est une force, elle peut aussi conduire à des blocages (section 3)

Section 1

L'intérêt de l'affirmation constitutionnelle

1 • LA HIÉRARCHIE DES NORMES

La Constitution se situant au sommet de la hiérarchie des normes, notamment dans une perspective kelsénienne, une reconnaissance par cette catégorie de normes permet d'assurer le respect des droits et des libertés par toutes les autres normes, celles-ci étant inférieures, et notamment de les faire respecter par la loi. C'est pourquoi la mention des droits et libertés dans la constitution en fera la référence absolue obligeant toute autre norme à les respecter. Bien entendu, on se situe ici dans l'hypothèse de l'ordre interne car la confrontation avec l'ordre international peut faire perdre cette place privilégiée. Il n'empêche que jusqu'aux développement récents du droit international cette situation était celle qui était souhaitable, notamment dans les États pratiquant le système dualiste et dans ceux – encore trop rares – connaissant le système moniste avec primauté du droit interne.

2 • LA RIGIDITÉ DE LA CONSTITUTION

Aujourd'hui, dans la plupart des États, la Constitution est rigide. La révision suppose une procédure complexe, difficile à mettre en œuvre, nécessitant souvent un accord entre la majorité et l'opposition, une majorité qualifiée étant souvent requise à un moment de la procédure, à moins qu'il n'y ait intervention du peuple. Cependant, en France, en raison du Sénat, la gauche peut se voir imposer certaines révisions. C'est la situation actuelle. Il est difficile de supprimer ou de porter atteinte à un droit ou une liberté constitutionnellement reconnue. Ce n'est cependant pas impossible. Ainsi, le droit d'asile a pu voir sa portée limitée en 1993. Mais également, il est difficile d'intégrer un droit ou une liberté nouvelle et il est tout à fait remarquable de constater que depuis 1958 le catalogue constitutionnel de nos droits et libertés est resté inchangé ce qui tend d'ailleurs à démontrer qu'en ce domaine tout tend à se jouer lors de l'élaboration de la Constitution.

_Nous avons eu l'exemple de cette rigidité lorsque le général de Gaulle s'est heurté au Sénat en 1962 et en 1969 et que pour contourner cet obstacle, il a eu recours à une violation de la Constitution en soumettant les projets de révision constitutionnelle directement au peuple par la voie du référendum, contournant ainsi les obstacles posés dans l'article 89. Le président Mitterrand qui, en son temps avait vivement critiqué cette interprétation a pu par la suite être tenté de la faire sienne à son tour, rencontrant les mêmes obstacles avec la chambre haute (interview à Pouvoirs en 1988). En effet certains projets intéressant les droits et libertés (1984 et 1990) n'ont pu aboutir de ce fait, mais peut-être aussi parce que, tout au moins pour le premier cas, les arrière-pensées politiques étaient par trop évidentes.

3 • LE RENFORCEMENT DE L'AFFIRMATION : LA SUPRACONSTITUTIONNALITÉ

La garantie des droits et libertés par la constitution peut se trouver renforcée par une intangibilité de la constitution résidant dans la Constitution elle-même.

A - La supraconstitutionnalité en Europe

Certaines constitutions interdisent les révisions constitutionnelles sur certaines dispositions.

1) La RFA

Tel est le cas de la Loi fondamentale de la République fédérale d'Allemagne dont l'article 79 alinéa 3 dispose que «*est inadmissible un amendement de la présente Loi fondamentale qui affecte la division de la Fédération en Länder, le principe de la participation des Länder à la législation ou les principes énoncés aux articles 1 et 20*». L'article 1 est celui qui pose que «*la dignité de l'homme est intangible*» et que les droits fondamentaux «*énoncés lient le pouvoir législatif, le pouvoir exécutif et le pouvoir judiciaire à titre de droit directement applicables*». L'article 20 affirme que «*la République fédérale d'Allemagne est un État fédéral, démocratique et social. La souveraineté émane du peuple. Le pouvoir législatif est soumis à l'ordre constitutionnel et le pouvoir exécutif et le pouvoir judiciaire sont soumis à la loi et au droit*». Enfin est affirmé le droit de résistance.

2) Le Portugal et l'Europe centrale et orientale

La constitution portugaise instaure un grand nombre de prohibitions intéressant les droits et libertés et certaines nouvelles constitutions de l'Europe centrale et orientale se sont engagées dans cette voie. Ainsi en Roumanie on ne peut réviser les dispositions sur le «*caractère national, indépendant, unitaire et indivisible de l'État roumain, la forme républicaine du gouvernement, l'intégrité du territoire, l'indépendance de la justice, le pluralisme politique et la langue officielle*». En outre une révision ne peut avoir pour but «*la suppression des droits fondamentaux et des libertés fondamentales des citoyens ou leurs garanties*». La constitution tchèque interdit les révisions sur «*les caractères essentiels de l'État de droit démocratique*».

3) Le rôle du juge constitutionnel

C'est parfois le juge constitutionnel qui a affirmé cette supraconstitutionnalité en faisant une interprétation particulière de certaines dispositions de la Constitution. Cela a été l'attitude des juges constitutionnels allemand, autrichien, italien. Dans son arrêt n° 1146 du 15 décembre 1988, la Cour constitutionnelle italienne a pu affirmer que «*la Constitution italienne comprend quelques principes suprêmes qui ne peuvent être renversés ou modifiés dans leur contenu essentiel même pas par une loi de révision constitutionnelle ou par d'autres lois constitutionnelles*».

B - La situation française

1) Les dispositions de la Constitution

La supraconstitutionnalité n'existe pas en France. Sans doute, la Constitution pose-t-elle certaines limites en matière de révision constitutionnelle. Mais elles sont avant tout liées au moment de la révision et on ne peut parler de supraconstitutionnalité. Celle-ci ne peut avoir lieu pendant la vacance de la présidence de la République, pendant l'utilisation de l'article 16 – même si ceci n'est pas formellement exclu –, lorsqu'il est porté atteinte à l'intégrité du territoire (souvenir de l'expérience désastreuse du 10 juillet 1940). Il y a cependant une limitation de fond. Il n'est pas possible de «*modifier la forme républicaine du gouvernement*». Mais deux remarques peuvent entre formulées. Tout d'abord on peut s'interroger sur le sens qu'il convient de donner à cette prohibition. Certains estiment qu'il faut donner un sens large (Louis Favoreu). Cependant si on se réfère au contexte de l'instauration de cette prohibition (en 1884), il s'agissait avant tout d'empêcher la restauration de la monarchie. On peut d'ailleurs s'appuyer sur l'exemple inverse fourni par le Maroc dont l'article 106 de la Constitution dispose que «*la forme monarchique de l'État*» ne peut faire l'objet d'une révision constitutionnelle.

Enfin, en réalité, il suffit que le pouvoir constituant dérivé procède à deux révisions successives pour passer outre cette interdiction. Une première révision fera disparaître la prohibition. Dès lors la seconde révision permettra de porter atteinte à la forme républicaine du gouvernement.

2) L'attitude du Conseil constitutionnel

Le Conseil constitutionnel a refusé cette supraconstitutionnalité.

Dans sa décision du 2 septembre 1992 (CC 92-312, *DC*, 2 septembre 1992, «Maastricht II», *GDCC* n° 45; F p. 121) le Conseil constitutionnel a affirmé que «*le pouvoir constituant est souverain... il lui est loisible d'abroger, de modifier ou de compléter des dispositions constitutionnelles dans la forme qu'il estime appropriée; Rien ne s'oppose à ce qu'il introduise dans le texte de la Constitution des dispositions nouvelles qui, dans le cas qu'elles visent, dérogent à une règle ou un principe de valeur constitutionnelle; que cette dérogation peut être aussi bien expresse qu'implicite».* À cela s'ajoute une impossibilité pratique d'imposer la supraconstitutionnalité puisque dans sa décision du 26 mars 2003 (CC 2003-469, *DC*, «Révision constitutionnelle relative à l'organisation décentralisée de la République»), il a refusé d'examiner un recours contre une loi constitutionnelle.

La Constitution de 1793 s'était opposée à toute limite dans son article 28 en affirmant qu'«*un peuple a toujours le droit de revoir, de réformer et de changer sa constitution. Une génération ne peut assujettir à ses lois les générations futures*», disposition qu'on trouvait déjà dans le projet girondin.

Section 2

La réalité de l'affirmation constitutionnelle

1 • LA TECHNIQUE DU PRÉAMBULE

Depuis plus de deux siècles, la France a connu un débat qui lui semble spécifique, même si on peut le retrouver sur le plan de l'affirmation internationale des droits et libertés. Il s'agit de la distinction entre préambule et garantie des droits. Assez traditionnellement nos textes constitutionnels ont placé les droits et libertés en dehors du corps même de la Constitution afin de donner une portée politique forte. Cependant, la simple affirmation hors du corps de la Constitution ne pouvait donner une portée contraignante aux droits et libertés affirmés. Afin que ceux-ci puissent trouver une telle valeur, il fallait qu'ils soient repris dans la Constitution. La Constitution de 1791 illustre parfaitement cette technique. Les droits et libertés on été affirmés dans la Déclaration du 26 août 1789. La Constitution a repris ces droits et libertés d'une façon concrète dans son titre Premier intitulé «Dispositions fondamentales garanties par la Constitution». Là encore, la technique utilisée est ambiguë. D'une part, il est fait référence de façon indirecte à la Déclaration puisque la première phrase de la Constitution affirme que *«l'Assemblée nationale voulant établir la Constitution française sur les principes qu'elle vient de reconnaître et de déclarer abolit irrévocablement les institutions qui blessaient la liberté et l'égalité des droits»*. La garantie des droits est sans doute insérée dans le titre premier de la Constitution, mais celui-ci n'est pas divisé en articles, comme le sont les autres titres de la constitution.

Les constitutions de 1793 et de l'an III dissocient formellement la Déclaration et le texte même de la Constitution. À partir de 1848, la France va abandonner la technique de la déclaration – sauf dans le projet d'avril 1946, mais intégré dans la Constitution – pour adopter la formule du Préambule. Nous avons vu que jusqu'en 1971, la portée du préambule sera incertaine, dans la mesure où les droits et libertés sont absents du corps même de la Constitution, les constitutions récentes ayant renoncé à l'idée de garantie des droits.

2 • LA TECHNIQUE DU CATALOGUE

La plupart des États ont recours à la technique du catalogue qui est une garantie des droits. Les droits et libertés sont incorporés dans le corps même de la Constitution. Le catalogue peut être de dimension très variable. En règle générale on trouve une vingtaine d'articles consacrés à l'énumération des droits et libertés mais certains États – nous l'avons vu avec le Portugal – ne craignent pas la démesure, quitte à rendre inopérantes ces affirmations. La longueur du catalogue est souvent liée aux conditions d'élaboration de la Constitution. Lorsque la Constitution est élaborée dans la sérénité, le catalogue a une longueur raisonnable et pourra être facilement mis en oeuvre. La constitution néerlandaise de 1983, élaborée de façon sereine contient ainsi 23 articles. En revanche, lorsque la Constitution intervient dans une situation révolutionnaire ou veut marquer une rupture brutale avec le régime précédent, le catalogue devient beaucoup plus long et tient parfois plus du programme politique que de la véritable mise en œuvre d'un État de droit permettant une garantie réelle des droits affirmés.

Section 3

Le problème de l'adaptation

La constitution à l'origine, se présente comme un texte à la construction cohérente. Il devient, par la suite, difficile de la modifier, surtout en ce qui concerne les droits et libertés. La technique de révision peut receler des difficultés – chambres en situation de veto comme le Sénat en France, majorité qualifiée à atteindre –. Il en résulte que les textes constitutionnels restent bien souvent dépassés par les évolutions. Les États-Unis, après les dix premiers amendements, ont eu beaucoup de difficultés à s'adapter aux évolutions. Il a même fallu une guerre civile pour la question de l'esclavage. La France a connu les mêmes pesanteurs. Sous la IIIe République, aucun droit nouveau n'a été proclamé. Lors de la révision « républicanisante » de la loi du 14 août 1884, les droits et libertés n'ont pas été intégrés dans les lois constitutionnelles. On a seulement prohibé la révision sur la forme républicaine du gouvernement. La IVe République n'a pas mieux réussi à apporter des droits et libertés nouvelles, mais il est vrai qu'il y avait eu l'apport du préambule et que le régime a duré moins de douze ans. La Ve République en près de cinquante ans a échoué à son tour. Elle a limité le droit d'asile, mais n'a pu mettre en place les propositions pourtant raisonnables du Comité Vedel. Après 45 ans de constitution, elle devrait bientôt intégrer un droit nouveau : le droit à l'environnement.

En Allemagne, pourtant très habituée aux révisions constitutionnelles, les droits fondamentaux – sauf pour ce qui est de la protection à travers le recours constitutionnel

(Verfassungsbeschwerde) – ont connu des évolutions à la faveur d'évènements extérieurs (réarmement de l'Allemagne pour le service militaire, évolution des Communautés européennes pour le droit d'asile), mais là encore, le bilan reste maigre.

L'adaptation en matière de droits et libertés passe souvent par une remise à plat de la totalité du texte constitutionnel. C'est pourquoi, ce qui ne peut être réalisé par la révision constitutionnelle, l'est par d'autres normes.

BIBLIOGRAPHIE

ARNE (S.), « Existe-t-il des normes supraconstitutionnelles ? », *RDP* 1993, pp. 459-512.

CAMBY (J.-P.), « Supraconstitutionnalité : la fin d'un mythe », *RDP* 2003, pp. 671-688.

GENEVOIS (B.), « Les limites d'ordre juridique à l'intervention du pouvoir constituant », *RFDA,* 1998, pp. 909-921.

RIALS (S.), « Supraconstitutionnalité et systématicité du droit », *Archives de philosophie du Droit*, 1986, pp. 57 s.

CHAPITRE 9

Les autres formes d'affirmation

Faute de pouvoir trouver une affirmation dans d'immenses textes solennels ou dans la Constitution, force est d'utiliser d'autres voies. Parmi celles-ci, la loi (section 1) ou les décisions du juge (section 2) permettent aux droits et libertés de trouver malgré tout leur place.

Section 1

L'affirmation législative

1 • LA LOI, COMPLÉMENT DE LA CONSTITUTION

A priori l'affirmation de droits ou de libertés n'est pas de la compétence du législateur. Le rôle de la loi, si l'on s'en tient à la DDHC est de délimiter seulement le cadre de l'exercice des droits et des libertés. Les bornes de la liberté «*ne peuvent être déterminées que par la loi*». L'article 34 maintient cette vision : «*La loi fixe les règles concernant les droits civiques et les garanties fondamentales accordées aux citoyens pour l'exercice des libertés publiques*»...

L'affirmation législative présente pourtant un incontestable avantage qui est celui de sa facilité. Une loi ordinaire ne nécessite aucune majorité particulière. L'opposition du Sénat, souvent un obstacle à une révision constitutionnelle, peut être facilement contournée, si le Gouvernement soutient l'Assemblée nationale. En revanche, cette facilité est en même temps un inconvénient car ce qu'une loi a fait, une autre loi peut le défaire et il sera aisé à une nouvelle majorité d'anéantir ce que la précédente majorité avait posé.

2 • LE RÔLE CRÉATEUR DE LA LOI

A - L'importance de la loi

En réalité nombre de droits et libertés ont été affirmés par la loi. Cela a souvent été le cas à travers la loi pénale. Le secret de la correspondance n'est affirmé dans aucun texte à valeur constitutionnelle. Mais il y a une affirmation implicite par la sanction dans le Code pénal ce qui est une reconnaissance implicite.

Mais surtout ce sont de nombreuses lois qui ont essayé d'organiser des libertés et ont commencé par les affirmer. Cela a été avant tout le cas sous la IIIe République, mais aussi sous la IVe République ou la Ve République. Ainsi la loi du 17 juillet 1970 sur la vie privée a reconnu le droit à la vie privée dans le nouvel article 9 du Code civil. On pourrait facilement citer d'autres exemples [loi du 18 avril 1955 sur les autoroutes ayant posé le principe de leur usage gratuit (sic) ; loi du 17 juillet 1978 sur la communication des documents administratifs ; loi informatique et liberté du 6 janvier 1978 ; droit au logement par la loi du 31 mai 1990 ; loi bioéthique...]

B - L'exemple des droits de l'administré

Nous pouvons illustrer cette importance de la loi par les importantes réformes créant des droits nouveaux en faveur des personnes en tant qu'administrées, et dont l'importance n'a pas encore été complètement perçue vingt-cinq ans après les premiers textes. Pendant cette période récente, des approches nouvelles des droits et libertés sont apparues, notamment en France, mais aussi avec un écho dans l'Union européenne. Les administrés se sont vus reconnaître un certain nombre de droits dans leurs relations face à l'Administration. Un mouvement en ce sens a été lancé dans les années 70 qui s'est poursuivi jusqu'à aujourd'hui. Ces lois rappellent dans leur forme les grandes lois de la IIIe République en affirmant un droit nouveau dans un premier article de façon très solennelle, puis, dans le reste du texte en organisant le régime juridique de ce droit et plus particulièrement sa protection.

1) La protection contre les fichiers

La loi du 6 janvier 1978 relative à l'informatique, aux fichiers et aux libertés, dite Informatique et libertés a voulu protéger le citoyen face aux menaces que faisait peser sur sa vie privée et sur ses libertés l'outil informatique et notamment la mise en place de fichiers. La révélation du projet SAFARI (Système automatisé pour les fichiers administratifs et le répertoire des individus) qui visait à mettre en place l'interconnexion de fichiers par un identifiant unique (numéro INSEE) a suscité quelques inquiétudes. Il en a été de même avec le projet GAMIN (Gestion automatisée de médecine infantile) en 1975. Cela a eu pour conséquence le rapport *Tricot* (1975) puis la loi de 1978, en-deçà des propositions de ce rapport.

Cette loi ne se limite pas aux droits de l'administré, même si c'est l'administration qui est soumise aux exigences les plus rigoureuses.

Les trois premiers articles de cette loi posent les droits du citoyen face à l'informatique. Tout d'abord, l'informatique doit être au service de chaque citoyen (là encore le mot citoyen ne doit pas être envisagé dans un sens strict) et elle « *ne doit porter atteinte ni à l'identité humaine, ni aux droits de l'homme, ni à la vie privée* (qui ne fait toujours pas l'objet d'une reconnaissance constitutionnelle formelle), *ni aux libertés individuelles ou publiques* ». Ensuite, aucune décision de justice ou administrative ou privée « *impliquant une appréciation sur un comportement humain* » ne peut se fonder sur un « *traitement automatisé d'informations donnant une définition du profil ou de la personnalité de l'intéressé* ». Enfin la loi affirme que toute personne a droit à la connaissance et à la contestation des éléments de traitements automatisés dont les résultats lui sont opposés.

Mais surtout la loi créé une autorité administrative indépendante, la Commission nationale de l'informatique et des libertés (CNIL) dont nous reparlerons.

Ce droit à la protection face aux données se trouve maintenant enserré dans un réseau de normes plus vaste comprenant notamment la Convention du Conseil de l'Europe pour la protection des personnes à l'égard du traitement automatisé des données à caractère personnel du 28 janvier 1981, ratifiée par la France le 24 mars 1983, les textes (loi et décret) relatifs à la vidéosurveillance et actuellement est en discussion, avec beaucoup de retard, la transposition de la Directive 95/46/CE du 24 octobre 1995 relative la protection des données personnelles et à la libre circulation des données.

2) Le droit à communication des documents administratifs

La loi du 17 juillet 1978 portant diverses mesures d'amélioration des relations entre l'administration et le public a été l'une des premières illustrations en instaurant le droit à communication des documents administratifs.

Pendant longtemps, l'administré a eu l'image d'une administration disposant de tous les droits et se réfugiant derrière le secret. Sans doute, l'administration avait-elle été parfois obligée de lever le voile, notamment sur certains aspects des motifs de ses décisions comme nous allons le voir.

Dans certains cas, intéressant les collectivités territoriales (*cf.* art. L. 2121-26 CGCT), des dispositions avaient imposé une obligation de communication. Mais tout cela était épars.

La loi a essayé de rompre avec cette tradition, et là encore, elle l'a fait par une approche qui se veut globale et qui commence par l'affirmation d'un droit «*le droit de toute personne à l'information... en ce qui concerne la liberté d'accès aux documents administratifs* ». L'article 2 utilise l'expression «*le droit à communication*». Mais ce droit, tel qu'il est évoqué ne saurait avoir un caractère absolu et tout de suite la loi vient en fixer les limites en précisant ce qu'il faut entendre par document administratif, document non communicable, document communicable à tous, aux intéressés, mais aussi en essayant de surmonter les réticences naturelles des administrations par la mise en place d'une procédure originale faisant appel à une autorité administrative. On a aussi cherché à éviter les demandes abusives. L'accès pourra se faire par consultation gratuite sur place ou par délivrance d'une copie.

Mais surtout une procédure a été mise en place en cas de refus de communication de l'administration faisant intervenir une « Commission d'accès aux documents administratifs » que nous verrons plus loin.

3) La loi sur les archives

La loi du 3 janvier 1979 sur les archives, d'une façon moins solennelle permet d'envisager, sous certaines conditions – notamment après expiration d'un certain délai –, un droit à la consultation des archives publiques.

4) La motivation des actes administratifs

La loi du 11 juillet 1979 relative à la motivation des actes administratifs et l'amélioration des relations entre l'administration et le public portant sur un thème auquel le public n'accorde peut-être pas toute l'importance qu'il doit avoir, a continué dans ces avancées. La motivation des actes contraint son auteur à apporter la justification de l'acte. La motivation des actes administratifs faisait l'objet de mesures éparses et le juge faisait preuve de réserve pour imposer un principe. On connaît bien, parmi les avancées, la brèche ouverte en 1905, dans une loi de finances – sous la IIIe République, les lois de finances ont souvent été l'occasion de faire avancer certains droits ou libertés (censure théâtrale abrogée... par la suppression des crédits prévus pour le censeur dans la loi de finances pour 1906, liberté de l'enseignement posée comme l'un des principes fondamentaux reconnus par les lois de la République en 1931) – de 1905 dont l'article 65 prévoyait pour les fonctionnaires et agents des administrations publiques «*la communication personnelle et confidentielle de toutes les notes, feuilles signalétiques et tous autres documents composant leur dossier*», soit avant une mesure disciplinaire ou déplacement d'office, soit en cas de retard dans l'avancement à l'ancienneté. Mais un recours était nécessaire qui, certes, n'était pas sans effet. L'arrêt *Barel* à propos de l'égal accès aux emplois publics et relatif à un refus de candidature à l'École nationale d'Administration pour des motivations politiques a montré qu'une efficacité était possible. La démarche du juge a été d'ailleurs intéressante puisque c'est du comportement de l'administration que le Conseil d'État avait déduit la motivation.

On a souhaité que des dispositions législatives – faute de vouloir des dispositions constitutionnelles – interviennent. La loi du 11 juillet 1979 n'a pas posé un principe général de motivation mais un droit pour les personnes physiques d'être informées sans délai des motifs des décisions individuelles défavorables les concernant. La loi énumère les types de décision entrant dans son champ. Certaines – on serait tenté de dire toutes – intéressent les droits et les libertés et tout d'abord celles qui «*restreignent l'exercice des libertés publiques ou, de manière générale constituent une mesure de police*», celles qui «*infligent une sanction*», «*subordonnent l'octroi d'une autorisation à des conditions restrictives ou imposent des sujétions*»... La loi a posé les formes de la motivation et a envisagé des hypothèses d'absence de motivation (urgence; décision implicite) en s'efforçant malgré tout de sauvegarder les droits de l'administré (*cf.* CE, S, 24 juillet 1981, «Belasri», *GDJDA* 454).

5) La loi du 12 avril 2000

Enfin la loi du 12 avril 2000 relative aux droits des citoyens dans leurs relations avec les administrations a repris ces questions en ajoutant d'autres éléments. Ainsi les administrations doivent «*organiser un accès simple aux règles de droit qu'elles édictent*». Elle a généralisé le décret du 28 novembre 1983 qui prescrivait la levée de l'anonymat des fonctionnaires en l'étendant aux collectivités territoriales, elle a réduit le délai de la décision implicite de rejet de 4 à 2 mois. Enfin elle a prévu la création de «*maisons des services publics*». C'est l'idée de transparence administrative qu'on cherche à développer.

3 • LA CONSTITUTIONNALISATION DES DISPOSITIONS LÉGISLATIVES

La constitutionnalisation de ces dispositions législatives peut être une étape complémentaire pour une meilleure et plus efficace reconnaissance des droits et libertés.

Cela aurait pu être possible en 1975 lorsqu'une commission spéciale avait été créée par l'Assemblée nationale, et présidée par le président Edgar Faure lui-même pour élaborer une proposition unique de loi constitutionnelle à partir de diverses propositions de loi, tant de l'opposition que de la majorité, qui bien souvent reprenaient des droits et des libertés déjà affirmés par la loi. Mais cela n'a conduit qu'à une proposition de loi finalement non examinée. Beaucoup de bruit pour rien.

Le Comité Vedel (cf. *supra*), s'il avait été suivi d'effet aurait pu opérer la même étape. Lorsqu'il suggérait l'affirmation du respect de la vie privée, il ne faisait que constitutionnaliser ce que la loi avait reconnu en 1970.

Section 2

L'affirmation par le juge

Le juge a pu dégager certains droits et libertés à l'occasion de ses décisions, mais bien évidemment, aujourd'hui, c'est avant tout au juge constitutionnel qu'on s'intéresse.

1 • L'AFFIRMATION PAR LES JUGES JUDICIAIRE ET ADMINISTRATIF

A - Les principes généraux du droit

Par la technique des principes généraux du droit, le Conseil d'État a pu intégrer certains principes figurant dans la Déclaration des droits de l'homme et du citoyen ou dans le Préambule de 1946, mais aussi d'autres droits ou libertés. Les principes généraux du droit, selon Bernard Chenot sont les «*principes fondamentaux de notre organisation... politique qui, sans être inscrits dans aucun texte, ont pénétré depuis 150 dans toutes nos institutions et ont dominé notre législation*».

C'est en 1945 (CE, Ass., 26 octobre 1945, « Aramu », *GDJDA* 117) que le Conseil d'État pour la première fois se réfère «*aux principes généraux du droit applicables même en l'absence de texte*». Il s'agissait des droits de la défense à propos d'une révocation. Mais déjà ils avaient été formulés en 1944 à propos du retrait d'autorisation pour un kiosque (CE, S, 5 mai 1944, « Dame Veuve Trompier-Gavier », *GAJA* n° 58 ; *GDJDA* 718) sans être nommés.

Les principes s'imposent dans tous les cas au pouvoir réglementaire, y compris aux règlements autonomes de l'article 37.

On s'est beaucoup interrogé sur leur valeur. Certains leur accordent une valeur égale. Georges Morange a, de son côté, estimé qu'ils n'avaient pas de valeur identique, certains ayant une valeur constitutionnelle, d'autres une valeur législative, d'autres enfin, une valeur réglementaire. Pour René Chapus, ils ont une valeur infralégislative et supradécrétale. Mais ont-ils vraiment tous la même valeur ? Certains n'ont-ils pas une valeur constitutionnelle (*cf.* Jacques Fournier, concl. Sur CE, S, 26 juin 1959, Syndicat Général des ingénieurs-conseils) comme en témoigne leur reprise ultérieure par le Conseil constitutionnel ?

Ils ne sont pas créés mais découverts. On a parfois l'impression d'être aux confins de la théologie.

Certains de ces principes, consacrés dans un premier temps par le juge administratif, peuvent être repris ensuite par le Conseil constitutionnel sous la forme de principes à valeur constitutionnelle (ex. : CC 79-105, *DC*, 25 juillet 1979, « Droit de grève à la radio et à la télévision », *GDCC* n° 27 ; F p. 53 ; « Continuité des services publics » ; CC 80-127, *DC*, 19 et 20 janvier 1981, « Sécurité et Liberté », *GDCC* n° 30 ; F p. 408, « respect des droits de la défense »). Le Conseil constitutionnel ne les en a pas moins évoqués lorsqu'il a considéré que le pouvoir réglementaire peut *« édicter des mesures d'application nécessaires à la mise en œuvre des principes posés par la loi dans le respect de celle-ci et des principes généraux du droit »*. Il s'était engagé dans cette reconnaissance en 1969 (CC 55 L. 26 juin 1969, « Protection des sites », *GDCC* n° 18 ; F p. 100). Il a pu ainsi retenir le principe que le silence gardé par l'administration vaut décision de rejet (CC 69-55 L. 26 juin 1959, « Protection des sites », *GDCC* n° 18), la non-rétroactivité des actes administratifs (CC 69-57 L. 24 octobre 1969, Nature juridique de certaines dispositions des dispositions de la loi de finances pour 1960) et le non-cumul de peines en matière de crimes et délits (CC 82-143, *DC*, 30 juillet 1982, « Blocage des prix et revenus », *GDCC* n° 33)

La liste des principes retenus par le juge administratif est maintenant assez large. René Chapus effectue une classification visant ceux concernant la liberté, l'égalité devant les charges publiques, la justice ou les emplois publics, la sécurité, le respect des droits de la défense et ceux plus spécifiques.

On mentionnera le principe de continuité du service public.

G. Braibant et B. Stirn distinguent les principes généraux du droit relatifs à l'organisation et au fonctionnement des services publics (continuité, hiérarchie, autonomie) et ceux relatifs aux droits des citoyens. En ce qui concerne ces derniers ils évoquent d'une part, les règles de fond qui comportent la liberté (aller et venir, conscience, commerce et industrie, opinion, expression...), l'égalité (usagers devant le service public, devant l'impôt et les charges publiques, dans l'accès à la fonction publique), la non-rétroactivité et d'autre part, les règles de procédure qui intègrent les droits de la défense et le droit à un recours.

L'idée a été réceptionnée par le juge communautaire, ces principes ayant une valeur supérieure au droit communautaire dérivé.

On peut trouver des principes inhérents à un système juridique organisé (bonne foi, sécurité juridique), des principes propres au système communautaire (libre circulation, non-discrimination), des principes déduits des droits des États membres (droit à un recours juridictionnel).

B - La voie de fait

Nous avons, à propos de la hiérarchie des droits et libertés, mentionné l'importance de la théorie de la voie de fait car elle permettait au juge de déterminer si une liberté était fondamentale ou non. Si une liberté est considérée comme fondamentale une atteinte à celle-ci pourra être constitutive d'une voie de fait et entraîner la compétence du juge judiciaire.

La détermination de ces libertés fondamentales devra s'appuyer sur certains indices, notamment l'exclusion d'un régime d'autorisation. Ce sont des libertés que la loi ne pourra que développer, sauf à les concilier avec d'autres principes ou objectifs à valeur constitutionnelle. Ces libertés devront être appliquées de façon uniforme sur le territoire. Parmi ces libertés fondamentales, le juge aura pu relever la liberté de la presse, la liberté d'association, la liberté du commerce et de l'industrie, la liberté d'aller et venir, l'inviolabilité du domicile, le secret de la correspondance...

Mais ce que le juge a fait, la loi pourra le défaire si le Parlement estime que le juge est allé trop loin. L'affaire *Perruche* avec la loi du 4 mars 2002 venant défaire la construction de l'Assemblée plénière de la Cour de cassation du 17 novembre 2000 qui avait affirmé le droit à réparation d'un enfant né handicapé en est un exemple.

2 • L'APPORT DU CONSEIL CONSTITUTIONNEL ET LA DÉTERMINATION DU BLOC DE LA CONSTITUTIONNALITÉ

Dans les premières années de son existence, l'importance de l'apport du Conseil constitutionnel a été de définir ce que le Président Louis Favoreu a appelé le bloc de la constitutionnalité.

A - Les articles de la Constitution

Il était difficile bien sûr, d'ignorer certains articles de la Constitution, à la différence de la Constitution de la IVe République qui avait écarté les titres XI et XII. Dès lors, ce sont tous les articles de la Constitution qui font partie du bloc de la Constitutionnalité, c'est-à-dire de l'article 1 à l'article 89, les dispositions transitoires des articles 90 à 92, ayant été abrogées par la révision du 4 août 1995. Cette approche était d'autant plus logique que la Constitution de 1958, à la différence de celle de 1946, n'avait exclu aucun titre de la Constitution comme référence dans le cadre du contrôle de la constitutionnalité des normes.

B - Le préambule : 1789 et 1946

L'apport le plus considérable a certainement été celui opéré par la décision du 16 juillet 1971 (CC 71-44, *DC*, 16 juillet 1971, *GDCC* n° 19 ; F p. 62) lorsque le Conseil après avoir laissé deviner cette évolution en 1970, a annulé les dispositions d'une loi comme contraires au Préambule de 1958 en tant que celui-ci se réfère à la Déclaration de 1789 et au Préambule de 1946, le Conseil s'appuyant sur ce dernier texte et plus particulièrement sur les principes fondamentaux reconnus par les lois de la République.

Le Conseil a apporté une position très explicite car d'une part il le fait à propos d'une décision d'annulation, et d'autre part, il s'appuie sur le texte qui semble le moins solennel et sur une disposition particulièrement délicate puisque ne faisant l'objet d'aucune détermination spécifique.

C - Les principes fondamentaux reconnus par les lois de la République

Les principes fondamentaux reconnus par les lois de la République ont pu ouvrir un vaste champ à une possible affirmation de droits et de libertés pour le juge. Il est vrai que lorsque le Conseil utilise cette disposition, il le fait à propos d'une loi qui paraît indiscutable, la loi du 1er juillet 1901 relative à la liberté d'association. Le Conseil d'État s'y était référé en 1956. Cependant on pourrait émettre des réserves car cette loi n'est pas totalement émancipatrice des libertés. Elle l'est très certainement pour la liberté d'association. En revanche, elle ne l'est absolument pas pour les congrégations religieuses et elle permettra une politique particulièrement intolérante de la part de la IIIe République, qui si elle avait été poursuivie aujourd'hui, nous aurait mis en difficulté avec la Cour européenne des droits de l'homme. Nous verrons par exemple que la Norvège et la Suisse sous l'influence de cette Cour ont dû abroger leurs dispositions constitutionnelles hostiles aux Jésuites.

Mais la principale difficulté résulte de l'absence d'énumération de ces principes. Le juge a donc dû répondre aux questions posées par Jean Rivero : quelle République ? Quelles lois ? Quels principes ?

En ce qui concerne la première question, il a considéré que les trois premières Républiques étaient les régimes qu'il fallait comprendre derrière cette expression de « République ». C'était évident pour la IIIe République puisque cette disposition constituait une sorte d'hommage à son œuvre législative. En revanche, cela était moins évident pour la Ire et la IIe Républiques, mais le Conseil les prendra en considération. On doit en réalité y intégrer toutes les périodes républicaines antérieures à la Constitution de 1946. Cela permettra éventuellement de se référer par exemple au GPRF de 1945-1946. Certains ont pu aussi considérer que l'on pouvait également intégrer des lois postérieures. Nous ne le pensons pas.

En ce qui concerne la deuxième question, la liberté du Conseil devient plus grande. C'est à lui de déterminer quelles sont les lois qui peuvent être retenues.

Enfin toute la loi n'est pas obligatoirement retenue. Il s'agit de principes. L'exemple de la loi de 1901 évoqué plus haut, au caractère ambigu, est patent. Toute la loi ne pourrait certainement pas figurer au titre des principes fondamentaux reconnus par les lois de la République.

Mais certaines lois, même si elles pourraient servir de support, peuvent apparaître inutiles. Ainsi la référence à la loi du 29 juillet 1881 relative à la liberté de la presse n'est pas nécessaire en raison de l'article 11 de la Déclaration de 1789 (ex. : CC 84-181, *DC*, 10-11 octobre 1984, « Entreprises de presse », *GDCC* n° 36 ; F p. 38). Les principes fondamentaux reconnus par les lois de la République ne doivent avoir qu'un rôle supplétif.

On notera que le Conseil d'État a été beaucoup plus prudent de son côté en ne reconnaissant que trois principes : la liberté d'association, l'indépendance des professeurs d'université, le refus d'extradition demandée dans un but politique (*cf.* supra).

D - Les principes à valeur constitutionnelle

Ils ne reposent sur aucun texte et ils posent certainement plus de problèmes. Ils relèvent de la même technique dans l'élaboration que les principes généraux du droit.

Il n'est pas toujours aisé de savoir s'il s'agit d'un principe à valeur constitutionnelle ou simplement de l'application d'un principe formellement mentionné dans l'un des textes faisant partie du bloc de la constitutionnalité.

Le Conseil constitutionnel en a déterminé quelques-uns comme le principe de séparation des pouvoirs mais qu'on peut trouver dans l'article 16 de la déclaration de 1789 (CC 79-104, *DC*, 23 mai 1979, Territoire Nouvelle-Calédonie) ; la continuité des services publics (CC 79-105, *DC*, 25 juillet 1979, « Droit de grève à la radio et à la télévision » ; F p. 53) ; le principe de continuité de la vie nationale (CC 79-111, *DC*, 30 décembre 1979, vote du budget F p. 291 ; *GDCC* n° 28) ; la protection de la santé et de la sécurité des personnes, pourtant identifiable dans le Préambule de 1946 (CC 80-117, *DC*, 22 juillet 1980, « Protection et contrôle des matières nucléaires ») ; la sauvegarde de la dignité de la personne humaine... mais également déduite du Préambule de 1946.

E - Les objectifs de valeur constitutionnelle

Il ne s'agit plus ici de l'affirmation de droits et de libertés mais plutôt du cadre dans lequel doit intervenir la législation.

Le Conseil constitutionnel les a évoqués en 1982 (CC 82-141, *DC*, 27 juillet 1982, Communication audiovisuelle) et il a fixé à ce propos la sauvegarde de l'ordre public, le respect de la liberté d'autrui et la préservation du caractère pluraliste des courants d'expression socioculturels. Il les réutilise dans un domaine proche dans (CC 84-181, *DC*, 10-11 octobre 1984, « Entreprises de presse », *GDCC* n° 36 ; F p. 38). Il y mentionne la transparence financière et le pluralisme. En 1995, il pose l'objectif d'un logement décent (CC 94-359, *DC*, 19 janvier 1995, « Diversité de l'habitat »). Très novateur sans doute, le Conseil constitutionnel a exigé l'accessibilité et l'intelligibilité de la loi (CC 99-421, *DC*, 16 décembre 1999, « Codification »).

BIBLIOGRAPHIE

CHAPUS (R.), « De la valeur juridique des principes généraux du droit et des autres règles jurisprudentielles du droit administratif », *D.* 1966, Chr., pp. 99-106.

DELAUNAY (B.), L'*amélioration des rapports entre l'administration et les administrés. Contribution à l'étude des réformes administratives entreprises depuis 1945*, LGDJ, BDP, n° 172, 1994.

DUBOUIS (L.), *Les principes généraux du droit communautaire, un instrument périmé de protection des droits fondamentaux*, Mélanges Benoît Jeanneau, Dalloz, 2002, pp. 77-90.

KORTMANN (C.A.J.M.), *Les principes généraux du droit dans le droit public néerlandais*, Mélanges Benoît Jeanneau, Dalloz, 2002, pp. 147-159

TITRE 2

L'organisation et la mise en œuvre des droits et libertés

Il ne suffit pas d'affirmer les droits et les libertés. Encore faut-il qu'ils puissent avoir une existence réelle, concrète. De ce fait certaines autorités seront amenées à intervenir (chapitre 10) mais cette intervention aura souvent pour objectif d'apporter des limitations à ces droits et libertés (chapitre 11).

CHAPITRE 10

Les autorités compétentes

A priori, l'organisation et donc la compétence pour éventuellement limiter les droits et libertés ne devrait relever que de la loi (section 1). Pourtant, d'une part le législateur serait vite submergé, paralysé s'il devait organiser les droits et libertés dans tous leurs aspects et d'autre part la mise en œuvre quotidienne ne saurait relever de lui dès lors qu'il a posé les principes. C'est pourquoi le rôle des autorités administratives est lui aussi essentiel (section 2).

Section 1

Le rôle du législateur

1 • LE DOMAINE D'INTERVENTION DE LA LOI

Le caractère mythique de la loi posé dans la Déclaration de 1789 faisait que seul le législateur pouvait intervenir dans le domaine des libertés afin de les organiser et surtout de les limiter.

Dans son avis du 6 février 1953, le Conseil d'État déclarait sur l'interprétation de l'article 13 de la Constitution de 1946 *(« L'Assemblée nationale vote seule la loi. Elle ne peut déléguer ce droit »)* : *« Certaines matières sont réservées à la loi, soit en vertu des dispositions de la Constitution, soit par la tradition constitutionnelle républicaine »*.

La Constitution de 1958 à propos de la révolution juridique effectuée en distinguant de façon stricte la loi et le règlement, donnant une définition matérielle de la loi, a maintenu ce principe.

A - Les dispositions de l'article 34

L'article 34 de la Constitution en énumérant les différents domaines dans lesquels la loi peut intervenir a confié au législateur la possibilité d'intervenir à propos des droits et des libertés.

L'article 34 retient trois catégories d'interventions.

La loi fixe les règles concernant les garanties fondamentales accordées aux citoyens pour l'exercice des libertés publiques. On peut y ajouter celles accordées aux fonctionnaires civils et militaires de l'État qui ont une incidence sur les droits et libertés de ces personnels. Les garanties fondamentales visent l'ensemble des règles fondamentales, ce qui donne une compétence très large au législateur.

L'article 34 pose ensuite que la loi fixe les règles relatives à un certain nombre de domaines touchant aussi les droits et libertés : droits civiques ; sujétions imposées par la Défense nationale aux citoyens en leur personne et en leurs biens ; nationalité, état et capacité des personnes ; détermination des crimes et délits ainsi que les peines qui leur sont applicables ; procédure pénale ; amnistie ; création de nouveaux ordres de juridiction ; statut des magistrats ; régime électoral des assemblées parlementaires et des assemblées locales.

Enfin la loi détermine les principes fondamentaux dans les domaines suivants : organisation générale de la Défense nationale ; libre administration des collectivités locales ; l'enseignement ; régime de la propriété ; droit du travail et droit syndical.

Il est bien évidemment très important que ces domaines relèvent de la loi. En outre la Ve République, en instaurant un véritable contrôle de constitutionnalité de la loi, a créé une situation nouvelle. Avant 1958, le Parlement faisait ce qu'il voulait. Il pouvait donc être liberticide. Mais cette protection par le juge constitutionnel n'est devenue réelle qu'avec la révision de 1974 permettant la saisine parlementaire. Encore faut-il que les parlementaires agissent. Or s'il y a consensus, certaines dispositions inconstitutionnelles peuvent se maintenir. C'est ce qu'on a pu ainsi constater avec le nouveau Code pénal dont certaines dispositions posent peut-être problème quant à la compatibilité avec la Constitution, mais aucun recours n'ayant été formé contre la loi, les dispositions du nouveau Code pénal sont présumées conformes à la Constitution.

B - Problèmes d'interprétation

On soulignera que la nouveauté de 1958 est limitée car la compétence du législateur reste toujours très étendue et on en revient presque, en fait, à la situation antérieure à 1958. En outre, l'exécutif peut parfois laisser, volontairement, le Parlement empiéter sur son domaine ce que ne sanctionne pas le Conseil constitutionnel (CC 82-143, *DC*, 30 juillet 1982, « Blocage des prix et des revenus », *GDCC* n° 33), alors que ce dernier se montre plus strict dans le cas inverse (incompétence négative).

Sous la Ve République est apparue une difficulté à propos des infractions. L'article 34 de la Constitution confie à la loi le soin de déterminer les crimes et délits. Il en résulte que les contraventions sont du domaine du pouvoir réglementaire. Il y a eu, à ce sujet, une divergence entre le Conseil d'État et le Conseil constitutionnel. Le Conseil d'État a estimé (CE, S, 12 février 1960, Société Eky) que la détermination des contraventions relevait de l'article 37, ceci incluant les peines. Le Conseil constitutionnel qui, dans un premier temps, avait admis la solution du Conseil d'État, en a limité la portée. Il a jugé que cela se limitait aux peines d'amende, mais il l'a fait dans un considérant sans lien avec la décision (CC 73-80, L 28 novembre 1973, « Mesures privatives de liberté »).

Aujourd'hui, cette question a perdu de son intérêt avec le nouveau Code pénal dont l'article 131-1 n'envisage que des peines d'amende ou restrictives de droits à propos des contraventions.

2 • LE CONFLIT LOI-TRAITÉ

Les conventions internationales ont considérablement développé les droits de la personne humaine. La France est partie à bon nombre d'entre elles. À cet effet, il est évident que la Convention européenne des droits de l'homme est certainement aujourd'hui le texte le plus intéressant. Si la Charte des droits fondamentaux de l'Union européenne acquiert une valeur contraignante pour les États membres – ce qui devrait être le cas à la faveur de la future « constitution » européenne –, elle deviendra, sur le plan international l'une des autres sources majeures que la France sera tenue de respecter.

La loi peut alors se trouver en contradiction avec le traité. Face à un traité en contradiction avec la loi, qui va l'emporter ?

C'est poser la question de la hiérarchie entre traité et loi. Que doit faire le juge lorsqu'il est confronté à une contradiction entre ces deux sources ?

Sous la IIIe République, était appliquée la doctrine posée par le Procureur général Matter : « Il existe en quelque sorte une présomption que la loi n'a pas voulu empiéter sur le traité » (Concl. Cass. civ. 22 décembre 1931, Sanchez). Le juge se refusant à examiner la validité d'une loi, il appréciait la règle, *lex posterior priori derogat* et appliquait donc la norme la plus récente. Les difficultés étaient peu nombreuses car les contradictions étaient relativement rares et en règle générale on parvenait à trouver une conciliation.

La situation a paru résolue avec la Constitution de la IVe République puisque l'article 26 avait posé que « les traités diplomatiques régulièrement ratifiés et publiés ont force de loi dans le cas même où ils seraient contraires à des lois françaises... ». La Constitution de la Ve République a repris sensiblement les mêmes dispositions dans son article 55 en affirmant que « les traités ou accords régulièrement ratifiés ou approuvés ont, dès leur publication, une autorité supérieure à celle des lois, sous réserve, pour chaque accord ou traité, de son application par l'autre partie ». La condition de réciprocité est l'élément nouveau. Malgré cette affirmation de la supériorité du traité, les juridictions françaises n'en ont pas moins conservé la doctrine Matter, ne voulant toujours pas faire échec à la loi plus récente.

Le Conseil d'État à l'égard des actes administratifs appliquait la théorie de la loi-écran (CE, S, 1er mars 1968, Syndicat général des fabricants de Semoule de France).

La situation va évoluer à partir de 1975 lorsque le Conseil constitutionnel (CC 74-54, *DC,* 15 janvier 1975, « IVG I » ; F p. 313) va refuser d'examiner la conventionnalité des lois, considérant que les décisions prises par le Conseil *« revêtent un caractère absolu et définitif »*... qu'au contraire la supériorité des traités sur les lois présente un caractère relatif et contingent, tenant d'une part à ce qu'elle est limitée au champ d'application du traité et, d'autre part, ce qu'elle est subordonnée à une condition de réciprocité dont la réalisation peut varier selon le comportement du ou des États signataires du Traité et le moment où doit s'apprécier le respect de cette condition ». C'était en fait renvoyer la question aux juridictions administratives et judiciaires. La Cour de cassation a très vite compris la décision du Conseil constitutionnel et a fait triompher le traité antérieur sur la loi postérieure dès le 24 mai 1975 (Cas., Ch. Mixte, 24 mai 1975, Société des cafés Jacques Vabre). Le Conseil d'État manifestera quelque résistance (CE, Ass. 22 octobre 1979, Union démocratique du Travail) avant de finir par s'incliner (CE, Ass. 20 octobre 1989, « Nicolo », *GAJA* n° 102 ; F p. 319 ; GDJDA 71), le Conseil constitutionnel ayant clairement montré la voie à suivre à travers le contentieux électoral (CC, 21 octobre 1988, Ass. Nationale, Val d'Oise 5e circ.) en reconnaissant la supériorité du traité sur la loi.

Mais la supériorité du traité, dans la hiérarchie des normes, trouve sa limite en France avec la Constitution. En cas de conflit entre le traité et la Constitution, c'est la Constitution qui l'emporte, et sur ce point les deux juridictions suprêmes ont adopté la même attitude (CE, Ass, 30 octobre 1998, Sarran, Levacher et autres, *GAJA* n° 113 ; *GDJDA* 73 ; Cas., Ass. Plén., 2 juin 2000, Mlle Fraisse) quand bien même cette position est contraire au droit international, les juridictions internationales refusant qu'un État invoque ses dispositions constitutionnelles pour échapper à ses obligations.

L'application stricte aujourd'hui de l'article 55 a permis de faire triompher la Convention européenne des droits de l'homme notamment, mais aussi d'autres conventions intéressant les droits de la personne humaine, sur une loi française.

Section 2

Le rôle des autorités administratives

1 • LA NÉCESSAIRE COMPLÉMENTARITÉ DE L'INTERVENTION DE L'AUTORITÉ ADMINISTRATIVE

L'organisation des droits et libertés doit demeurer de la compétence de la loi. Il ne pouvait y avoir délégation à l'exécutif avait estimé le Conseil d'État (avis du 6 février 1953). Les libertés publiques étant une « matière législative par nature », il ne pouvait y avoir de délégation. Il n'empêche que la pratique de la IIIe République avait montré que les décrets-lois pouvaient avoir des incidences sur les libertés publiques. Ainsi le régime des publications étrangères, visé par l'article 14 de la loi du 29 juillet 1881 avait pu être modifié par le décret-loi du 6 mai 1939. Malgré une interdiction expresse posée par l'article 66 *(« L'Assemblée nationale a seule le droit de légiférer. Elle ne peut déléguer ce droit à quiconque en tout ou en partie »)*, les décrets-lois étaient réapparus avec encore plus de vigueur.

Avec l'officialisation de la délégation législative par le biais des ordonnances, mettant ainsi fin à l'hypocrisie, nous nous trouvons dans une situation différente. Aucun domaine n'est interdit au Gouvernement pour une habilitation. Cependant, à l'occasion de la décision des 25-26 juin 1986 (CC 86-207, *DC*, 25-26 juin 1986, « Privatisations », *GDCC* n° 39 ; F p. 28), le Conseil constitutionnel a montré quelles étaient les limites pour le Gouvernement, dans l'édiction des ordonnances.

Pourtant depuis longtemps on avait admis l'intervention de l'exécutif en cas de carence du Parlement (CE 8 août 1919 Labonne, *GAJA* n° 37 ; *GDJDA* 305) et ce principe est encore admis aujourd'hui, quand bien même il y a l'article 34. L'article 34 « *n'a pas retiré au chef du gouvernement les pouvoirs de police générale qu'il exerçait antérieurement* » (CE, 17 février 1978, Association dite Comité pour léguer l'esprit de la Résistance) (*cf.* aussi CC 2000-434, 20 juillet 2000, Chasse).

Malgré tout, normalement, l'article 37 ne peut servir de soutien à une intervention relative à l'organisation des droits et des libertés.

En revanche, l'exécutif retrouve son rôle dans le cadre du pouvoir réglementaire complémentaire pour l'exécution des lois.

Confié formellement au président de la République chargé « d'assurer l'exécution des lois » sous la IIIe République par la loi constitutionnelle du 25 février 1875, c'est le Chef du gouvernement qui à partir de 1946 sera en charge de cette mission. Ce rôle est particulièrement important.

L'article 34 laisse une grande latitude car la loi, dans certains cas ne fixe que les principes fondamentaux. Dans les autres cas, certes, elle fixe les règles mais ne peut aller dans le détail. Il est évident que cette impossibilité pour le législateur de déterminer toutes les modalités de l'organisation laisse un certain champ au Premier ministre qui en vertu de l'article 21 de la Constitution « assure l'exécution des lois ».

Mais également l'exécution des lois donne une possibilité d'action au Premier ministre car il sera, par certains aspects, pour l'exécution de la loi, amené à interpréter celle-ci.

Enfin, il peut mettre en échec une loi en ne prenant pas les décrets d'application nécessaire à son exécution ou en les prenant tardivement. C'est ainsi que la loi *Neuwirth* sur la contraception de 1967 fut privée de certains de ses effets. Le Conseil d'État a toujours considéré que les dispositions prévoyant que les décrets d'application seraient pris dans un délai déterminé n'avaient qu'un caractère indicatif. Or, certaines lois peuvent être inapplicables faute de décrets d'application.

Parmi les autorités disposant de compétences réglementaires, il faut, à côté du président de la République et du Premier ministre, mentionner les autorités administratives indépendantes que nous évoquerons plus loin. Le Conseil constitutionnel a admis ce pouvoir réglementaire en 1986 (CC 86-217, *DC,* 18 septembre 1986, Liberté de communication/ CNCL ; CC 89-260, *DC,* 28 juillet 1989 pour la COB ; CC 88-248, *DC,* 17 janvier 1989, « Conseil supérieur de l'Audiovisuel », *GDCC* n° 42 ; F p. 169 ; CC 91-304, *DC,* 15 janvier 1992) mais en estimant qu'il ne doit pas être « *trop étendu en raison de sa portée* » (CC 88-248, *DC,* 17 janvier 1989, CSA). Dès 1978, la loi relative à l'informatique, aux fichiers et aux libertés avait posé que « *la commission* [nationale de l'informatique et des libertés] *dispose... d'un pouvoir réglementaire, dans les cas prévus par la présente loi* ».

2 • LA POLICE ADMINISTRATIVE

A - L'objet de la police administrative

La police administrative vise l'ensemble des activités qui tendent à empêcher les atteintes à l'ordre public. En cela on opposera la police administrative, au caractère préventif, et la police judiciaire, au caractère répressif.

Cependant une même autorité peut exercer les deux compétences. Jean Rivero donne l'exemple de l'agent de police qui règle la circulation à un carrefour et exerce alors une mission de police administrative, mais si un automobiliste commet une infraction, il est conduit à exercer des fonctions de police judiciaire.

Cela a pu conduire à des abus. Ainsi, le Préfet, en vertu de l'article 30 du Code de procédure pénale disposait de pouvoirs de police judiciaire et il a pu ainsi déguiser des saisies administratives en y procédant en se fondant sur le CPP.

La distinction entre les deux polices repose sur un critère finaliste et non pas sur un critère organique (CE, S, 11 mai 1951, « Consorts Baud », *GDJDA* 295). L'article 14 du CPP définit l'objet de la police judiciaire qui est de « *constater les infractions à la loi pénale, d'en rassembler les preuves et d'en rechercher les auteurs tant qu'une information n'est pas ouverte* ». Si une information est ouverte, elle a pour mission d'exécuter les « *délégations des juridictions d'instruction et défère à leurs réquisitions* ».

Mais la distinction n'est pas toujours aisée (*cf.* TC, 12 juin 1978, Société Le Profil, et CE, S, 10 mars 1978, Société Le Profil, à propos d'une opération de protection lors d'un transfert de fonds : considérée comme une opération de police administrative).

Pourtant les conséquences de la distinction sont importantes puisqu'elles entraînent l'intervention d'un juge différent, juge judiciaire pour les opérations de police judiciaire, juge administratif pour la police administrative.

B - Les autorités compétentes

Les autorités compétentes en matière de police administrative générale diffèrent selon le niveau territorial.

Le Premier ministre est compétent pour l'ensemble du territoire national. Les ministres ne sont pas autorités de police générale.

Le Préfet est compétent pour tout ou partie du département. La loi du 2 mars 1982 n'a rien changé à ce propos.

Deux autorités disposent d'une compétence en la matière au niveau local. L'article 2212-2 du Code général des collectivités territoriales précise que « *le maire est chargé sous le contrôle administratif du représentant de l'État, de la police municipale, de la police rurale...* ». L'article suivant pose que « *la police municipale a pour objet le bon ordre, la sûreté, la sécurité et la salubrité publiques* ».

L'article 2215-3 ajoute que les pouvoirs du maire ne font pas obstacle au droit du représentant de l'État dans le département de prendre «*pour toutes les communes du département ou plusieurs d'entre elles, et dans tous les cas où il n'aurait pas été pourvu par les autorités municipales, toutes mesures relatives au maintien de la salubrité, de la sûreté et de la tranquillité publiques*».

En outre, dans les communes de plus de 10 000 habitants, le Préfet est compétent pour la police de la tranquillité. De plus, dans certaines communes existe un préfet de police (Paris, Lyon, Marseille).

La police administrative est exercée par des actes qui peuvent être des prescriptions générales émanant du Premier ministre, du préfet, du maire ou par des mesures individuelles : interdiction, autorisation etc.

Le non-respect des actes de police administrative est assorti de sanctions résultant de l'article R. 610-5 du Code pénal. «*La violation des interdictions ou le manquement aux obligations édictées par les décrets et arrêtés de police sont punis de l'amende prévue pour les contraventions de première classe*». L'Administration ne peut sanctionner par d'autres peines. Cependant il existe des sanctions administratives qui se développent de plus en plus.

C - Police générale et police spéciale

On distinguera aussi la police générale et la police spéciale. La police générale vise l'ensemble des activités humaines tandis que la police spéciale vise une activité particulière. La police spéciale est exercée, au niveau national par certains ministres, et au niveau local par divers agents ou par le préfet dans certains cas.

D'une part, leurs modalités sont différentes, d'autre part, l'autorité compétente ne sera pas forcément habilitée en matière de police générale.

En cas de concours de police générale et spéciale, sauf si l'intervention de la police générale est expressément exclue, l'autorité de police générale conserve un pouvoir d'intervention (CE, 18 avril 1902, Maire de Néris-les-Bains, *GDJDA* 313). Celui-ci cependant ne permet à une autorité de police inférieure que de prendre des mesures plus rigoureuses. L'exemple de la censure locale en matière de cinéma venant compléter le visa ministériel est un exemple classique (CE, S, 18 décembre 1959, Soc. « Les Films Lutetia » et Syndicat français des producteurs et exportateurs de films, *GAJA* n° 84 ; *GDJDA* 314). S'il y a un concours de polices spéciales, c'est une étude affinée de chacune d'entre elles qui permettra de déterminer la compétence.

BIBLIOGRAPHIE

ABRAHAM (R.), *Droit international, droit communautaire et droit français*, Hachette, 1989.

PICARD (E.), *La notion de police administrative* LGDJ, BDP, 2 vol., n° 88, 1984.

CHAPITRE 11

Les limitations des droits et libertés

Lorsque l'on souhaite évoquer le contenu de l'organisation, c'est essentiellement aux limitations à l'exercice des droits et libertés qu'il faut s'attacher. Les libertés sont rarement absolues. L'article 4 de la Déclaration des droits de l'homme et du citoyen, en posant que «*l'exercice des droits naturels de chaque homme n'a de bornes...*», supposait bien qu'il puisse y avoir des bornes, des limites. En outre on retrouve cette impossibilité du caractère absolu dans la définition qui est donnée de la liberté qui «*consiste à pouvoir faire tout ce qui ne nuit pas à autrui*». Dès lors que l'exercice de la liberté peut nuire à autrui, il rencontre ces limites.

Cependant les limitations apportées aux libertés ne sauraient être les mêmes en fonction des circonstances. Leur plein épanouissement doit être le souci des gouvernants en période ordinaire (section 1). Mais la nécessité de pouvoir faire face à des circonstances graves mettant en péril la vie de la Nation ou les institutions a toujours été une préoccupation. Or en de tels moments les libertés peuvent être un obstacle au rétablissement de l'ordre. Dès lors elles se trouveront particulièrement menacées et elles pourront disparaître temporairement, ou malheureusement de façon irrémédiable (section 2).

Section 1

Les limitations en période ordinaire

1 • RÉGIME RÉPRESSIF OU RÉGIME PRÉVENTIF?

A - Le régime favorable: le régime répressif

En dépit de sa dénomination, le régime répressif se veut un régime libéral. Il est le plus favorable aux libertés, faisant appel à la responsabilité. Il ne nécessite aucune intervention préalable de l'Administration. Il se présente comme une limitation *a posteriori* des libertés lorsque les limites posées par la loi ont été dépassées.

Dans ce système, il appartient au législateur de délimiter le cadre des libertés et au juge de sanctionner les violations éventuelles.

En principe il y a une liberté totale dans l'exercice de la liberté en permettant l'exercice immédiat. C'est le régime que connaît en fait la liberté de réunion (publique ou privée) (*cf.* CE, 19 mai 1993, « Benjamin », *GAJA* n° 49 ; *GDJDA* 324). La loi du 30 juin 1881 a supprimé l'autorisation préalable et la loi du 28 mars 1907 a supprimé la déclaration préalable pour faciliter l'exercice du culte, faisant ainsi profiter tout le monde d'une liberté totale.

Il en va de même pour la liberté d'association (les associations étrangères ayant été soumises au régime préventif jusqu'à la loi du 9 octobre 1981 et les congrégations religieuses restant soumises au régime de l'autorisation), les manifestations à caractère religieux ou traditionnel.

Ce régime est considéré comme libéral car c'est le juge judiciaire et non le juge administratif qui sera amené à intervenir. Or au XIXe siècle, il y avait une défiance des libéraux à l'égard de ce dernier puisque jusqu'en 1872 c'était le système de la justice retenue. En outre le caractère libéral a pu, dans le passé, être accentué par la compétence de la Cour d'Assises, même pour les délits. Il en fut ainsi avec la loi du 29 juillet 1881 pour les délits de presse. La trop grande mansuétude de cette juridiction a conduit à réduire sa compétence jusqu'à la supprimer pour revenir au tribunal correctionnel avec l'ordonnance du 6 mai 1944.

Le libéralisme se caractérise aussi par les garanties offertes par la procédure pénale. On sait que les Britanniques ont toujours accordé une exceptionnelle importance à la procédure et que leurs grands textes, à commencer par l'*Habeas Corpus,* mettent l'accent sur ce point.

Le libéralisme tient aussi au fait que les limites sont fixées par la loi ainsi que les sanctions pénales, selon le principe *nulla poena sine lege.*

Mais il convient de ne pas faire preuve d'une admiration béate devant le système répressif.

Tout d'abord, tout va dépendre de l'indépendances des magistrats. Le statut de ceux-ci, les possibilités de pression à leur égard, notamment par le biais de l'avancement... ou des décorations témoigneront ou non du véritable caractère libéral de ce régime.

Tout va dépendre aussi de la précision des incriminations. Ainsi, la loi du 29 juillet 1881, d'une façon un peu archaïque compte tenu du rôle actuel du chef de l'État réprime l'offense au chef de l'État dans son article 26. La critique un peu vive de l'action politique du chef de l'État, qui n'est plus celui de la IIIe République (sauf peut-être le cas Millerand) sera-t-elle considérée comme une offense ? L'un des problèmes majeurs est la définition de l'infraction. Si la définition est trop lâche, tout est possible pour une répression forte. Si en revanche, la définition est trop minutieuse, il devient très facile de tourner la loi. Certaines incriminations laissent la place à la subjectivité. Ainsi l'article 24 de la loi de 1881 sur la presse réprime *« tous cris et chants séditieux »*. Que signifie exactement l'adjectif séditieux ? De même la répression de la propagande anarchiste a montré que bien souvent la répression intervenait à propos d'actes de propagande qui n'avaient rien à voir avec l'anarchie telle qu'on l'entend dans les cours d'histoire des idées politiques.

Enfin, il faut considérer que par son aspect dissuasif, le régime répressif peut se transformer en régime préventif de fait. Si les peines sont fortes, on hésitera à faire usage d'un droit ou d'une liberté, ignorant si la façon dont on va agir tombe sous le coup de la loi.

B - Le régime préventif

1) Principes

Le régime préventif suppose une intervention *a priori,* avant que les limites ne puissent être franchies. En principe, le régime semble peu favorable aux libertés. Mais, là encore, il faut se méfier des généralisations hâtives car il existe des garanties de procédure.

Cependant ce type de régime entraîne des difficultés car les décisions de l'administration peuvent être imprévisibles.

En outre, ce régime n'exclut pas non plus les sanctions. Parfois se posent des problèmes de compatibilité entre l'autorisation administrative et la sanction du juge répressif.

Ainsi en matière cinématographique, sans doute y a t-il un visa de censure qui, une fois obtenu, permet la projection du film. Mais cela n'empêchera pas que si, par exemple le film, en évoquant par exemple une affaire criminelle, vient porter atteinte à la vie privée d'une personne, il puisse y avoir des sanctions.

2) Modalités

L'intervention de l'autorité administrative peut prendre différents aspects.

a) Déclaration préalable

Elle conditionne l'exercice de la liberté. S'il n'y a pas de déclaration, il n'est pas possible d'exercer la liberté.

Ce système n'est, bien souvent, ni vraiment répressif, ni vraiment préventif.

En réalité, tout dépend de la portée de la déclaration. Suffit-elle seule ? Doit-il y avoir un récépissé ? Dans ce cas le récépissé doit-il être délivré immédiatement ou y a-t-il un délai pour sa délivrance, ce qui risque de se transformer en une autorisation préalable innomée ? Ce système de la déclaration préalable est ainsi celui relatif aux colporteurs, aux associations ou à la grève dans les services publics (délai de cinq jours).

b) Autorisation préalable

Le régime de l'autorisation préalable ne peut résulter que de la loi (CE, Ass., 22 juin 1951, Daudignac, *GAJA* n° 71) même si ce principe doit être nuancé. Ainsi le permis de conduire (CE, 8 août 1919, Labonne, *GAJA* n° 37 ; *GDJA* 305) a été instauré par décret. Là encore tout va dépendre des conditions de l'attribution de cette autorisation. Aura-t-elle ou non un caractère discrétionnaire ? Ce système s'est beaucoup développé avec l'interventionnisme économique.

On le retrouve dans des domaines très divers parfois pour des raisons évidentes liées à des aspects techniques. Ainsi en est-il de l'attribution des fréquences de radio. Mais on peut le retrouver dans bon nombre d'autres situations. Il en est ainsi des publications étrangères pour la jeunesse en vertu de la loi du 16 juillet 1949 ou du cinéma à travers le visa de censure qui, cependant, est accordé très libéralement.

c) Interdiction possible

Ce système se présente comme une sorte d'épée de Damoclès, pouvant survenir de façon inattendue. Il en va ainsi des publications étrangères, l'article 14 permettant leur interdiction. De même pour les publications françaises ou étrangères, les dispositions de l'article 14 de la loi du 16 juillet 1949 sur les publications pour la jeunesse permettant trois types de mesures : interdiction de vente aux mineurs ; interdiction d'exposition ; interdiction de toute publicité, les deux dernières mesures entraînant des conséquences conduisant souvent à la disparition de la publication. On y ajoutera les documents vidéo depuis la loi du 17 juin 1998 qui s'inspire tout à fait de la loi du 16 juillet 1949.

Il en est ainsi des associations, la loi du 10 janvier 1936 sur les groupes de combat et milices privées, permettant leur dissolution.

Mais ce pouvoir d'interdiction peut s'exercer même sans texte spécifique, à travers les pouvoirs de police administrative. Dans l'arrêt *Benjamin*, le Conseil d'État admet (à propos des réunions) que l'interdiction est possible dans certaines circonstances.

En réalité une fois de plus tout va dépendre de la procédure mise en œuvre pour conduire à l'interdiction (pour les publications pour la jeunesse, comme pour les vidéos, une commission de contrôle peut intervenir. Mais ce n'est pas obligatoire. Pour les associations, il faut une décision du Conseil des ministres). Tout dépendra aussi du contrôle exercé par le juge. Ainsi le juge administratif peut-il exercer un contrôle variable (minimum, normal, erreur manifeste d'appréciation) selon la liberté concernée.

En réalité, régime préventif et régime répressif se mêlent bien souvent. La répression peut sanctionner la violation des limitations préventives. La prévention, d'autre part, sert à faciliter la répression. Ainsi le dépôt auprès du parquet pour les livres et la presse périodique doit faciliter les poursuites.

Il est très rare que les libertés ne connaissent aucun caractère préventif. Souvent les deux aspects sont mêlés.

2 • LA POLICE ADMINISTRATIVE

La police administrative contribue à limiter l'exercice des droits ou libertés.

Les autorités locales peuvent édicter des mesures plus rigoureuses que la réglementation nationale, même si celle-ci résulte de la loi, sous réserve que ces mesures soient nécessaires en raison de circonstances locales. Cela peut même aller jusqu'à l'interdiction. Mais cette interdiction sera ponctuelle. L'administration ne peut supprimer une liberté. Elle ne peut notamment le faire par un système d'autorisation pour certaines libertés (*cf.* CE, Ass. 22 juin 1951, Daudignac, GAJA n° 71).

A - La limitation par l'objet de la police administrative

L'objet de la police administrative est de protéger l'ordre public. Nous avons déjà vu qu'elle a pour objet « le bon ordre, la sécurité, la tranquillité et la salubrité publiques ».

Cela a d'abord été posé par la loi du 5 avril 1884 à propos de la police municipale puis précisé par la jurisprudence.

Un débat récurrent pose la question de savoir si l'ordre public contient l'ordre moral. En principe, il n'y figure pas. (Nicolas de La Mare, dans son « Traité de police » [1729] estimait pourtant que la police comprenait 11 parties, dont la deuxième était *« la discipline des mœurs »*). (*Cf.* aussi l'article 6 du Code civil : *« On ne peut déroger, par des conventions particulières, aux lois qui intéressent l'ordre public et les bonnes mœurs »*).

Mais déjà, l'ordre moral est sanctionné par le Code pénal même s'il a connu une évolution. L'ancien article 283 du Code pénal sanctionnait l'outrage aux bonnes mœurs. Déjà le caractère évolutif avait été pris en compte avec la loi du 25 septembre 1946 dite loi *Baudelaire*, instituant un nouveau cas de pourvoi en cassation ouvert exclusivement à la Société des Gens de Lettres. Il s'agissait en fait de permettre de réviser la condamnation le 27 août 1857 de Charles Baudelaire pour *Les Fleurs du mal*, ce qui fut fait avec l'arrêt du 31 mai 1949. L'article 227-24 du nouveau Code pénal sanctionne un ouvrage à caractère violent ou pornographique ou de nature à porter atteinte gravement à la dignité humaine. Sans doute l'attentat à la pudeur a-t-il disparu mais il a été remplacé par l'agression sexuelle. Et l'article R. 624-2 sanctionne les messages contraires à la décence.

Les conventions internationales ont intégré cette idée de moralité. La Convention européenne des droits de l'homme prévoit que la moralité publique peut justifier des restrictions. Le Conseil d'État a fini par l'admettre même s'il est mal à l'aise. Un certain nombre de décisions éparses en témoignent (CE, S., 30 mai 1930, Beaugé ; CE, S., 18 décembre 1959, Société "Les Films Lutetia" et Syndicat Français des producteurs et exportateurs de films, *GAJA* n° 84 ; *GDJA* 314).

Mais là encore ce sont les mots qui peuvent changer. Ainsi, à propos du lancer de nains, le Conseil d'État confirme l'arrêté municipal interdisant le spectacle en se fondant sur la notion de dignité de la personne humaine (CE, Ass., 27 octobre 1995, Commune de Morsang-sur-Orge, *GAJA* n° 108).

B - Les limitations par les mesures prises

« La liberté est la règle, la restriction de police, l'exception ». Cette formulation du Commissaire du gouvernement Corneille (CE, 10 août 1917, Baldy) semble résumer le cadre de l'exercice de la police administrative.

En fait l'étendue va être liée à divers éléments.

1) La liberté en jeu

Tout d'abord tout dépend de la liberté en jeu. Le contrôle du juge est très rigoureux lorsqu'il s'agit d'une liberté fondamentale. Ce sera notamment le cas si la liberté est consacrée par le législateur (*cf.* Benjamin). Mais il n'y a aucun caractère systématique. Ainsi si une liberté est reconnue, les modalités de la mise en œuvre seront inégalement protégées. En ce qui concerne la liberté religieuse, ce qui touche directement l'exercice du culte sera mieux protégé que certaines manifestations très extérieures comme les processions.

Mais si la liberté a déjà fait l'objet de limitations par le législateur, la protection sera moins rigoureuse. Ainsi en est-il en ce qui concerne les manifestations.

Il peut d'ailleurs y avoir des évolutions. La liberté du camping était à l'origine considérée avec un certain dédain par le juge. *« La voie publique n'est pas faite pour qu'on s'y installe et qu'on y vive »* (Detton) (*cf.* CE, 3 juin 1932, Dulaurens-Pretecille). Puis on finit par considérer qu'il s'agissait d'un élément du droit au loisir... et qu'elle constituait aussi un élément de la liberté individuelle, (CE, S., 14 février 1958, Abisset). Mais le Conseil reste très prudent et les limites qu'il pose montrent qu'il s'agit d'une liberté peu protégée (CE, 10 juillet 1964, Jeanjean).

2) Les principes de limitation

Les mesures doivent être nécessaires. Elles doivent avoir pour objet de faire face à une menace précise et doivent être adaptées. On n'utilise pas un marteau-pilon pour écraser une mouche. Ainsi le célèbre arrêt Benjamin est-il en trompe-l'œil. On l'a analysé comme un arrêt particulièrement favorable à la liberté de réunion. Mais Achille Mestre observe avec finesse que *« tout en sanctionnant la violation d'une liberté, il peut être versé au dossier de la crise du libéralisme »*. La même analyse, à la même époque, peut valoir pour l'arrêt *Action Française* (TC, 8 avril 1935, Action Française, *GAJA* n° 51). En sanctionnant la trop grande étendue géographique de la mesure, la décision laisse possible des interdictions futures.

La mesure doit être efficace.

La mesure doit avoir un caractère de proportionnalité. Dans l'arrêt *Benjamin*, le Conseil d'État a jugé que la mesure d'interdiction absolue était disproportionnée. La manifestation des instituteurs pouvait être écartée par l'utilisation, au besoin *« de la gendarmerie et de la garde républicaine mobile »*.

Le juge administratif cherchera à sanctionner les interdictions déguisées. Ainsi lorsqu'on interdit l'exercice d'une activité dans les voies les plus favorables (ex. : CE, 26 février 1960, Ville de Rouen, le maire avait interdit les photographes-filmeurs dans une zone très étendue).

On se trouve dans une situation proche du contrôle de l'opportunité.

Si l'atteinte révèle une particulière gravité la mesure aura le caractère de voie de fait. (cf. *infra*).

La tendance de la jurisprudence a un contenu très extensif. En outre le Conseil d'État se montre plus compréhensif pour les mesures nationales que pour les mesures locales.

Section 2

Les limitations en circonstances de troubles

La problématique est connue. Les libertés doivent être sauvegardées. Mais l'ordre public aussi au risque de détruire les libertés.

Divers régimes spécifiques ont été imaginés, inspirés à l'origine de la rigueur qu'offrait l'armée. Puis ces régimes se sont « civilisés ».

1 • LES RÉGIMES LÉGISLATIFS

A - L'état de siège

La notion d'état de siège semble évoquer une situation militaire, une ville assiégée et devant faire face, pour sa défense, à une mobilisation de toutes les énergies nécessitant de devoir limiter les libertés. Et c'est un fait que c'est l'un des systèmes les plus anciens. À l'origine il visait les villes investies par l'ennemi. Cela explique le rôle important dévolu aux autorités militaires.

En fait, il y a deux types d'état de siège : l'état de siège militaire et l'état de siège politique. C'est la loi du 9 août 1849 modifiée par la loi du 3 avril 1878 qui a organisé l'état de siège, l'article 36 de la Constitution l'évoquant également. Les dates de ces textes sont liées à des évènements précis. La loi de 1849 est inspirée par les journées de juin 1848 qui marquèrent, *de facto*, la fin de la révolution de 1848 et la modification de 1878 a le souvenir de l'insurrection de la Commune.

1) Mise en œuvre

L'état de siège suppose un «*péril imminent*» (il s'agira de la guerre ou d'une insurrection armée) «*résultant d'une guerre étrangère ou d'une insurrection à main armée*». Il est décidé par décret en conseil des ministres et sa prorogation au-delà de douze jours doit être autorisée par le Parlement.

2) Conséquences

L'état de siège entraîne une militarisation des libertés. Il y a possibilité de transfert des pouvoirs de police aux autorités militaires.

Mais surtout, il est possible de porter atteinte à certaines libertés car l'état de siège permet les perquisitions, l'interdiction des réunions, des publications, la remise des armes, l'éloignement des repris de justice et des personnes non domiciliées. Il faut cependant bien voir que la loi est dans une certaine mesure protectrice puisque la liste des atteintes est limitative.

Les tribunaux militaires se substituent aux juridictions civiles pour connaître des infractions à la sûreté de l'État.

Aujourd'hui, l'état de siège est devenu quelque peu obsolète. Il n'en est pas de même de l'état d'urgence.

B - L'état d'urgence

Là encore, ce sont les évènements qui sont perceptibles derrière la loi du 3 avril 1955 et avant tout l'insurrection algérienne commencée le 1er novembre 1954. Il en est de même pour la modification intervenue par l'ordonnance du 15 avril 1960.

1) Mise en œuvre

L'état d'urgence peut être proclamé «*soit en cas de péril imminent résultant d'atteintes graves à l'ordre public, soit en cas d'évènements présentant, par leur extrême gravité, le caractère de calamité publique*». On peut être surpris de la conjonction de ces conditions mais le tremblement de terre d'Orléansville (aujourd'hui El-Asnam) du 9 septembre 1954 avait marqué les esprits et le gouvernement a utilisé cet évènement pour justifier sa loi.

C'est, là aussi, un décret en conseil des ministres qui permet la proclamation de l'état d'urgence et au-delà de 12 jours, le Parlement doit intervenir. En 1985, assez curieusement, le Gouvernement avait oublié de convoquer le Parlement pour proroger l'état d'urgence proclamé en Nouvelle-Calédonie. Celui-ci a dû être levé pendant une journée, le temps de réunir le Parlement. Disposition liée au contexte de la IVe République, l'état d'urgence devient caduc à l'issue d'un délai de 15 jours suivant la démission du gouvernement ou la dissolution de l'Assemblée nationale.

L'état d'urgence, institué à propos de la guerre d'Algérie a bien évidemment été appliqué sur le territoire algérien. Lors de la mise en œuvre de l'article 16 en 1961, une décision a appliqué l'état d'urgence tant en Algérie qu'en Métropole.

L'article 119 de la loi 84-821 du 6 septembre 1984 permet au Haut Commissaire de Nouvelle-Calédonie de proclamer l'état d'urgence. Un arrêté du Haut Commissaire du 12 janvier 1985 proclamait l'état d'urgence à compter du 12 janvier 1985 à 12 heures et il était valable 12 jours. L'état d'urgence a été rétabli par la loi du 25 janvier 1985 jusqu'au 30 juin 1985 (CC 85-187, *DC*, 25 janvier 1985, État d'urgence en Nouvelle-Calédonie, *GDCC* n° 37; F p. 380) (*cf.* CE, 25 juillet 1985, Mme Dagostini). La France a d'ailleurs dû faire jouer l'article 15 de la Convention européenne des droits de l'homme et demander une dérogation.

2) Conséquences

À la différence de l'état de siège, il y a une «civilisation» des libertés. Cependant ce régime entraîne une extension des pouvoirs de police.

Un double degré de l'état d'urgence peut intervenir.

Un premier degré ne permet que des atteintes à la libre circulation; interdiction de circulation; création de «zones de sécurité»; interdiction de séjour; assignation à résidence. À cela s'ajoutent la fermeture des lieux de réunion et l'interdiction des manifestations, la remise des armes. On est assez proche des atteintes de l'état de siège.

Le deuxième degré emprunte aussi à l'état de siège, permettant les perquisitions de jour et de nuit, le contrôle de la presse. Les juridictions militaires ont alors compétence pour certains crimes ou délits.

3) Le contrôle des mesures

Devant les risques de violations graves des libertés dans ce cadre, la loi a prévu la mise en place d'une commission consultative issue du Conseil général et la compétence du juge administratif pour les assignations à résidence. Ces autorités doivent statuer (assez) rapidement : un mois pour la Commission ; trois mois pour le tribunal administratif.

Les tentatives pour étendre le système de la commission consultative ont échoué. En outre le Conseil d'État a failli à sa mission en n'adoptant pas une attitude protectrice des libertés. Dans l'arrêt *Bourokba* (CE, Ass., 16 décembre 1955, Dame Bourokba), le Conseil d'État admet qu'un arrêté peut frapper une personne en raison d'une attitude antérieure à la déclaration de l'état d'urgence. Le juge a donné le sens d'un participe passé *(« ayant cherché, ayant pu chercher »)* à un participe présent. Par la suite, sur l'application de ces législations de circonstances de troubles, le Conseil d'État se montrera plus rigoureux notamment sur le contrôle de l'exactitude matérielle des faits.

On peut se demander aussi si – on le verra à propos de l'article 16 – le juge ne se montre pas plus sévère lorsque les circonstances appartiennent au passé.

C - Autres textes

D'autres textes peuvent porter atteinte aux libertés. On peut citer la loi du 11 juin 1938 sur la mobilisation générale. Elle sert de fondement à la réquisition en cas de grève... Or c'est la « *loi sur l'organisation de la Nation en temps de guerre* ». Elle peut conduire à la disparition des libertés économiques et professionnelles.

On ajoutera l'ordonnance du 7 janvier 1959 sur la mise en garde, texte très vague en ce qui concerne les conditions de fond et ses effets, et qui n'a jamais eu l'occasion d'être appliqué.

Bien souvent des lois de circonstances sont venues s'ajouter à cet arsenal juridique. Ainsi, la loi du 16 mars 1956 dans son article 5 prévoyait que « *le gouvernement disposera, en Algérie, des pouvoirs les plus étendus pour prendre toute mesure exceptionnelle, commandée par les circonstances, en vue du rétablissement de l'ordre, de la protection des personnes et des biens, et de la souveraineté du territoire* ». Ce texte fut renouvelé à plusieurs reprises.

Sous la Ve République, la loi du 4 février 1960 a habilité le gouvernement à disposer de pouvoirs spéciaux par voie d'ordonnances. Il en fut de même avec la loi référendaire du 13 avril 1962 à la suite du référendum du 8 avril 1962 relatif aux accords d'Evian.

2 • LE RÉGIME JURISPRUDENTIEL : LA THÉORIE DES CIRCONSTANCES EXCEPTIONNELLES

Le système de l'état de siège a pu paraître insuffisant pendant la première guerre mondiale et le Conseil d'État a apporté son aide pour mettre à mal les limites qu'il imposait.

A - Les origines de la théorie des circonstances exceptionnelles

Dès le début de la guerre de 1914, l'état de siège a été proclamé. Mais les autorités ont vite constaté le caractère limité de la loi de 1849. Le Conseil d'État a permis une interprétation large par la « théorie des pouvoirs de guerre ». Puis il a étendu l'interprétation avec la théorie des circonstances exceptionnelles, ne réservant pas cette approche à la situation de guerre.

La théorie des pouvoirs de guerre est apparue avec la décision Delmotte et Senmartin (CE, 6 août 1915, Delmotte et Senmartin) dans laquelle le Conseil d'État donne une interprétation extensive de la notion de réunion pour permettre la fermeture d'un débit de boissons.

Puis c'est en 1918 que le Conseil d'État donne une extension à sa jurisprudence avec l'arrêt *Heyries* (CE, 28 juin 1918, Heyriès, *GAJA* n° 33 ; *GDJDA* 386) à propos d'un fonctionnaire révoqué sans qu'ait été respectée la règle de la communication du dossier prévue par l'article 65 de la loi du 22 avril 1905.

Pour le Conseil d'État, le président de la République pouvait suspendre l'application de cette loi car il doit « veiller à ce qu'à toute époque les services publics institués par les lois et règlements soient en état de fonctionner et à ce que les difficultés résultant de la guerre n'en paralysent pas la marche ». « Le principe de la continuité des services publics comporte des exigences exceptionnelles en temps de guerre, justifiant une extension exceptionnelle des pouvoirs du gouvernement et de l'administration ».

En 1919, l'arrêt *Dame Dol et Laurent* (CE, 28 février 1919 Dames Dol et Laurent, *GAJA* n° 35 ; *GDJDA* 346) accepte l'expulsion du camp retranché de Toulon, en raison des craintes d'espionnage, de deux femmes exerçant le plus vieux métier du monde. *« Les limites des pouvoirs de police, ne sauraient être les mêmes dans le temps de paix et pendant la période de guerre où les intérêts de la défense nationale donnent au principe de l'ordre public une extension plus grande et exigent pour la sécurité publique des mesures plus rigoureuses ».*

Alors qu'au départ il s'agissait seulement des circonstances de guerre, le Conseil d'État va élargir sa jurisprudence aux circonstances graves, aux troubles civils : menace de grève générale (CE, 18 avril 1947, Jarrigion, S. 1948.III.33, Note Rivero), tension politique (TC, 27 mars 1952, Dame De La Murette) ; évènements de mai 1968 (CE, 12 juillet 1969, Chambre de Commerce de Saint-Etienne). Cela peut aussi s'appliquer à des évènements naturels : risque d'épidémie (CE, 20 mai 1955, Société Lucien Joseph et Compagnie), éruption volcanique (CE, 18 mai 1983, Félix Rodes).

On peut cependant s'interroger sur l'utilité de cette jurisprudence. Pourquoi existe-t-il une législation en cas de circonstances graves si le juge administratif peut assouplir la légalité par ses décisions ?

B - Les conséquences

La théorie des circonstances exceptionnelles a pour conséquence de laver les illégalités telle une immense éponge (M. Hauriou).

Ainsi un acte administratif peut être considéré comme valide même si certaines conditions de forme ou même de fond ont été méconnues.

Cela permettra d'accepter la violation de règes de compétence (fonctionnaire de fait), de règles de procédure (procédure disciplinaire pour les agents publics, de règles de fond.

Ce qui, en temps ordinaire constitue une voie de fait pourra devenir une simple illégalité (TC, 27 mars1952, Dame de La Murette, précité). On admettra l'inobservation de règles d'ordre public (compétence).

Mais le contrôle du juge, même s'il est plus lâche, existe. On exige que l'administration ait été dans l'impossibilité d'agir en respectant la légalité. Les mesures prises devront avoir un caractère de proportionnalité compte tenu, sans doute, des circonstances.

3 • LA CONSTITUTIONNALISATION DES CIRCONSTANCES EXCEPTIONNELLES : L'ARTICLE 16 DE LA CONSTITUTION

A - La justification

1) La dictature républicaine

Lucius Quinctius Cincinnatus, humble fermier romain, lors d'une attaque des Aequi, fut élu dictateur par le Sénat. Arès avoir mis en déroute les Aequi, il résilia sa charge et retourna à sa charrue. Cincinnatus incarne cet idéal de la dictature républicaine où, pendant la période de péril un homme exerce tous les pouvoirs, puis une fois le danger passé remet ces pouvoirs à la République. Cette dictature au sens romain du terme s'est toujours rencontrée régulièrement à travers la théorie de la nécessité. Montesquieu écrivait dans « l'Esprit des Lois » : « *J'avoue pourtant que l'usage des peuples les plus libres qui aient jamais été sur la terre me fait croire qu'il y a des cas où il faut mettre, pour un moment, un voile sur la liberté comme l'on cache la statue des dieux* ». On retrouvera cette idée par exemple chez Robespierre (Discours du 27 décembre 1793 et du 5 février 1794) mais aussi chez les ultras à la Restauration.

2) Les précédents

On peut trouver des précédents tant en France qu'à l'étranger.

En France l'article 92 de la Constitution de l'an VIII disposait que « *dans le cas de révolte à main armée, ou de troubles qui menacent la sûreté de l'État, la loi peut suspendre, dans les lieux et pour le temps qu'elle détermine, l'empire de la Constitution. Cette suspension peut être provisoirement déclarée dans les mêmes cas, par un arrêté du gouvernement, le Corps législatif étant en vacances, pourvu que ce Corps soit convoqué au plus court terme par un article du même arrêté*».

La Charte de 1814 disposait dans son article 14 que «*le Roi peut prendre les règlements et ordonnances nécessaires pour... la sûreté de l'État*». Cependant, il est difficile d'y voir un véritable précédent car le texte est peu clair.

La loi de Tréveneuc du 15 février 1872, en cas d'empechement de l'Assemblée nationale, donne tous les pouvoirs aux conseils généraux. Il s'agit d'un texte adopté suite à l'insurrection de la Commune. Il n'a jamais été abrogé et donc fait partie de notre droit positif. Il dispose que «*si l'Assemblée nationale ou celles qui lui succéderont viennent à être illégalement dissoutes ou empêchées de se réunir, les conseils généraux s'assemblent immédiatement, de plein droit et sans besoin de convocation spéciale au chef-lieu du département*». La loi prévoit que cela peut être en un autre lieu en raison des circonstances. De ces différents conseils généraux émanera une assemblée composée de deux délégués par conseil. Elle se réunira là «*où les membres du gouvernement légal et les députés qui auront pu se soustraire à la violence*» se seront rendus. Son rôle sera de prendre «*les mesures urgentes que nécessite le maintien de l'ordre et spécialement celles qui ont pour objet de rendre à l'Assemblée nationale la plénitude de son indépendance et l'exercice de ses droits*». Sans doute cette loi est-elle très marquée par le contexte des évènements de la Commune et la situation constitutionnelle du moment avec l'insistance apportée au rôle de l'Assemblée nationale, plus peut-être que du gouvernement. Il n'empêche qu'il y a là une source d'inspiration pour l'article 16, tout au moins en ce qui concerne les mesures que doit prendre cette assemblée.

L'Acte constitutionnel n° 2 du 11 juillet 1940 permettait au chef de l'État d'agir sans avoir à recourir aux Chambres «*en cas de tension extérieure ou de crise intérieure grave*».

À l'étranger c'est la République de Weimar qui tient souvent lieu de référence. L'article 48 disposait que «*si la sécurité et l'ordre publics sont gravement troublés et menacés dans le Reich allemand, le Président du Reich peut prendre les mesures nécessaires au rétablissement de l'ordre et de la sécurité publics et, s'il en est besoin, recourir à l'aide de la force armée. Dans ce but, il peut suspendre temporairement, en tout ou en partie, les droits fondamentaux établis par les articles 114* [inviolabilité de la liberté de la personne], *115* [inviolabilité du domicile], *117* [secret de la correspondance], *118* [liberté d'expression], *123* [liberté de réunion], *124* [liberté d'association] *et 153* [droit de propriété]». Le Président doit informer le Reichstag des mesures prises et celles-ci doivent être rapportées à la demande de cette assemblée.

3) Le souvenir de 1940

Devant le Comité consultatif constitutionnel, en 1958, Michel Debré justifiait ainsi l'article 16 qui avait été très critiqué: «*Si des circonstances analogues à celles de 1940 devaient se reproduire le président de la République devrait avoir les pouvoirs nécessaires pour sauvegarder l'État et éviter le déchirement de la patrie comparable à la situation de 1940*». Cette interprétation fut très critiquée par Paul Reynaud qui rappela que le président Lebrun n'avait pas poursuivi la lutte non pas parce qu'il ne s'en sentait pas le pouvoir, mais parce que, politiquement, il jugeait cette solution irréaliste. Et d'ajouter: «*Le malheur ne fut donc pas que M. Lebrun n'ait pas eu assez de pouvoir, mais qu'il en ait eu trop*».

Le général de Gaulle devait exprimer sa pensée dans le discours de Bayeux du 16 juin 1940. «Au président de la République s'il devait arriver que la patrie fut en péril, le devoir d'être le garant de l'indépendance nationale et des traités conclus par la France».

4) L'esprit de l'article 16

L'article 16 est une dictature républicaine.

Il concentre tous les pouvoirs en cas de crise, évitant la dispersion. Les formes traditionnelles (état de siège, état d'urgence) ne peuvent suffire car elles ne visent que le prévisible. Or il faut faire face à l'imprévisible.

Cela suppose un renforcement du président de la République. On voit mal celui-ci pouvoir utiliser l'article 16 s'il joue un faible rôle. Le chef de l'État doit avoir une autorité morale. L'article 16 entraîne la supériorité du Président sur le Parlement (quand bien même celui-ci se réunit de plein droit) et surtout sur le Gouvernement (son intervention peut même être la sanction de l'action – ou plutôt de l'inaction – du Premier ministre).

Mais l'article 16 recèle un véritable danger. C'est celui que la dictature temporaire q'il entraîne ne devienne une dictature permanente.

B - Les conditions de mise en œuvre de l'article 16

1) Les circonstances

Les circonstances doivent être exceptionnelles. Elles ne peuvent concerner le quotidien.

Deux types de conditions doivent se cumuler.

Il doit tout d'abord y avoir des circonstances, peut-être imprécises.

Il faut une «*menace grave et immédiate*» (ce qui peut être vu de façon très subjective) pesant sur les «*institutions de la République*» (l'expression peut être interprétée très largement), «*l'indépendance de la Nation*» (s'agit-il seulement de l'indépendance politique ou peut-on envisager l'indépendance économique par exemple ? ou «*l'intégrité de son territoire*» (cela semble plus clair faisant penser à une invasion), ou «*l'exécution de ses engagements internationaux*» (mais aujourd'hui la France est liée par un nombre considérable d'engagements internationaux allant de traités bilatéraux classiques comme des traités de commerce ou des conventions de double imposition jusqu'à des traités de défense collective comme l'OTAN. Et puis il y a nos engagements de l'Union européenne). On pense sans doute – du fait du précédent de 1940 – surtout à l'invasion étrangère ou encore à une révolte ou une révolution. Cela pourrait aussi concerner un bombardement atomique. Mais les conditions ne doivent peut-être pas toujours être précises car certaines situations sont très certainement imprévisibles.

Mais il faut aussi des circonstances plus précises qui ont été ajoutées à la demande du Comité consultatif constitutionnel. La menace doit entraîner *« l'interruption du fonctionnement régulier des pouvoirs publics constitutionnels »*. Que signifie cependant cette expression ? Alain Peyrefitte avait suggéré l'utilisation de l'article 16 en cas de victoire de l'opposition en 1967. On voit jusqu'à quels excès peut mener l'analyse.

2) La mise en œuvre

La décision appartient au président de la République. Il est seul juge des circonstances, jouissant d'une appréciation discrétionnaire.

Il doit cependant procéder à certains consultations : Premier ministre, présidents des assemblées, Conseil constitutionnel. En ce qui concerne ce dernier, son avis est motivé et publié ce qui est une garantie essentiellement psychologique. Quoiqu'il en soit, ces avis ne sont que consultatifs et non pas conformes.

Le Chef de l'État doit adresser un message à la Nation.

Enfin, élément important, le Parlement se réunit de plein droit. Mais que peut-il faire ?

3) Les mesures prises

Le président de la République prend les « mesures exigées par les circonstances ». La formule est imprécise. Cependant certaines restrictions semblent imposées par le texte constitutionnel. Ces mesures doivent être inspirées par « la volonté d'assurer aux pouvoirs publics constitutionnels, dans les moindres délais, les moyens d'accomplir leur mission ».

Le Président doit viser au rétablissement du fonctionnement régulier des pouvoirs publics constitutionnels. Il ne peut réviser la Constitution. (*cf.*, CC 92-312, *DC*, 2 septembre 1992, Maastricht II, *GDCC* n° 45 ; F p. 121).

Le président cumule tous les pouvoirs. Il peut prendre des décisions aussi bien dans le domaine de la compétence de l'exécutif (donc outre, ce qui est normal, de la compétence du président, mais celle aussi du Premier ministre ou du gouvernement) que dans celui du législatif. Il y a une concentration absolue des pouvoirs.

Les décisions sont publiées au *Journal officiel*, ne sont pas contresignées (art. 19 Const.). Auparavant, le Conseil constitutionnel est consulté.

L'un des problèmes est celui de la durée de l'utilisation de l'article 16 comme on a pu l'observer en 1961.

D'autre part, que deviennent les mesures prises ? Doivent-elles être levées en même temps que l'article 16 si celui-ci cesse d'être appliqué ?

L'utilisation de l'article 16 pose tout de suite la question de la protection des libertés. Celles-ci ont été affectées par les mesures prises en 1961.

C - Le contrôle des mesures

1) L'absence de contrôle de la décision de mise en œuvre de l'article 16

C'est l'une des questions majeures. Il n'y a aucun contrôle.

Le Conseil constitutionnel ne peut rien faire. Il ne donne qu'un avis et celui-ci n'est que consultatif. Sa décision du 14 septembre 1961 montre bien qu'il interprète strictement son rôle. Seule la publication de l'avis (au *Journal officiel* en vertu de l'ordonnance du 7 novembre 1958) peut avoir une portée. Il serait difficile au chef de l'État d'utiliser l'article 16 si le Conseil constitutionnel émettait un avis défavorable.

Le contrôle des autres juridictions est également inexistant. C'est dans l'arrêt *Rubin de Servens* (CE, Ass., 2 mars 1962, Rubin de Servens, *GAJA* n° 87 ; F p. 158 ; *GDJDA* 685) que le Conseil d'État a eu l'occasion de formuler l'étendue de son contrôle et il a considéré que la décision de mettre en oeuvre l'article 16 était un acte de gouvernement. La formulation est d'autant plus importante que c'est la première fois que, dans sa jurisprudence, le Conseil d'État utilise l'expression.

2) Une possibilité réduite de contrôle des mesures prises au titre de l'article 16

À ce titre le Conseil constitutionnel n'exerce aucun contrôle réel. Bien pire. À la différence de la décision de recourir à l'article 16, l'avis exprimé sur les mesure prises n'est pas publié.

Le contrôle juridictionnel apporte quelques possibilités bien réduites.

Une distinction est faite entre les mesures à caractère législatif et celles à caractère réglementaire, les premières n'étant pas contrôlées puisque les juridictions françaises se refusent à contrôler la constitutionnalité de la loi, les secondes pouvant l'être. Pourtant un parallèle aurait pu être opéré avec le régime des ordonnances. Elles interviennent dans le domaine de la loi et la juridiction administrative peut les contrôler tant qu'elles n'ont pas été ratifiées par le Parlement.

Le contrôle du Conseil d'État n'a pas été cependant sans intérêt car il n'a pas utilisé la théorie des circonstances exceptionnelles.

3) Le contrôle politique

L'article 16 dispose que le Parlement se réunit de plein droit, mais la pratique de 1961 a limité son contrôle.

L'activité parlementaire ne s'exerce pas sur les mesures prises ou à prendre dans le cadre de l'article 16. Dans sa lettre au Premier ministre en date du 31 août 1961, le général de Gaulle a exposé son interprétation : « *Si compte tenu de la lettre stricte de la Constitution, je ne fais pas actuellement obstacle au principe de la convocation, ni au fait que les membres des assemblées en prennent l'occasion pour s'exprimer sur le sujet de l'agriculture et que le gouvernement les entende je tiendrai pour contraire à la Constitution que la réunion annoncée du Parlement ait un aboutissement législatif* ».

La question s'est posée de la mise en œuvre de l'article 49 alinéa 2, c'est-à-dire de la mise en jeu de la responsabilité du gouvernement. Il y a eu débat en 1961, certains, et notamment le président Chaban-Delmas, estimant que cela n'était pas possible en dehors des sessions. « *Les travaux du Parlement ne peuvent avoir d'aboutissement législatif en dehors des sessions normales. Le Gouvernement se trouve privé du droit prévu par l'alinéa 3 de l'article 49 de la Constitution, d'engager sa responsabilité sur le vote d'un texte. Il apparaît que pour assurer l'équilibre fondamental des pouvoirs, l'Assemblée ne peut user du droit qu'elle tient, en période normale, de l'alinéa 2 du même article, de mettre en cause la responsabilité du gouvernement par le vote d'une motion de censure* ».

Sans doute cela permet de maintenir l'équilibre Exécutif-Législatif. Mais l'article 16 n'est-il pas en soi un déséquilibre ? Cependant l'un des arguments est que la dissolution n'est pas possible en période d'article 16.

Pourtant la mise en jeu de la responsabilité gouvernementale n'est pas expressément prohibée par les textes.

Nous restons toujours dans l'incertitude puisque le Conseil constitutionnel, consulté sur ce point, se déclara incompétent (CC, 14 septembre 1961, *GDCC* n° 12)

Finalement, la seule possibilité est peut-être de traduire le président de la République en Haute Cour pour Haute trahison. Mais cela semble illusoire, car avec les pouvoirs dont il dispose dans le cadre de l'article 16, un chef de l'État déterminé ne serait guère effrayé par une telle possibilité. Il trouverait facilement le moyen de surmonter cet obstacle.

Les nouvelles possibilités que pourrait ouvrir le projet de révision constitutionnelle à propos de la responsabilité pénale du président de la République trouveraient alors peut-être application dans cet « impeachment à la française » qu'il envisage, mais s'il dispose d'une majorité solide au parlement on peut en douter.

L'article 16 peut se trouver en conflit avec la Convention européenne des droits de l'homme. Certes l'article 15 de la Convention, tout comme le Pacte sur les droits civils et politiques, permettent l'existence de dispositions d'exception pour les circonstances troublées. Cependant, l'article 16 n'apporte aucune limite en ce qui concerne les pouvoirs de président de la République. Il est évident que maintenant que la France a ratifié la Convention, les pouvoirs du président de la République se trouvent limités. Cette question avait été soulevée en 1985 à propos du 6e protocole additionnel à la Convention, relatif à l'abolition de la peine de mort. Le Conseil constitutionnel (CC 85-188, *DC*, 22 mai 1985, Protocole n° 6) avait considéré que, dans la mesure où la France a la possibilité de dénoncer le Protocole ou la Convention, le Protocole n'est pas contraire à la Constitution. Certes cette décision était fort heureuse car dans le cas contraire, elle aurait empêché toute vie internationale de la France. Cependant on notera que malgré tout, la Convention constituerait un obstacle à l'application de l'article 16 dans la mesure où la dénonciation de ce traité nécessite un préavis de six mois. Or l'utilisation de l'article 16 exige une action immédiate.

Pour les Français, en cas d'application de l'article 16, le salut est plutôt à Strasbourg qu'à Paris. Comme bien souvent.

D - L'unique application

1) Le contexte

Fort heureusement, l'article 16 n'a connu qu'une seule application. Il fut appliqué du 23 avril au 30 septembre 1961, mais par le biais de prolongations diverses grâce à un petit jeu de saute-mouton, certaines mesures ont eu effet jusqu'en mai 1963.

Les circonstances qui ont présidé à l'application de l'article 16 ont été décrites dans l'avis du Conseil constitutionnel. « *Considérant qu'en Algérie, des officiers généraux sans commandement et, à leur suite, certains éléments militaires sont entrés en rébellion ouverte contre les pouvoirs publics constitutionnels dont ils usurpent l'autorité; qu'au mépris de la souveraineté nationale et de la légalité républicaine, ils édictent des mesures de la seule compétence du Parlement et du Gouvernement; qu'ils ont mis hors d'état de remplir leurs fonctions et privé de leur liberté les plus hautes autorités civiles et militaires d'Algérie dépositaires des pouvoirs qui leur ont été délégués par le Gouvernement de la République en vue d'assurer la sauvegarde des intérêts nationaux; ainsi qu'un membre du Gouvernement même; que leur but avoué est de s'emparer du pouvoir dans l'ensemble du pays;*

Considérant qu'en raison de ces actes de subversion, d'une part, les institutions de la République se trouvent menacées d'une manière grave et immédiate, d'autre part, les pouvoirs publics constitutionnels ne peuvent fonctionner d'une façon régulière… ».

En effet, le 21 avril une tentative de coup d'État fomentée par les généraux Challe, Salan, Jouhaud et Zeller *(« un quarteron de généraux en retraite »)* a lieu en Algérie.

Le 23 avril, de Gaulle décide de recourir à l'article 16, Il en informe la Nation par un message : « *Devant le malheur qui plane sur la patrie et la menace qui pèse sur la République, ayant pris l'avis officiel du Conseil constitutionnel (*CC, 23 avril 1961, *GDCC* n° 10 ; F p. 155*), du Premier ministre, du Président du Sénat, du Président de l'Assemblée nationale, j'ai décidé de mettre en œuvre l'article 16 de notre Constitution. À partir d'aujourd'hui, je prendrai, au besoin directement, les mesures qui me paraîtront exigées par les circonstances. Par là même, je m'affirme, pour aujourd'hui et pour demain, en la légitimité française et républicaine que la Nation m'a conférée, que je maintiendrai, quoi qu'il arrive jusqu'au terme de mon mandat ou jusqu'à ce que me manquent soit les forces, soit la vie, et dont je prendrai les moyens d'assurer qu'elle demeure après moi.* ».

Il est évident que ce recours était tout à fait justifié. Il y avait une menace contre le régime, un risque de débarquement des parachutistes sur Paris.

Cependant un point peut être discuté. Le fonctionnement régulier des pouvoirs publics était-il interrompu ? On peut le penser car une part importante du territoire (l'Algérie) échappait au contrôle du Gouvernement. En outre un ministre – Robert Buron – était prisonnier des putschistes.

Le 25 avril, le putsch s'effondre. Or l'article 16 ne sera levé que le 29 septembre 1961. De plus, le 29 septembre un certain nombre de décisions ont été prorogées, notamment l'état d'urgence, prorogé jusqu'au 15 juillet 1962.

Il y a eu une interprétation large de l'article 16. Trop large.

On peut affirmer qu'il n'y a pas eu de problème juridique réel jusqu'au 25 avril 1961. En revanche, après cette date, il y a eu une violation continue de la Constitution.

2) Les décisions prises

Dans le cadre de l'article 16, le président de la République a pris 18 décisions. Elles ont touché directement ou indirectement les droits et libertés. C'est une évidence avec les décisions proclamant [24/4/61] puis prorogeant l'état d'urgence [29/9/61]. Mais beaucoup ont touché la justice (déplacement d'office de magistrats exerçant en Algérie [26/4/61]; création du Haut Tribunal militaire [27/4/61]. Ce Haut Tribunal militaire prononcera 23 condamnations. Supprimé par l'ordonnance du 1er juin 1962, il est remplacé par la Cour de justice militaire qui prononcera 6 condamnations. Le Conseil d'État l'ayant jugée illégale [CE, Ass., 19 octobre 1962, Canal, Robin et Godot, *GAJA* n° 88; F p. 363] la loi lui substitue la Cour de Sûreté de l'État; création du Tribunal militaire [3/5/61] qui prononcera 950 condamnations), le droit à la sûreté (prolongation du délai de garde à vue [24/4/61] et prorogation de cette décision [29/3/61]), la liberté d'expression (interdiction d'écrits [27/4/61, décision prorogée le 29/9/61]), les droits des fonctionnaires (révocation de fonctionnaires participant à la subversion [24/4/61]; mise en congé spécial et radiations dans la police [7 et 8/6/61]).

Que penser de l'article 16 ? C'est le dilemme habituel. Ou bien nous avons des dispositions rigoureuses comme dans l'état de siège ou même l'état d'urgence, et le régime est inefficace, ou bien les dispositions sont imprécises et il y a un risque de dictature.

Il n'en reste pas moins que l'idée a pu faire son chemin. Ainsi la loi du 28 décembre 1976 sur le statut de la Nouvelle-Calédonie avait imaginé une « *miniaturisation de l'article 16* » (P. Avril et J. Gicquel), puisque « *lorsque le fonctionnement régulier des pouvoirs publics territoriaux est menacé d'une manière grave et immédiate, le Ministre chargé des Territoires d'outre-mer peut suspendre les conseillers de gouvernement par mesure individuelle ou collective pour une durée ne pouvant excéder deux mois* » (art. 6, al. 1).

Pourtant, l'article 16, qui dans les débuts de la Ve République avait fait l'objet de très violentes polémiques, semblait aujourd'hui admis. Rien n'est moins sûr à la suite du rapport du Comité Vedel. Alors que ce dernier cherchait seulement à apporter plus de garanties dans l'utilisation de l'article 16, l'un des projets de révision constitutionnelle déposés par le Président Mitterrand sur proposition du Premier ministre visait à son abrogation.

BIBLIOGRAPHIE

CAMUS (G.), *L'état de nécessité en démocratie,* LGDJ, BCSP, n° 18, 1965.

DEFFAINS (N.), *Le régime répressif des libertés publiques,* Thèse Strasbourg, 1993.

HEYMANN (A.), *Les libertés publiques et la guerre d'Algérie,* LGDJ, BCSP, n° 105, 1972.

VOISSET (M.), *L'article 16,* LGDJ, BCSP, n° 39, 1969.

TITRE 3

La protection des droits et des libertés

Les droits et libertés peuvent être menacés et ces menaces nécessitent une protection. Pour les hommes de 1789, cette menace ne pouvait venir que de l'exécutif. En réalité l'origine des menaces est multiforme. Elle peut venir des autres personnes privées. Pour faire face, il faudra recourir au juge. Mais ces menaces peuvent avant tout venir de l'exécutif et il faudra imaginer des formes de protection spécifiques (chapitre 13). Cependant il faut bien constater qu'elles peuvent aussi venir du législateur (chapitre 12). Cela va nécessiter d'imaginer des mécanismes nouveaux. On a pu penser trouver la solution avec le développement des autorités administratives indépendantes (chapitre 14). Mais n'est-il pas souhaitable que les citoyens s'efforcent de prendre eux-mêmes en main la protection de leurs droits et libertés à travers une protection qu'on pourra qualifier de citoyenne(chapitre 15) ?

CHAPITRE 12

La protection contre le legislateur

La confiance aveugle dans les représentants du peuple n'est plus de mise. Mais une protection face à leurs éventuelles violations des droits et libertés se heurte à des problèmes théoriques très importants qui n'ont pu être surmontés – pas toujours de façon satisfaisante – qu'au prix de véritables révolutions intellectuelles (section 1) conduisant d'ailleurs à des solutions très diverses (section 2).

Section 1

Le problème du contrôle de la constitutionnalité des lois

1 • UN PROBLÈME CLASSIQUE : LE RESPECT DE LA HIÉRARCHIE DES NORMES ET LA SOUVERAINETÉ DU LÉGISLATEUR

Dans la célébrissime décision Marbury v. Madison (24 février 1803, Marbury, v. Madison, Zoller n° 3), le juge Marshall écrivait d'une façon lumineuse : « *La Constitution est ou bien une loi suprême supérieure, inchangeable par des moyens ordinaires, ou bien sur le même niveau que les actes législatifs ordinaires et comme les autres actes, est modifiable quand il plaira au pouvoir législatif de la modifier.*

Si la première partie de l'alternative est exacte, alors un acte législatif contraire à la constitution n'est pas une loi; si la dernière partie est exacte, alors les constitutions écrites sont des essais absurdes, de la part du peuple, pour limiter un pouvoir illimitable dans sa propre nature ».

L'idée est évidente et pourtant la loi est l'expression de la volonté générale (art. 6 de la DDHC), de la volonté de la Nation qui est souveraine. Est-il concevable qu'on puisse contrôler la volonté de la Nation ? Et qui peut prétendre être qualifié pour le faire ?

Les révolutionnaires de 1789 étaient très hostiles à ce contrôle exercé par les juges. C'est que, vers la fin de l'Ancien Régime, les Parlements (Juridictions) avaient critiqué le « pouvoir législatif » en adressant au Roi des « remontrances ». Cela explique que les Révolutionnaires, à la fois pour des raisons théoriques et pratiques, voudront cantonner le pouvoir judiciaire.

2 • UN ENJEU CAPITAL : LA PROTECTION DES DROITS ET DES LIBERTÉS

A - Un objectif nouveau pour les juridictions constitutionnelles

L'intérêt du contrôle de la constitutionnalité des lois s'est accru parce qu'on y a vu la possibilité d'une protection des droits et des libertés et d'un renforcement de l'État de droit. Pour certains (J. Chevallier) un État de droit ne peut se concevoir sans contrôle de la constitutionalité des lois.. Cela est apparu pourtant d'une façon négative à travers l'expérience américaine du XIXe siècle, l'interprétation de la Constitution permettant la justification de l'esclavage (6 mars 1857, Dred Scott v. Sandford, *Zoller* n° 10) puis de la ségrégation (18 mai 1896, Plessy v. Ferguson, *Zoller* n° 15), puis de façon positive tant aux États-Unis (rôle notamment de la Cour Warren) qu'en Allemagne.

Cependant cela nécessite que certaines conditions soient remplies. Cela suppose d'abord une affirmation constitutionnelle relativement complète, précise. Là encore l'Allemagne offre un bon modèle. Les démocraties nées à la suite de l'effondrement des dictatures du sud de l'Europe ou de l'Europe centrale et orientale se sont dotées de catalogues très vastes, parfois trop comme le Portugal, difficiles à interpréter par le juge constitutionnel.

Cela suppose l'indépendance de l'organe chargé de ce contrôle. Celle-ci n'est pas toujours facile à acquérir et toute juridiction constitutionnelle est souvent accusée de partialité.

Cela suppose la compétence des membres de cette juridiction. Beaucoup de systèmes imposent que les membres de l'organe chargé du contrôle soient aptes à devenir magistrat. Ce n'est pas le cas de la France et certaines critiques, dans le passé ont pu être faites.

Cela suppose certaines procédures pour la mise en œuvre. Les systèmes se sont perfectionnés en ajoutant au contrôle classique de la conformité des lois à la Constitution, des procédures particulières pour la protection des droits fondamentaux. L'exemple de la *Verfassungsbeschwerde* en Allemagne ou de l'*amparo* en Espagne est révélateur. La France, après l'échec de la révision constitutionnelle de 1990 reste à cet effet très en retard.

B - La diversité des approches

Les solutions peuvent manquer de cohérence d'un pays à l'autre. L'exemple de l'interruption volontaire de grossesse est très explicite. La question a été posée à la même époque aux États-Unis, en Italie, en Autriche, en France et en Allemagne.

Aux États-Unis, dans la décision Roe and al. v. Wade (22 janvier 1973, Roe v. Wade, Zoller n° 46), la Cour suprême a déclaré inconstitutionnel le Code pénal texan en se fondant sur le 14e amendement (liberté individuelle). Mais elle s'efforce de concilier ce droit avec d'autres intérêts, notamment la protection de la santé et « la sauvegarde de la vie potentielle ». Elle a distingué entre les trois premiers mois pendant lesquels l'avortement est libre et les six derniers mois pendant lesquels il est réglementé.

En France (CC 74-54, *DC*, 15 janvier 1975, Interruption volontaire de grossesse I, *GDCC* n° 23), la Cour a refusé d'examiner la conformité de la loi par rapport à la Convention européenne des droits de l'homme. Puis elle a créé un principe à valeur constitutionnelle, le «*principe du respect de tout être humain dès le commencement de la vie*». En fait, elle est plus prudente et ne lui donne pas expressément valeur constitutionnelle sinon c'était condamner la peine de mort. Mais elle considère que ce principe n'est pas contraire aux principes fondamentaux reconnus par les lois de la République, ni au principe que « la Nation garantit à l'enfant la protection de la santé ».

En Italie, la Cour (18 février 1975) affirme que l'«*intérêt constitutionnellement protégé de l'enfant conçu peut être en opposition avec d'autres intérêts qui jouissent également d'une protection constitutionnelle et en conséquence, la loi ne peut donner au premier une prééminence totale et absolue*».

En revanche, en Allemagne (25 février 1972), la Cour annule la loi la considérant comme contraire au droit à la vie consacré par l'article 2 alinéa 2. Elle affirme que la vie commence au plus tard 14 jours après la conception.

Section 2

La diversité des solutions

Le contrôle peut être assuré de multiples façons. On distingue aujourd'hui essentiellement deux modèles : le modèle américain impliquant un contrôle par le juge ordinaire et le modèle européen ou autrichien impliquant un contrôle par une juridiction spécialisée. Même si la France se rattache au modèle européen elle n'en conserve pas moins une certaine originalité. Cependant on ne saurait oublier qu'il y a des États qui refusent le contrôle de constitutionnalité des lois.

1 • L'ABSENCE DE CONTRÔLE

Certains États se refusent à tout contrôle. Les justifications en sont variées. Elles peuvent reposer sur certains principes comme la séparation des pouvoirs, comme le refus de porter atteinte à la volonté générale qui s'exprime par la loi, par des raisons historiques (mauvais souvenir des parlements [juridictions] de l'Ancien Régime).

C'est aujourd'hui le cas du Royaume-Uni pour des raisons qui peuvent sembler évidentes dans la mesure où ce pays n'a pas de constitution écrite. Mais on trouve ce refus dans des pays où la démocratie est fortement ancrée comme la Nouvelle-Zélande, la Suède, les Pays-Bas, en Suisse pour les lois fédérales.

La France a connu longtemps cette situation.

Elle peut sans doute s'appuyer sur une conception stricte de la séparation des pouvoirs. La loi des 16-24 août 1790 connue comme interdisant au juge de s'immiscer dans les actes de l'administration a aussi posé l'interdiction de l'examen des lois par le juge. La technique, vite devenue impossible à mettre en œuvre, du référé législatif obligeait le juge à transmettre au Parlement une difficulté qui surgissait témoignait de ce refus. On n'envisageait qu'un contrôle par le souverain lui-même.

La Constitution de 1791 posait que «*l'Assemblée nationale constituante remet le dépôt de la Constitution à la fidélité du Corps législatif, du roi et des juges, à la vigilance des pères de famille, aux épouses et aux mères, à l'affection des jeunes citoyens, au courage de tous les Français*» (Titre 7, art. 8 al.4).

La Constitution de 1793 était plus radicale en affirmant que «*quand le gouvernement viole les droits du peuple, l'insurrection est pour le peuple et pour chaque portion du peuple, le plus sacré des droits et le plus indispensable des devoirs*» (art. 35).

Sous la IIIe République, le Conseil d'État s'est refusé à un tel contrôle : «*Le moyen tiré de l'inconstitutonnalité de la loi n'est pas susceptible d'être discuté devant le Conseil d'État statuant au contentieux lorsqu'il est invoqué à l'encontre d'un acte adminstratif accompli en exécution de cette loi*» (CE, 6 novembre 1936, Arrighi).

En réalité on ne peut affirmer qu'il y ait véritablement absence de contrôle. On connaîtra souvent un autocontrôle.

Ainsi, en France, la procédure parlementaire connaît la question préalable qui, lorsque commence l'examen d'une loi au parlement, permet à l'assemblée saisie par l'adoption de la question préalable de refuser d'examiner cette loi au motif qu'elle est contraire à la Constitution.

Aux Pays-Bas, la Constitution exige que l'autorisation de ratification des traités contraires à la Constitution (art. 91 al. 3) soit donnée à la majorité des deux-tiers. Mais c'est le Parlement lui-même qui affirme l'inconstitutionnalité de ce texte. Une telle disposition n'a joué que deux fois, la dernière étant propos de la Cour pénale internationale pour permettre la responsabilité du Roi.

Ces exemples tendent à prouver que le contrôle de constitutionalité des lois n'est peut-être pas indispensable dans une démocratie. Nous serons plutôt tenté de dire qu'il est peut-être nécessaire là où la démocratie est mal assurée.

2 • LE MODÈLE AMÉRICAIN

Le contrôle de la constitutionalité des lois aux États-Unis a été pendant longtemps le seul exemple. Il peut sans doute s'expliquer par le fait qu'aux États-Unis, le pouvoir judiciaire est un véritable troisième pouvoir.

A - Les organes chargés du contrôle

Le contrôle est exercé par toute juridiction, mais en raison de la hiérarchie de celles-ci, la Cour suprême joue le rôle majeur.

La Cour suprême compte 9 juges nommés par le président des États-Unis après approbation par le Sénat. Ce rôle du Sénat n'est pas formel et on a connu des exemples de refus (exemple d'Abe Fortas pour la présidence en 1968).

Les juges sont nommés à vie et selon l'adage *« un juge ne démissionne jamais – ce qui n'est pas tout à fait exact – et meurt rarement »*.

La Cour est présidée par le Chief Justice, actuellement William Rehnquist.

B - L'apparition du contrôle de la constitutionnalité des lois

Le contrôle de la constitutionalité des lois n'est pas prévu par la Constitution. Cependant cette question avait fait l'objet de débats chez les Pères fondateurs. Il est vrai que de nombreuses lois de la période coloniale avaient été déclarées nulles par les cours suprêmes des colonies. Hamilton écrivait qu'en invalidant une législation inconstitutionnelle, la Cour serait assurée que la volonté de tout le peuple, telle qu'elle était exprimée dans la Constitution, serait supérieure à la volonté d'une législature. La même idée se retrouvait chez Madison...

L'occasion d'affirmer le contrôle de constitutionnalité des lois a été fournie par l'affaire Marbury v. Madison (24 février 1803, Marbury v. Madison, *Zoller* n° 3).

Les élections de 1800 avaient vu le triomphe de l'opposition républicaine avec Jefferson et la défaite de John Adams. Dépossédés de la présidence, minoritaires dans les deux Chambres, les Fédéralistes avaient tenté de maintenir leur pouvoir par une emprise sur le judiciaire. Le Judiciary Act de 1801 créait de nouvelles juridictions et permettait au président Adams qui ne quittait ses fonctions qu'en mars 1801, de procéder hâtivement à la nomination de magistrats choisis dans les rangs des fédéralistes. Ce sont les fameuses « nominations de minuit » (midnight appointments). Avant de quitter ses fonctions, John Adams avait aussi pu nommer son secrétaire d'État, John Marshall à la tête de la Cour suprême. Lorsque les Républicains, enfin, entrent en fonction, ils abolissent le Judiciary Act de 1801 et redonnent vie au Judiciary Act de 1789. Dans ce contexte difficile, John Marshall, en tant que Chief Justice, va faire preuve d'une extraordinaire habileté. L'affaire Marbury lui en donne l'occasion.

Marbury avait été nommé juge fédéral par Adams, mais sa nomination n'avait pu lui parvenir. Le nouveau Secrétaire d'État, Madison, avait refusé de transmettre la nomination.

Marbury intente une action afin d'obtenir sa nomination.

Marshall, qui rédige l'arrêt, reconnaît le bien-fondé de la demande de Marbury mais dénie à la Cour suprême le pouvoir de contraindre l'exécutif.

Surtout, Marshall profite de cet arrêt pour déclarer nulle une section du Judiciary Act de 1789 et plus généralement pour affirmer le droit de la Cour de décider en dernier ressort de la constitutionalité des lois adoptées par le Congrès. En fait, la Cour se montrera très mesurée et n'utilisera que très rarement cette possibilité.

C - Les techniques de contrôle

Pour contrôler la constitutionalité des lois, trois procédures essentiellement peuvent être utilisées.

1) L'exception d'inconstitutionnalité

Il s'agit tout d'abord de l'exception d'inconstitutionnalité. Celle-ci intervient *a posteriori*, à l'occasion de l'application de la loi. À l'occasion d'un procès, l'une des parties va invoquer l'exception d'inconstitutionnalité. Si le juge retient cet argument, la loi ne sera pas appliquée au procès en cours. En revanche, elle continuera à exister. Cela peut jouer devant toute juridiction, mais compte tenu de l'autorité de la Cour suprême, ce sont surtout les arrêts de celle-ci qui seront pris en considération.

2) La procédure d'injonction

La procédure d'injonction peut également être utilisée. Apparue en 1798, elle permet à tout citoyen de contester la constitutionalité d'une loi avant son entrée en application. Le juge peut, s'il estime la requête fondée, délivrer une injonction à l'exécutif interdisant d'appliquer la loi ou l'obligeant à accomplir un acte positif.

3) Le jugement déclaratoire

Enfin, le jugement déclaratoire est une sorte de consultation juridique adressée au juge sur la validité d'une loi à propos de laquelle est apparue une difficulté d'application.

4 clauses de la Constitution sont utilisées principalement pour sauvegarder les droits et libertés :

– la clause de « due process of law », importée du Royaume-Uni et posée dans le Ve amendement ainsi, qu'en 1868 dans le XIVe amendement affirme que *« nul ne peut être privé de sa vie, de sa liberté ou de ses biens, sans une procédure régulière protectrice de ses droits naturels »;*

– la clause d'égalité qui résulte d'une interprétation du XIVe amendement qui précise *« qu'aucun État ne peut refuser à quiconque relève de sa juridiction d'une égale protection des lois »;.*

–la « rule of reasonableness » impose au législateur de maintenir un rapport équitable, « raisonnable » entre les sacrifices imposés aux particuliers dans l'intérêt général et les avantages qu'ils peuvent espérer de la vie en société » ;

– enfin la *« clause des contrats »* fixée par l'article 1, section 10 de la Constitution interdit aux États *« d'affaiblir par une loi la force des contrats »* ce qui a permis de sauvegarder le libéralisme.

D - La jurisprudence de la Cour

Le rôle de la Cour suprême a été très variable au regard des droits et des libertés. Certains amendements ont été interprétés libéralement. Pendant le XIXe et le XXe siècle la Cour a cherché à concilier la liberté d'entreprise et le droit de propriété avec l'intervention gouvernementale. À partir de 1937, suite à une lutte très vive entre le

Président Roosevelt et la Cour suprême qui avait tenté d'anéantir certains aspects de la politique du New Deal, la Cour a eu une action très positive en faveur des droits et libertés. Hésitante à propos du maccarthysme, elle s'est montrée très libérale avec les groupes religieux et surtout a joué un rôle particulièrement positif sur la question noire. Au principe « séparé mais égaux » posé en 1896 (18 mai 1896, Plessy v. Ferguson, *Zoller* n° 15) qui justifiait la ségrégation raciale, elle a substitué l'interdiction de toute ségrégation en 1954 (17 mai 1954, Brown v. Board of Education of Topeka, *Zoller* n° 35)

Depuis, en raison de nominations de juges plus conservateurs effectuées par les présidents Nixon, Ford, Reagan et Bush, on a observé un certain recul dans ce libéralisme. L'exemple de la peine de mort est révélateur. En 1972, dans un arrêt très discuté rendu par cinq voix contre quatre (29 juin 1972, Furman v. Georgia, *Zoller* n° 45) la Cour, en se fondant sur le 8e amendement, avait déclaré inconstitutionnelle la loi d'un État qui établissait la peine de mort. Mais elle n'avait décidé que sur une seule question : la discrétion illimitée laissée au jury pour infiger la peine de mort. Elle n'avait pas statué sur le principe même de la peine de mort. Cette décision avait cependant conduit à un moratoire des exécutions. Certains États ayant modifié leur législation, le 2 juillet 1976 (Gregg v. Georgia), la Cour a malheureusement reconnu quatre ans plus tard le caractère conforme à la Constitution des lois prévoyant la peine de mort.

Il en résulte que la peine de mort n'est constitutionnelle que si elle est prononcée lors d'une audience distincte et au cours de laquelle sont examinées en détail les circonstances aggravantes ou atténuantes. Des directives législatives sont nécessaires pour indiquer ce qui constitue des circonstances « aggravantes ou atténuantes » afin de guider le choix de la sentence. Enfin une révision en appel de toute procédure doit être prévue.

Ce débat sur la peine de mort est permanent et d'une grande actualité puisque ce pays figure parmi les États procédant au plus grand nombre d'exécutions capitales dans le monde, en triste compagnie avec la Chine et l'Arabie Saoudite, contrastant avec le continent européen où, grâce l'action efficace du Conseil de l'Europe, la peine de mort a disparu.

Il n'empêche que l'analyse de la jurisprudence doit être plus nuancée et que les juges peuvent évoluer dans leurs positions. On ne saurait trop se méfier d'une approche trop partisane du comportement des juges. Ils sont avant tout d'une très grande indépendance d'esprit. Ce qui est à la fois un danger, car mettant la Cour en contradiction avec l'opinion publique, mais aussi une garantie dans un État de droit.

3 • LE MODÈLE EUROPÉEN

Le modèle européen, appelé aussi autrichien en raison de son apparition première en Autriche dans la constitution de 1920 (en fait la première cour fut la cour tchécoslovaque créée par la Constitution du 29 février 1920) ou encore appelé modèle kelsénien parce que le plus grand juriste du XXe siècle, Hans Kelsen, en fut le créateur, s'est développé progressivement avant de se généraliser à la suite de la disparition des dictatures de l'Europe du Sud et de l'Europe centrale et orientale. Son adoption en Italie et en Allemagne après la seconde guerre mondiale a donné un prestige considérable à ce modèle.

A) Le cas allemand

En 1949, à l'occasion de l'adoption de sa Loi fondamentale, l'Allemagne s'est dotée d'une juridiction constitutionnelle. La motivation en est double. D'une part, le contrôle de constitutionalité des lois apparaît indispensable dans un État fédéral car il y a nécessité d'un organe répartiteur des compétences. Mais aussi, il y a avait une volonté, après la dictature nazie d'instaurer un État de droit (Rechtsstaat) [pour certains, en raison du rôle considérable joué par la Cour constitutionnelle de Karlsruhe, on est passé à un Richterstaat – État des juges –].

Déjà la République de Weimar connaissait une juridiction – le Staatsgerichtshof [Cour d'État] – dont le rôle était limité. La Constitution de 1919 se contentait d'affirmer dans son article 108 « *Un Staatsgerichtshof sera institué pour le Reich allemand, conformément à une loi du Reich [loi du 9 juillet 1921]* ».

1) Composition de la Cour de Karlsruhe

Le changement de dénomination Bundesverfassungsgericht [Tribunal constitutionnel fédéral] est symptomatique. Il ne s'agit pas de défendre l'État mais la règle constitutionnelle. Cette vision nouvelle est illustrée par l'importance des droits fondamentaux dans la Loi fondamentale. Il ne s'agit pas d'une déclaration des droits mais d'une garantie des droits avec la volonté qu'ils soient respectés.

Le Tribunal constitutionnel fédéral, qui siège à Karlsruhe, compte 16 juges, pour moitié élus par le Bundesrat (chambre fédérale), pour moitié élus par le Bundestag (chambre populaire), à la majorité des 2/3.

Ils sont choisis en fonction de critères socioprofessionnels (art. 94 LF et loi du 3 février 1971), 6 parmi les juges fédéraux, 10 parmi les personnes de plus de 40 ans ayant les diplômes nécessaires pour entrer dans la magistrature. La limite d'âge est fixée 68 ans.

2) Les compétences de la Cour

Les compétences de la Cour sont extrêmement nombreuses. Fixées par l'article 93 de la Loi fondamentale ainsi que d'autres cas prévus par ce texte et parfois du fait de la loi, l'article 1 de la loi sur le Tribunal constitutionnel fédéral du 12 mars 1951 énumère l'ensemble des compétences en 16 points...

Elle peut être saisie par voie d'action soit par le gouvernement fédéral, soir par le gouvernement d'un Land, soit par un tiers des membres du Bundestag, ceci pouvant aussi viser les lois constitutionnelles.

Elle peut aussi être saisie par renvoi sur question préjudicielle à la demande d'un tribunal.

Enfin, s'agissant de la protection des droits et des libertés, on soulignera le recours constitutionnel (Verfassungsbeschwerde) (art. 94-3 LF). Il peut être exercé par tout citoyen ou toute personne jouissant de droits fondamentaux.

2 conditions sont nécessaires pour l'invoquer contre l'administration. Il faut viser une atteinte à l'un des droits fondamentaux que reconnaît la Loi fondamentale. Il faut avoir, au préalable, sauf urgence, épuisé les possibilités de recours devant les juridictions administratives.

Ce recours dépasse le simple contrôle de la constitutionnalité des lois car il peut viser aussi les actes administratifs. Le requérant peut demander à la Cour qu'il soit sursis à l'exécution de la loi à titre conservatoire. Cette possibilité n'a pas un caractère exceptionnel car en Allemagne, les recours devant les juridictions administratives sont en principe suspensifs.

La Cour a aussi bien d'autres compétences, certaines n'intéressant pas directement les droits et libertés.

Elle peut déchoir une personne de ses droits fondamentaux (art. 18 LF).

Elle peut interdire les partis politiques (art. 21 al. LF). Elle l'a fait à propos du SRP en 1952, parti néo-nazi dans la mesure où cette formation adhère à une idéologie totalitaire qui rejette la dignité de l'homme et sa liberté, et en 1956 pour le KPD, parti communiste. En revanche, récemment, elle a refusé d'interdire le NPD, parti d'extrême droite, à la suite d'une procédure qui s'est achevée dans la confusion.

La Cour a pu aller très loin et les effets de ses décisions sont importants. Comme en Italie, la distinction entre contrôle par voie d'action et contrôle à titre incident ne joue pas pour les effets. Toute déclaration d'inconstitutionnalité produit des effets *erga omnes*, notamment quand bien même elle est prononcée à titre incident.

Par son interprétation constructive, elle élabore des théories complexes pour dégager des règles constitutionnelles très précises. Elle cherche à convaincre en justifiant longuement ses décisions. Elle cherche parfois à faire oeuvre pédagogique, ainsi dans la décision d'interdiction du SRP.

Elle ne veut pas renouveler les erreurs de Weimar. C'est pourquoi elle propose une vision engagée et offensive de la démocratie, estimant que celle-ci doit se défendre. L'ordre constitutionnel allemand repose sur le principe de la démocratie combattante (Streitbare Demokratie) ainsi qu'en témoignent les articles 9 (liberté d'association), 18 (déchéance des droits fondamentaux) et 21 (partis politiques). La Cour a été conduite à intervenir sur ces questions à propos de l'interdiction des partis ce qui l'a conduite à exposer sa conception de la démocratie. Elle l'a fait aussi à propos des interdictions professionnelles (Berufsverbote). Dans sa longue décision du 22 mai 1975 – la Cour est très « bavarde » – elle a admis les interdictions professionnelles considérant que l'article 33 alinéa 4 de la Loi fondamentale impose obligation aux fonctionnaires et aux juges de défendre l'ordre constitutionnel conformément au serment prêté ce qui s'inscrit dans la continuité du IIe Reich et de la République de Weimar. Sans doute un parti politique peut-il exister tant que la Cour ne l'a pas interdit. Mais si un simple citoyen peut soutenir un tel parti, il est impensable qu'un fonctionnaire soit dispensé dans ce cas de son obligation de loyauté politique. Cet arrêt a été rendu avec l'opinion dissidente de trois juges considérant que la simple appartenance à un parti ne doit pas permettre l'interdiction professionnelle.

B - Le cas italien

Prévue dans la constitution italienne dès l'origine, la Cour constitutionnelle a connu quelques retards dans sa mise en œuvre en raison des difficultés inhérentes à la vie politique italienne.

La Cour compte 15 membres nommés pour 9 ans (12 auparavant): 5 par le président de la République, 5 par le Conseil d'État et la Cour de cassation et enfin 5 par le Parlement à la majorité des 2/3 au premier tour et des 3/5 aux tours suivants. Son activité du fait de la difficulté d'obtention de cette majorité n'a pu commencer que le 15 décembre 1955.

Les compétences sont fixées par l'article 134 de la Constitution.

Elle est compétente pour les litiges relatifs à la conformité des lois à la Constitution ainsi que pour les actes ayant force de loi de l'État et des Régions.

Le contrôle de la constitutionnalité des lois connaît une procédure particulière dite opposition indirecte. Il faut qu'il y ait un procès au cours duquel une des deux parties, ou encore le Ministère public, ou bien le juge estime qu'une disposition est contraire à la constitution. La question est transmise à la Cour et la décision peut conduire à l'annulation de la loi.

La Cour est compétente pour les conflits d'attribution entre les pouvoirs de l'État, entre l'État et les régions et entre les régions.

La procédure est directe. La Cour peut être saisie par le Président du Conseil ou par le président de la giunta régionale.

La Cour est également compétente pour les accusations portées contre le président de la République et les ministres. Elle dispose aussi d'attributions en matière de référendum.

La Cour est audacieuse dans les méthodes. Sur le fond elle est plus conservatrice mais sait se montrer libérale et parfois progressiste (IVG, monopole radiotélévision).

4 • L'EXCEPTION FRANÇAISE

On peut sans doute rapprocher, et de plus en plus, le Conseil constitutionnel français du modèle européen même si il conserve une très forte originalité.

A - Les hésitations françaises

1) Le refus révolutionnaire

Le véritable contrôle de la constitutionalité des lois est apparu très tardivement en France. Diverses raisons l'expliquent.

Les « grands ancêtres » de 1789 l'ont refusé. Il y avait des raisons historiques et politiques, et notamment l'hostilité à l'égard des parlements qui avaient voulu jouer un rôle politique. Des raisons doctrinales ont également joué. La séparation des pouvoirs a été une justification tout comme l'idée révolutionnaire de la souveraineté nationale. Quand la Nation décide (elle le fait par ses représentants : Roi, Corps législatif), aucun contrôle judiciaire n'est possible. Cela a conduit à la loi des 16-24 août 1790 dont l'article 10 interdit de juger le législateur et l'article 13 de juger l'administration. L'article 3, Chapitre V, Titre III pose expressément une prohibition.

Il y a un refus et une crainte qu'exprimait très bien Antoine Clair Thibaudeau : « *Ce pouvoir monstrueux serait tout dans l'État et en voulant donner un gardien aux pouvoirs publics, on leur donnerait un maître qui les enchaînerait pour les garder plus facilement* ».

2) Les expériences malheureuses

Les expériences ont été malheureuses et ont correspondu à des régimes autoritaires. Sans doute Sieyès avait-il envisagé une jurie constitutionnaire qui n'avait pu se concrétiser. Mais un contrôle sera mis en place par les régimes napoléoniens. C'est le Sénat, qualifié de conservateur parce qu'il devait « *conserver* » la Constitution qui sera chargé de cette mission. Il en sera de même avec la Constitution de 1852 avec un Sénat « *gardien du pacte fondamental et des libertés publiques* ». Ce contrôle sera illusoire et ne servira qu'à discréditer l'idée d'un contrôle de la constitutionnalité des lois en France.

3) La « souveraineté parlementaire »

Enfin la « souveraineté parlementaire » qui était de mise sous la IIIe République ne pouvait aller que contre une telle idée. Il était impensable de vouloir contrôler l'œuvre du Parlement. Carré de Malberg estimait que contrôler la constitutionnalité des lois n'était pas possible car le Parlement avait le monopole de l'interprétation de la Constitution. Le Conseil d'État s'y est refusé. Si un acte administratif avait été pris sur le fondement d'une loi inconstitutionnelle, le Conseil d'État considérait qu'il ne pouvait annuler l'acte car il ne pouvait constater l'inconstitutionnalité de la loi (CE, S., 6 novembre 1936, Arrighi ; CE, Ass., 5 mars 1999, M. Rouquette et Mme Lipietz). Les juridictions judiciaires ont adopté la même attitude (Cass. Crim., 26 février 1974 Schiavon c/ Min. Publ.) Cette méfiance se trouve dans la Constitution de 1946 qui voit apparaître un « ersatz » de contrôle de la constitutionnalité des lois qui était plus un contrôle de la légalité de la Constitution qu'un contrôle de la constitutionnalité des lois.

Le Comité constitutionnel avait une composition politique ne devant pas trahir les équilibres politiques au sein du Parlement. D'autre part, la loi n'était pas censurée, mais sa promulgation était seulement suspendue en attendant que la Constitution soit révisée, la logique étant que la Constitution finisse par céder à la faveur d'une révision ce qui permettait de maintenir sauve la hiérarchie des normes. En outre, il ne s'agissait pas de protéger les droits et les libertés puisque la Constitution prévoyait expressément que le contrôle n'était effectué que par rapport aux titres I à X de la Constitution ce qui écartait expressément le préambule dans lequel se trouvaient affirmés les droits et les libertés et le titre XI relatif à la révision de la Constitution.

On notera que de toute façon, ce système n'a pas fonctionné puisque le Comité ne s'est réuni qu'une seule fois.

B - Les objectifs de 1958

Ce n'est certainement pas la volonté de mettre en place un État de droit qui a présidé à l'instauration d'un contrôle de la constitutionnalité des lois en 1958. On doit y voir avant tout la volonté de cantonner le Parlement afin qu'il n'empiète pas sur les compétences de l'exécutif. L'une des manifestations de ce cantonnement du Parlement est symbolisée par la distinction entre le domaine de la loi et celui du règlement résultant de l'article 34 qui délimite le domaine de la loi. Si un contrôle de la constitutionnalité des lois est mis en place, c'est pour que le Parlement ne sorte pas de son domaine. Il s'agit de faire respecter rigoureusement cette distinction articles 34 et 37. La loi devra respecter la Constitution. On aurait pu y voir un aspect positif avec l'idée que si les lois violaient les droits et les libertés, elles seraient censurées par le Conseil constitutionnel. Encore aurait-il fallu que les droits et libertés soient inscrits dans la constitution « utile ». Or, lorsque le projet de Constitution fut présenté au Comité consultatif constitutionnel, il fut affirmé très nettement que le préambule ne saurait avoir une valeur juridique contraignante. En réalité c'était la continuité avec la IVe République comme nous l'avons vu plus haut.

On ne voulait certainement pas aller plus loin. Il y avait un manque de tradition en France. Il ne fallait pas non plus qu'un contrôle de la constitutionnalité des lois puisse gêner le gouvernement si celui-ci présentait un projet de loi portant atteinte aux droits ou aux libertés. En outre, en 1958, la protection des droits et des libertés n'était certainement pas le souci du moment en raison de la guerre d'Algérie.

Sans doute, par la suite, l'image du Conseil n'a-t-elle pas été aussi négative. La décision du 16 juillet 1971 a contribué à montrer qu'il pouvait faire preuve d'indépendance et devenir un garant des droits de la personne humaine. La révision constitutionnelle de 1974, à l'initiative du président Giscard d'Estaing, permettant à 60 parlementaires de saisir le Conseil – et complétée pour les traités à la faveur de la révision Maastricht en 1992 – a décuplé l'activité du Conseil. Certes, il y a eu parfois des polémiques, mais la sérénité a pu reprendre le dessus. On peut regretter que la révision de 1990 sur l'exception d'inconstitutionnalité n'ait pas abouti et que les propositions de la Commission Vedel n'aient pas plus trouvé d'écho en 1993.

C - Présentation rapide du Conseil constitutionnel

1) Composition

La composition du Conseil constitutionnel n'offre aucune garantie d'impartialité ou de compétence. D'une part, il comprend à la fois des membres de droit – anciens présidents de la République, qui, depuis le général de Gaulle n'ont jamais siégé – et des membres nommés – trois par le président de la République, trois par le président de l'Assemblée nationale et trois par le président du Sénat –. Le caractère politique de la désignation peut apparaître évident. Cela a été parfois le cas, mais c'est certainement moins systématique qu'aux États-Unis. En outre, nommés pour 9 ans, ils ne peuvent être renommés – sauf situation très particulière –. Cela doit éviter toute pression. En outre, ainsi que l'a intelligemment dit le président Badinter, il y a pour les membres *« un devoir d'ingratitude »*. Il n'empêche que dans les polémiques qui ont pu entourer le Conseil constitutionnel, l'accusation d'être un Conseil de droite (François Mitterrand : *« Le Conseil constitutionnel n'est pas là pour rendre des arrêts mais des services »*) ou de gauche (*cf.* crise de 1993) a pu être portée. La compétence n'est pas garantie non plus et certaines des premières nominations ont pu être critiquées. Ce n'est plus le cas aujourd'hui. Dans nombre de pays étrangers, les membres des juridictions constitutionnelles doivent avoir une formation juridique. Il n'y a aucune exigence en France. Mais cela permet parfois de nommer des personnes aux compétences fort utiles. Ainsi, Mme Schnapper qui, sans doute, n'est pas juriste, par ses exceptionnelles qualités en tant que sociologue est un atout précieux pour le Conseil.

2) Attributions

Si les compétences du Conseil sont moins variées que celles d'homologues étrangers comme la Cour de Karlsruhe, elles offrent malgré tout une certaine diversité.

a) Le Conseil est juge électoral (élections présidentielles, élections parlementaires, référendums) ce qui a sans doute apporté plus de sérénité au contentieux électoral autrefois confié aux assemblées elles-mêmes avec toutes les iniquités qu'on a pu connaître (invalidations des députés monarchistes ou républicains et boulangistes au début de la IIIe République, des poujadistes sous la IVe République).

b) Le Conseil a aussi des attributions consultatives. Il s'agit de celles relatives à l'empêchement du président de la République qui sont de peu d'intérêt pour notre sujet. En revanche, celles exercées à l'occasion de l'article 16 sont essentielles et mériteraient même d'être renforcées (*cf. supra*) au moins dans leur publicité.

c) Le plus important a trait aux attributions relatives au contrôle de conformité. Ce contrôle est obligatoire dans trois hypothèses : lois organiques ; règlements des assemblées ; délégalisation des textes en forme législative. Il est facultatif – c'est-à-dire lorsque l'une des autorités habilitées le saisit – pour les lois ordinaires, les engagements internationaux, l'irrecevabilité des propositions de loi ou amendements et les incompatibilités parlementaires.

À la différence de certaines juridictions étrangères, la France ne connaît pas de procédure spécifique en cas de violation des droits fondamentaux comme la *Verfassungsbeschwerde* en Allemagne ou la procédure d'*amparo* en Espagne. D'autre part, il n'existe pas non plus de procédure de question préjudicielle permettant à une juridiction confrontée à un problème de conformité d'une loi à la Constitution de soumettre le problème au Conseil. En 1990 la révision constitutionnelle dite de « *l'exception d'inconstitutionnalité* » a échoué.

3) Modalités du contrôle de conformité

En ce qui concerne le contrôle des lois ordinaires et des traités internationaux, la saisine a été à l'origine limitée à quatre autorités : le président de la République, le Premier ministre, le président de l'Assemblée nationale et le président du Sénat. L'objectif était avant tout de protéger l'exécutif et de discipliner le Parlement. La conséquence a été la faiblesse des saisines. Il n'y en a eu que 9 de 1959 à 1974. En revanche, la révision constitutionnelle intervenue en 1974 et étendant le droit de saisine à 60 parlementaires a modifié radicalement l'activité du Conseil et l'esprit même de l'institution. Le Conseil est devenu, pour l'opposition, un moyen de mieux protéger les droits et les libertés en même temps que l'espoir d'un anéantissement de la loi qu'elle n'avait pu obtenir au Parlement.

Cela ne signifie pas que le contrôle de constitutionnalité des lois et notamment la protection des droits et libertés soit mieux assuré. Il peut arriver que majorité et opposition s'accordent pour ne pas saisir le Conseil. Dès lors, une loi non soumise sera réputée conforme au Conseil. Le cas le plus patent a été celui du nouveau Code pénal, résultat d'un consensus, qui n'a pas été examiné par le Conseil.

On notera que le contrôle préventif en matière d'engagements internationaux n'avait pas été ouvert aux parlementaires en 1974. On pouvait le regretter car certaines conventions pouvaient intéresser les droits et libertés. Mais rien n'empêchait les parlementaires de saisir le Conseil sur la loi autorisant la ratification de la Convention, le Conseil acceptant d'examiner non pas seulement la loi mais encore le contenu même de la Convention (CC 80-116, *DC*, 17 juillet 1980, Convention franco-allemande d'entraide judiciaire).

Les délais pour saisir le Conseil sont très brefs... et inconnus. En effet le Conseil doit être saisi avant la promulgation de la loi. Or, si le délai maximum pour la promulgation de la loi est de quinze jours, on peut imaginer un Président peu scrupuleux promulguant immédiatement la loi pour empêcher un recours. La pratique est différente. Lorsqu'il sait qu'un recours est envisagé, le chef de l'État ne promulgue pas la loi. Mais on a pu voir le recours de parlementaires rejeté car trop tardif – sans qu'il y ait eu malignité du président de la République – à propos de la suppression du service national. En outre, on ne peut contourner cet obstacle par une saisine intervenant avant l'adoption définitive de la loi.

Les conséquences de la décision du Conseil en cas de déclaration de non-conformité de la loi à la Constitution sont l'annulation des dispositions non conformes et parfois si ces dispositions sont inséparables du reste de la loi, l'annulation de l'ensemble de la loi.

La décision du Conseil a autorité de chose jugée. Il n'y a pas d'appel possible.

D) Le Conseil constitutionnel et les droits et libertés

Le Conseil constitutionnel, a été conduit à examiner un très grand nombre de libertés (*cf.* Tableau in *J. Robert*, p. 145 mais aussi B. Mathieu et M. Verpeaux ainsi que l'index analytique du recueil de Louis Favoreu et Loïc Philip).

1) Les extensions

Jusqu'en 1971, il y avait une incertitude à propos des droits et des libertés, liée à la question de l'étendue du bloc de la constitutionnalité. Certes, quelques décisions antérieures intéressaient les droits et libertés (CC 59-2, *DC*, 17, 18 et 24 juin 1959, Règlement de l'Assemblée nationale *GDCC* n° 3 ; F p. 373, annule une disposition limitant la libre formation des partis politiques ; CC 64-27, L. 17-19 mars 1964, rattache la radiodiffusion-télévision au domaine des libertés publiques). En 1967, il s'oppose à une loi organique suscitée par le gouvernement comme contraire au principe de l'inamovibilité des magistrats (CC 67-31, *DC,* 26 janvier 1967, Indépendance et inamovibilité des magistrats, *GDCC* n° 15 ; F p. 399). C'est la première annulation prononcée par le Conseil pour violation d'une règle de fond de la Constitution (*cf.* aussi CC 70-40, *DC,* 9 juillet 1970, *GDCC* n° 15). En 1969 (CC 69-55, L. 26 juin 1969, Protection des sites, *GDCC* n° 18 ; F p. 100) il affirme que seule la loi peut déroger aux principes généraux du droit.

Mais c'est à partir de 1971 que le Conseil va apparaître comme le protecteur des libertés. En 1970 dans une décision plus riche qu'il ne paraît, il consacre la supériorité du droit international sur le droit interne (CC 70-39, *DC*, 19 juin 1970) après avoir visé la Constitution et notamment son préambule, d'une façon très discrète.

Enfin c'est en 1971 (CC 71-44, *DC*, 16 juillet 1971, Liberté d'association, *GDCC* n° 19 ; F p. 62) qu'il affirme de façon éclatante l'intégration du Préambule de la Constitution de 1958 et donc de la Déclaration de 1789 et du Préambule de la Constitution de 1946 dans le bloc de la constitutionnalité. Désormais nous ne disposons plus seulement de l'article 66 comme source de nos droits et de nos libertés mais aussi de tout l'apport de 1789 et de 1946.

À cela, le Conseil va apporter progressivement quelques éléments supplémentaires.

Les principes fondamentaux reconnus par les lois de la République, dans la mesure où ils ne sont pas énumérés vont ouvrir certaines possibilités au Conseil que celui-ci utilisera de façon inégale, mais la décision du 26 août 2002 (CC 26 août 2002) a montré que l'inventaire est loin d'être achevé.

Mais il y a aussi la découverte des principes à valeur constitutionnelle selon une méthode qui n'est pas sans rappeler celle des principes généraux du droit. Le Conseil procède à la façon du Conseil d'État lorsque celui-ci « invente » les principes généraux du droit. Le Conseil va généraliser à l'ensemble des droits des règles particulières. Il en est ainsi des droits de la défense (CC 76-70, *DC*, 2 décembre 1976). Il peut aussi s'inspirer d'exigences éthiques (ex., respect de tout être humain dès le commencement de la vie, CC 74-54, *DC,* 15 janvier 1975, Interruption volontaire de grossesse I, *GDCC* n° 23 ; F p. 313). Mais surtout, il peut les créer comme le principe de continuité des services publics (CC 79-105, *DC,* 25 juillet 1979, Droit de grève à la radio et à la télévision, *GDCC* n° 27 ; F p. 53).

Avec l'effet cliquet, le Conseil permet une protection efficace. Car par cette technique de « standstill », une liberté ne peut régresser. Le législateur ne peut que renforcer les garanties des libertés fondamentales (CC 83-165, *DC,* 20 janvier 1984, Libertés universitaires, *GDCC* n° 35). Il ne peut réglementer l'exercice d'une liberté *« qu'en vue de le rendre plus effectif »* (CC 84-181, *DC,* 10 et 11 octobre 1984, Entreprises de presse, *GDCC* n° 36 ; F p. 38)

2) Les restrictions

Mais le contrôle du Conseil comporte des limites.

Les lois adoptées par référendum sont exclues du contrôle (CC 62-20, *DC,* 6 novembre 1962, Loi référendaire, *GDCC* n° 14 ; F p. 347), or ces lois peuvent porter sur les droits et libertés. En 1984, le président Mitterrand avait d'ailleurs proposé d'étendre le champ du référendum aux libertés lors de la grave crise relative à l'enseignement privé. L'extension opérée par la loi constitutionnelle du 4 août 1995 (réformes relatives à la politique économique et social de la Nation et aux services publics qui concourent) tout comme les dispositions originelles (organisation des pouvoirs publics ; traités qui sans être contraires à la Constitution, auraient néanmoins des incidences sur le fonctionnement des institutions).

Les lois déjà promulguées ne peuvent être examinées (CC 27 juillet 1976) mais le Conseil accepte d'examiner une loi déjà promulguée à l'occasion de sa modification (CC 83-164, *DC,* 29 décembre 1983, Perquisitions fiscales [Loi de finances pour 1984], *GDCC* n° 34).

BIBLIOGRAPHIE

DRAGO (G.), *Contentieux constitutionnel français,* PUF, Themis. Droit public, 1997.

FAVOREU (L.), *Les cours constitutionnelles,* PUF, Que sais-je ?, 2e éd., n° 2 293, 1992.

FAVOREU (L.) et PHILIP (L.), *Le Conseil constitutionnel,* PUF, Que sais-je ? n° 1724, 4e éd., 1998, n° 1724.

FROMONT (M.), *La justice constitutionnelle dans le monde,* Dalloz, Connaissance du droit, 1996.

LUCHAIRE (F.), *Le Conseil constitutionnel,* 2e éd., Economica, 1997.

PEYROU-PISTOULEY (S.), *La Cour constitutionnelle et le contrôle de la constitutionnalité des lois en Autriche,* Economica, Droit public positif, 1993.

RIVERO (J.), *Le Conseil constitutionnel et les libertés,* Economica, Droit public positif, 2e éd., 1987.

ROUSSEAU (D.), *Droit du contentieux constitutionnel,* Montchrestien, Domat Droit public, 6e éd., 2001.

ROUSSILLON (H.), *Le Conseil constitutionnel,* Dalloz, 4e éd., Connaissance du droit, 2001.

TURPIN (D.), *Contentieux constitutionnel,* PUF, Droit fondamental, 2e éd., 1994.

CHAPITRE 13

La protection contre l'exécutif

À côté de la fonction normative, l'autre fonction majeure du Parlement est celle de contrôle de l'exécutif qui permettra à la représentation nationale de protéger les droits et libertés atteints par l'exécutif (section 1). Mais dans les atteintes quotidiennes, c'est avant tout au juge qu'il faudra s'adresser (section 2).

Section 1

La protection par le Parlement

Historiquement, c'est au Parlement que la protection contre l'exécutif a semblé devoir être assurée. La naissance de l'Ombudsman en Suède, délégué du parlement, en est peut être un signe. Mais on sait aussi quelles sont les limites que peut rencontrer aujourd'hui cette protection. L'évolution des parlements contemporains fait que la symbiose entre exécutif et législatif est de plus en plus forte et que bien souvent le phénomène de majorité rigide conduit à ce que le Parlement, sous menace d'une dissolution, ou encore de sanctions au sein du parti majoritaire est conduit à adopter des lois portant atteinte aux droits et libertés.

Si contrôle il y a, il viendra de l'opposition, encore faut-il que celle-ci puisse disposer des moyens nécessaires pour pouvoir procéder à ces contrôles.

Traditionnellement, le contrôle du parlement sur l'exécutif connaît deux aspects : un contrôle avec sanction qui peut aboutir au départ d'un ministre ou du gouvernement, et le contrôle sans sanction. Contrairement aux apparences, c'est sans doute ce dernier qui est le plus efficace en ce qui concerne notre objet.

1 • LE CONTRÔLE AVEC SANCTION

A - À l'égard du chef de l'État

Ce contrôle est rarement mis en œuvre dans les régimes parlementaires républicains. Dans les monarchies, l'irresponsabilité du chef de l'État est absolue, même si la création de la Cour pénale internationale vient ouvrir une brèche. En France, il prend la forme de la Haute Trahison. Jusqu'à maintenant, aucun président de la République n'a fait l'objet d'une telle procédure. La notion de haute trahison n'est définie nulle part. Ce n'est pas la trahison prévue par le Code pénal. On y verra une violation grave des devoirs de sa charge par le président de la République. Celle-ci peut être constituée par des atteintes portées aux droits et libertés. L'idée avait été évoquée en 1961 lorsque le général de Gaulle a fait une utilisation critiquable quant à la durée de l'article 16. Le projet de révision constitutionnelle adopté récemment en Conseil des ministres sur la responsabilité pénale du président de la République envisage une procédure de destitution du président de la République par le Parlement dans son ensemble à travers une Haute Cour composée des 898 parlementaires, qui pourrait bien sûr trouver son application en cas de violation grave des droits et libertés. En effet elle pourrait intervenir en cas de «*manquement aux devoirs manifestement incompatible avec l'exercice de son mandat*». Cette procédure peut nous rapprocher de l'*impeachment* américain.

Aux États-Unis, la destitution est possible par la procédure d'*impeachment* importée du Royaume-Uni où elle n'a plus eu lieu de jouer depuis 1806. L'*impeachment* peut jouer contre le Président, le Vice-Président et tous les agents civils des États-Unis en cas de «*trahison, corruption ou autres hauts crimes et délits*». L'*impeachment* résulte d'une mise en accusation par la Chambre des Représentants, puis d'un jugement par le Sénat, alors présidé par le Chief Justice, la destitution étant prononcée à la majorité des deux tiers. Si la destitution a pu jouer contre des fonctionnaires [le dernier cas le fut contre un juge de Louisiane nommé Nixon...], elle n'a jamais abouti contre un président des États-Unis malgré deux tentatives. La première eut lieu contre le président Andrew Johnson, successeur de Lincoln, et échoua, à une voix près, en 1868, le procès étant vraiment politique. La (fausse) violation des droits et libertés constitutionnels était en cause. La seconde eut lieu contre le président Clinton et échoua. Là encore, la dimension politique n'était pas absente. En revanche, la question d'une violation des droits et libertés n'était pas posée. La procédure qui avait été engagée contre le président Richard Nixon n'a pas été jusqu'à son terme, le chef de l'État ayant préféré démissionner avant une décision qui apparaissait certaine, en 1974. En obligeant le président Nixon, contrairement au privilège de l'exécutif qu'il invoquait, à diffuser les informations qu'il jugeait confidentielles, la Cour suprême (24 juillet 1974, United States v. Nixon, *Zoller* n° 50) avait permis le dénouement de l'affaire. Le 8 août 1974, plutôt que d'être destitué par le Sénat, le président Nixon préférait démissionner.

B - À l'égard du Gouvernement

Dans un régime parlementaire classique, le Gouvernement est responsable devant le Parlement, soit à l'initiative de celui-ci par le biais d'une motion de censure, soit sur l'initiative du gouvernement par le biais de la question de confiance. Bien évidemment la violation des droits et libertés pourra justifier le dépôt d'une motion de censure, de la même façon qu'elle pourra expliquer le refus d'une partie des parlementaires de voter la question de confiance.

2 • LE CONTRÔLE SANS SANCTION

C'est sans doute par le contrôle sans sanction que le Parlement pourra avoir l'attitude la plus efficace.

A - Les commissions

C'est au sein des commissions que le contrôle peut se faire de façon efficace. Les commissions peuvent auditionner sur telle ou telle question intéressant les droits et libertés. Cela peut être à l'occasion de l'examen d'un projet ou proposition de loi, les commissions pouvant être spéciales ou permanentes, mais aussi sous le prétexte d'un projet d'ordre législatif dans l'une des six commissions permanentes.

Mais c'est plus particulièrement à travers les commissions d'enquête que le contrôle se fera plus incisif. Compte tenu des modes de création des commissions d'enquête qui nécessitent l'accord de la majorité de l'assemblée, leur mise en place est difficile, sauf lorsque la seconde chambre est dominée par l'opposition comme ce fut le cas à l'époque du général de Gaulle, puis de 1981 à 1986, de 1988 à 1993 et de 1997 à 2002. Certaines commissions sénatoriales françaises touchant notamment à l'audiovisuel ont eu quelque retentissement. Aux États-Unis le rôle est beaucoup plus important même si ces commissions peuvent connaître des débordements qui peuvent aller contre les libertés elles-mêmes comme ce fut le cas à l'époque du maccarthysme.

B - Les questions

Par la technique des questions, les droits et libertés sont sous surveillance parlementaire.

Les questions écrites sont souvent l'occasion de faire connaître des situations d'atteintes aux droits de l'homme – en France ou hors de France – en même temps que de préciser le régime juridique des droits et libertés. Certes toutes les questions (il y en a environ 15 000 par an) ne portent pas sur les droits et libertés. Il n'empêche qu'elles apportent leur contribution utile.

La dimension médiatique des questions orales est beaucoup plus importante. Au Royaume-Uni, toute séance du Parlement commence par une heure de question time, technique qui a été transposée au Parlement européen. En France, les questions orales, que la Constitution avait volontairement limitées à une séance par semaine, ont connu un grand développement. La révision du 4 août 1995 a mis en adéquation le droit et la pratique en prévoyant qu'une « séance par semaine au moins » est consacrée aux questions orales. Certaines formes ont un grand succès comme les questions au gouvernement du mercredi à l'Assemblée nationale retransmises par la télévision.

Section 2

La protection par le juge

La protection par le juge suppose, pour qu'elle soit efficace, et quel que soit le système mis en place – unité ou dualité de juridictions –, une véritable indépendance du juge. C'est certainement un aspect essentiel. Cela va supposer que l'indépendance soit assurée et garantie. Elle repose sur l'inamovibilité qui a tardé, en France, à se mettre en place, la Révolution y étant hostile en raison du rôle des juges sous l'Ancien Régime.

Le principe en a été posé en 1799, à l'occasion de la Constitution du 22 frimaire an VIII. En France, cette inamovibilité ne concerne que les magistrats du siège. Elle est affirmée par l'article 64 de la Constitution.

La Constitution ne vise que les magistrats de l'ordre judiciaire et les juges administratifs ne sont pas des magistrats selon notre Constitution. Il n'empêche que l'inamovibilité de ces derniers est maintenant garantie par la loi du 6 janvier 1986 et par la loi du 25 juin 1990.

À l'étranger le juge constitutionnel peut être amené à intervenir, notamment à travers des procédures spécifiques. Nous avons évoqué plus haut la *Verfassungsbeschwerde* en Allemagne. On peut aussi mentionner la procédure d'*amparo* en Espagne, très ancienne dans son inspiration, puisque remontant au Moyen Âge en Aragon et revenue en Espagne par le Mexique où elle s'est développée à partir de 1841 permettant à tout citoyen de saisir les tribunaux fédéraux d'une norme portant atteinte à ses droits. Présent dans la Constitution de 1931, l'*amparo* a été repris dans la Constitution de 1978. Il connaît deux formes : l'*amparo* ordinaire devant les tribunaux ordinaires, « à la mexicaine » et l'*amparo* constitutionnel devant le Tribunal constitutionnel.

1 • LE REFUS DE L'UNITÉ DE JURIDICTION

A - Les conditions nécessaires

La protection par le juge n'est pas uniforme de par le monde. Certains pays connaissent l'unité de juridiction – c'est notamment le cas des pays anglo-saxons – d'autres reposent sur la dualité de juridiction, les actes du pouvoir exécutif faisant l'objet de recours devant des juridictions spécifiques.

L'unité de juridiction suppose la soumission de tous, y compris l'administration, au juge ordinaire. Celui-ci se trouve dans une situation particulière, véritable Janus. Il est protecteur de l'ordre et protecteur des libertés. Il doit sanctionner l'abus des libertés, mais lorsqu'on est victime d'une atteinte c'est à lui qu'on s'adresse, quel que soit l'auteur de cette atteinte. Ce qui importe c'est la violation de la liberté et non pas l'auteur de la violation.

Toute violation d'une liberté permet à la victime de saisir le juge pour obtenir les mesures nécessaires. Si le juge considère la requête comme justifiée, il adressera à l'agent coupable des injonctions.

Dans les pays anglo-saxons, la soumission des autorités publiques au juge ordinaire a été considérée comme la seule protection possible contre l'arbitraire du pouvoir. Mais il n'est pas certain que le système soit toujours satisfaisant. La procédure est lente, coûteuse, concentrée devant la High Court de Londres. Le juge britannique est très timide, appliquant les textes à la lettre.

Le système d'unité de juridiction n'empêche pas l'existence de juridictions spécialisées en matière de droits de la personne humaine. Au Québec, le Tribunal des droits de la personne humaine constitue une expérience intéressante et bien adaptée. Il est chargé de statuer sur les litiges relatifs à la discrimination et au harcèlement illicites et sur les problèmes d'accès à l'égalité.

B - L'importance des procédures

Ce qui a peut-être fait le prestige du système britannique, c'est plus l'existence de procédures spécifiques et le recrutement et l'indépendance des juges que l'avantage en soi de l'unité de juridiction. Notamment l'*Habeas Corpus* a été longtemps regardé avec révération à tel point que lorsque a été adoptée en France la loi du 9 juillet 1984 «*tendant à renforcer les droits des personnes en matière de placement en détention et d'exécution d'un mandat de justice*», on a parlé d'*Habeas Corpus* à la française.

Cette loi (art. 145 CPP) envisage trois stades procéduraux. Le magistrat instructeur qui « envisage » d'incarcérer doit aviser l'intéressé qu'il a droit à l'assistance d'un défenseur et peut réclamer un délai pour réparer sa défense.

Un avocat est immédiatement avisé.

Enfin le «*juge des libertés et de la détention*» statue en audience de cabinet lors du débat contradictoire au cours duquel il entend le Ministère public et l'intéressé et son conseil.

L'*Habeas Corpus* qui peut trouver déjà son origine dans la Magna Carta repose sur un bill de 1679, «*Acte pour mieux garantir la liberté des sujets et prévenir l'envoi de prisonniers outre-mer*».

«*Lorsqu'une personne exhibera un* writ d'Habeas Corpus *délivré contre un shérif ou un geôlier sous les ordres d'un shérif ou contre qui que ce soit, en faveur d'une personne confiée à leur garde, et remettra ce writ audit fonctionnaire, ou le déposera à la prison à l'un de ses subordonnés, ledit officier ou ses subordonnés devront, dans un délai de trois jours après la notification susvisée... faire réponse au writ, amener ou faire amener le corps du détenu devant le Lord Chancelier, ou le Lord Gardien des Sceaux d'Angleterre, ou devant les juges et barons de la Cour ayant délivré le writ ou devant toute personne à qui la réponse doit être faite; ils devront d'autre part énoncer les raisons sincères de l'internement*».

La demande d'un writ d'*Habeas Corpus ad subjiciendum* (que tu aies le corps afin de le montrer) est formulée par une personne détenue ou une personne agissant pour elle. Elle est adressée à la Cour du Banc du roi ou à l'un des 12 juges du Royaume. Le writ est adressé au geôlier de la prison afin d'obliger celui-ci à amener l'individu devant la Cour qui appréciera l'existence et la valeur des motifs de la détention. La Cour peut ordonner une mise en liberté absolue ou seulement accorder la liberté provisoire. Si le geôlier ne présente pas le détenu, il s'expose à de très graves sanctions. On devine que cette procédure devait permettre d'empêcher les arrestations arbitraires voire les disparitions. Cependant le système peut avoir un effet dissuasif car si le détenu invoque indûment une illégalité, il peut être condamné pour *contempt of court*.

Le prestige de l'*Habeas Corpus* a été tel qu'il se retrouve dans d'autres pays de *common law* comme les États-Unis ou le Canada ou appartenant à un autre système.

C - Le refus français de l'unité de juridiction

La solution de l'unité de juridiction a été rejetée en France. L'abus des tribunaux de l'Ancien Régime a conduit à la loi des 16-24 août 1790 qui interdit aux tribunaux judiciaires de connaître des affaires administratives. On a pu la justifier par le principe de la séparation des pouvoirs. Cependant la conséquence en a été un vide juridictionnel, l'administration étant son propre juge. Elle jugeait elle-même ses litiges.

La création à partir de l'an VIII d'une autorité juridictionnelle chargée de statuer sur les actes des agents publics portant atteinte aux libertés apparaissait comme une solution. L'article 55 posait que *« sous la direction des Consuls, un Conseil d'État est chargé... de résoudre les difficultés qui s'élèvent en matière administrative »* et peu après, la loi du 28 pluviôse an VIII créait les conseils de préfecture départementaux (devenus interdépartementaux suite au décret-loi du 6 septembre 1926), qui feront place en 1953 aux tribunaux administratifs. Cependant, nous nous trouvions dans un système auquel manquait l'indépendance puisque instituant un système de justice retenue. Certes, les avis que donnait le Conseil d'État étaient presque toujours suivis. Il faudra attendre la loi du 24 mai 1872 pour qu'avec le système de la justice déléguée, un mécanisme plus indépendant soit mis en place, un fondement plus solide soit apporté, le Conseil d'État devenant une véritable juridiction offrant les mêmes garanties que le juge judiciaire et pouvant ainsi contribuer avec lui à une meilleure protection des droits et libertés.

Cette méfiance à l'égard de ce système expliquera qu'au XIXe siècle les libéraux aient demandé la suppression des juridictions administratives et l'unité d'ordre juridictionnel.

Aujourd'hui, la situation du juge administratif est devenue tout aussi solide que celle du juge judiciaire puisque le Conseil constitutionnel a consacré (CC 86-224, *DC*, 23 janvier 1987, Conseil de la Concurrence, *GDCC* n° 41 ; F p. 78) en tant que principe fondamental reconnu par les lois de la République, la dualité des ordres juridictionnels. Sept ans plus tôt (CC 80-119, *DC*, 22 juillet 1980, Validation d'actes administratifs, *GDCC*, n° 29 ; F p. 72), le Conseil avait reconnu l'indépendance de la juridiction administrative en tant que principe fondamental reconnu par les lois de la République, par la loi du 24 mai 1872, en même temps que le caractère spécifique de sa fonction.

2 • LA DUALITÉ D'ORDRES JURIDICTIONNELS

A - La compétence de principe du juge administratif

1) La compétence pour annuler : le recours pour excès de pouvoir

Tous les actes matériellement administratifs sont soumis à une légalité. La violation de cette légalité entraîne leur annulation « erga omnes » par le juge administratif. Sans doute le recours au juge administratif n'est-il pas la seule possibilité. Il peut être précédé du recours gracieux à l'auteur de la décision ou du recours hiérarchique.

Ceci est très important pour les libertés car ce type de recours est utilisable contre les mesures de police administrative.

Malgré tout, certains problèmes n'en restent pas moins présents pour lesquels des solutions ont pu apparaître depuis une vingtaine d'années.

a) *Les actes non contrôlés*

Certains actes pendant longtemps ont pu échapper au contrôle du juge empêchant tout contrôle. C'était le cas des actes de gouvernement, pour lesquels le mobile politique a été abandonné en 1875 (CE 19 février 1875, Prince Napoléon, *GAJA* n° 3) et dont la liste s'est réduite. Il n'en reste pas moins que parfois les droits et libertés sont visés puisque la mise en œuvre de l'article 16 a ce caractère. Il en est de même pour le refus du président de la République d'utiliser l'article 61 alinéa 2 pour saisir le Conseil constitutionnel (CE, Juges des référés, 7 novembre 2001, Tabaka).

Les mesures d'ordre intérieur, elles aussi, sont insusceptibles de tout recours devant les juridictions administratives. Elles sont considérées comme ne faisant pas grief. Or elles intéressent souvent les droits et libertés dans leur quotidienneté, à travers la vie intérieure d'un établissement administratif (établissement d'enseignement, caserne, prison etc.). Sans doute – et encore – certaines de ces mesures ne touchent-elle pas la situation juridique des personnes. Il n'empêche qu'une évolution a été nécessaire suite à la jurisprudence de la Cour européenne des droits de l'homme (CEDH 19 décembre 1994, Vereinigung demokratischer Soldaten Österreichs et Gusi c/ Autriche) à propos de ces lieux « fermés » (CE, Ass. 17 février 1995, Marie, *GAJA* n° 107, *GDJDA* 673, pour les prisons ; CE, Ass 17 février 1995, Hardouin, *GAJA* n° 107, *GDJDA* 674, pour les établissements militaires).

b) *L'étendue du contrôle*

Enfin s'est posé le problème de l'étendue du contrôle. Là encore une évolution est apparue avec notamment l'erreur manifeste d'appréciation.

Le contrôle du juge n'est pas uniforme quant à son étendue. Il peut aller du contrôle restreint ou minimum au contrôle maximum en passant par le contrôle normal.

Le contrôle restreint laisse à l'autorité administrative l'exercice d'un pouvoir discrétionnaire. Si le juge contrôle les moyens de la légalité externe (compétence, vice de forme), parce qu'objectivement décelables, il se limite en ce qui concerne la légalité interne au contrôle de l'erreur de fait, elle aussi aisément repérable. Le juge a procédé ainsi à une sorte de *self restraint* soit parce qu'il s'agissait de domaines d'une grande technicité où il était certainement plus mal à l'aise que des experts scientifiques, soit – et cela intéresse pleinement les droits et libertés – à propos de la « haute police », formule qui semble une survivance de temps très anciens. Mais afin d'éviter une sorte de déni de justice de fait, le juge administratif a fait usage de la notion d'erreur manifeste d'appréciation pour limiter les inconvénients trop évidents du contrôle restreint. L'erreur manifeste d'appréciation paraîtra comme l'erreur grossière, visible par tous, *« l'erreur visible même par le non juriste »* (quand bien même on a pu voir parfois le Commissaire du Gouvernement voir une erreur manifeste là où la juridiction n'en voyait pas !).

On a aussi pu voir ce contrôle restreint pouvoir faire place à la voie de fait (ex. : passeports). L'exemple des publications étrangères est peut-être l'un des plus caractéristiques en ce qui concerne cette évolution du contrôle du juge. Le contrôle qui était un contrôle minimum s'est accru pour passer en 1973 à celui du contrôle de l'erreur manifeste d'appréciation (CE, Ass. 2 novembre 1973, « Société anonyme Librairie François Maspero », *GAJA* n° 94) puis en 1997 à celui du contrôle normal auquel s'adjoint un contrôle de conventionnalité (CE, S, 9 juillet 1997 Assoc. Ekin, *GAJA* n° 111) sous la pression de la Cour européenne des droits de l'homme (CEDH 18 janvier 2000, Association Ekin).

Le contrôle normal intègre les quatre moyens admis pour le recours pour excès de pouvoir (qu'on connaît maintenant adapté à la Cour de justice de Luxembourg, *cf.* art. Traité 230 (ex-173) CE) : l'incompétence, le vice de forme, la violation de la loi et le détournement de pouvoir. Il est évident que c'est le contrôle qu'on doit trouver pour les actes intéressant les droits et les libertés.

Enfin le contrôle maximum, avec la technique du bilan coût-avantages nous fait tendre vers le contrôle de l'opportunité que ne pratique pas – en théorie – le juge administratif. On peut se demander aussi parfois si le contrôle de l'erreur manifeste d'appréciation, lui aussi, ne nous fait pas plonger dans ce contrôle de l'opportunité.

c) Le caractère non suspensif du recours et les solutions nouvelles

En principe le recours n'est pas suspensif. Or la justice administrative peut être lente. Le sursis à exécution s'est posé. Il ne pouvait être accordé de façon générale que par le Conseil d'État, les tribunaux administratifs n'ayant compétence à l'accorder que si le litige n'intéressait pas l'ordre public (art. R. 96-2 du Code des tribunaux administratifs). En 1974 le Conseil d'État (CE, Ass., 23 juillet 1974, Ferrandiz Gil Ortega), avait mis fin à son autolimitation. Un premier progrès était apparu avec le décret du 12 mai 1980 en permettant aux tribunaux administratifs de l'accorder pour les mesures « *relatives à l'entrée et au séjour des étrangers en France* ».

Puis la loi du 2 mars 1982 a généralisé le sursis à exécution dans les 48 heures à l'encontre des actes « *de nature à compromettre l'exercice d'une liberté publique ou individuelle* ». En effet le déféré préfectoral (art. L. 2131-6 du CGCT) a été institué pour permettre au préfet de saisir le tribunal administratif pour les actes des autorités des collectivités territoriales et de leurs établissements publics, lui permettant de *déférer certains actes énumérés à l'article L. 2131-2* dont « *les décisions réglementaires et individuelles prises par le maire dans l'exercice de son pouvoir de police* ». Deux éléments sont à souligner dans cet article. Le préfet, tout d'abord peut assortir son recours d'une demande de suspension, qui sera accordée s'il y a un doute sérieux quant à la légalité de l'acte.

Mais « *si l'acte est de nature à compromettre l'exercice d'une liberté publique ou individuelle* » (la formulation est large et ne s'attache pas seulement à une liberté fondamentale) le président du tribunal administratif peut prononcer la suspension dans les quarante-huit heures. Un appel est possible devant le Conseil d'État et le Président de la section du contentieux ou un conseiller d'État délégué statue dans les quarante-huit heures. L'inconvénient de cette disposition est qu'elle ne s'inscrivait que dans le cadre du déféré du préfet et non dans le cadre d'un éventuel recours d'une personne. Cependant, l'article L. 211-8 permet à « *une personne physique ou morale* » lésée par un acte pour lequel le déféré est possible, de demander au préfet de faire usage de cette procédure.

Enfin le référé-liberté instauré par la loi du 24 août 1993 a été l'étape décisive.

Le juge dispose en effet aujourd'hui de nouveaux moyens.

Certains de ces moyens seront utilisés avant la décision du juge.

La loi du 30 juin 2000 a organisé les procédures actuelles de référé devant le juge administratif, ces juges étant les présidents des tribunaux administratifs, des cours administratives d'appel et le Président de la section du contentieux du Conseil d'État (CJA art. L. 511-1 et L. 511-2).

Les articles L. 521-1 à L. 521-4 du Code de justice administrative permettent trois types de référés d'urgence susceptibles d'intéresser les droits et libertés.

• Le référé-suspension (art. L. 521-1 CJA) a pris le relais du sursis à exécution. Les conditions sont moins limitatives (*cf.* CE, S., 19 janvier 2001, Confédération nationale des radios libres, *GDJDA* 484). Désormais il faut que « l'urgence le justifie » et non plus qu'il y ait un risque de préjudice irréversible ou difficilement réversible. Il doit y avoir un « *doute sérieux quant à la légalité de la décision* » et non plus un moyen sérieux.

Si la suspension est prononcée il est statué sur la requête « *dans les meilleurs délais* »...

• Intimement liées à nos préoccupations sont les dispositions de l'article L. 521-2 CJA à propos du référé-liberté (ou référé-sauvegarde). Son objet est de permettre de prendre « *toutes mesures nécessaires à la sauvegarde d'une liberté fondamentale* ». Là encore, l'urgence sera une condition exigée. L'atteinte devra être « *grave et manifestement illégale* » et avoir été portée « *dans l'exercice de l'un de ses pouvoirs* » par une personne publique ou un organisme de droit privé chargé de la gestion d'un service public. Dans ce cas le juge interviendra rapidement puisque un délai de quarante-huit heures est fixé.

Ce référé ne peut intervenir pour toute liberté. Le CJA évoque une liberté fondamentale (*cf.* CE, 28 février 2001, C..., *GDJDA* 485). Il s'agira ainsi de la liberté de la presse, de la liberté d'association, de la liberté d'aller et venir, de la libre administration des collectivités territoriales (CE, S., 18 janvier 2001, Commune de Vennelles, *GAJA* n° 118) etc. On peut se demander s'il ne s'agit pas d'une situation qui pourrait être constitutive d'une voie de fait et donc relever de la compétence du juge judiciaire.

• Enfin le troisième référé pouvant intervenir en cas d'urgence est le référé conservatoire (art. L. 521-3 CJA). La portée est beaucoup plus limitée. Le juge peut ordonner « *toutes autres mesures utiles* ». Celles-ci trouveront leurs limites dans le caractère d'urgence mais aussi et surtout dans le fait qu'elles ne peuvent faire obstacle à l'exécution d'aucune décision administrative. Cependant il n'est plus interdit au juge de faire préjudice au principal.

D'autres mesures peuvent être prises par le juge des référés sans que l'urgence soit nécessaire.

Trois hypothèses sont prévues par le CJA.

• L'article R. 531-1 vise le référé-constat. Sur simple requête, et même en l'absence de d'une décision administrative préalable, le juge des référés peut «*désigner un expert pour constater sans délai les faits qui seraient susceptibles de donner lieu à un litige devant la juridiction*».

• L'article R. 532-1 a trait au référé-instruction qui permet, même en l'absence de décision administrative préalable, au juge des référés d'ordonner «*toute mesure utile d'expertise ou d'instruction*».

• Enfin l'article541-1 (référé-provision) permet au juge des référés d'accorder «*une provision au créancier qui l'a saisi lorsque l'existence de l'obligation n'est pas sérieusement contestable*».

d) L'exécution des décisions

Un autre problème était posé par l'inexécution des décisions du juge. Un progrès est apparu avec la loi sur les astreintes. Un décret du 13juillet 1963 permettait aux requérants, après 3 mois, de signaler au Conseil d'État l'inexécution. Un rapporteur était désigné pour prendre contact avec l'administration et tenter de vaincre la résistance.

La loi du 24décembre 1976 a donné au Médiateur le pouvoir d'enjoindre l'administration de se conformer au jugement. Mais il ne s'agissait que d'une pression morale.

Enfin la loi du 16juillet 1980 a organisé un paiement quasi automatique des indemnités. Elle donne au Conseil d'État le pouvoir de prononcer soit d'office, soit sur demande de l'intéressé contre la personne publique ou l'organisme de droit privé chargé de la gestion d'un service public une astreinte pour contraindre à l'exécution d'une décision de justice (*cf.* CE, S., 17mai 1985, Menneret, *GDJDA* 828). Des sanctions sont possibles (Cour de discipline budgétaire contre l'agent responsable de l'inexécution). Mais seul le Conseil d'État pouvait disposer de cette possibilité. La loi du 8février 1995 a étendu cette procédure aux tribunaux administratifs et cours administratives d'appel. Le juge administratif avait toujours manifesté une grande réserve pour adresser des injonctions à l'administration. C'était l'avantage qu'on trouvait à la voie de fait puisqu'elle permettait au juge judiciaire de prononcer des injonctions, ce que le juge administratif se refusait. Depuis la loi de 1995, les opposants à la voie de fait ont pu trouver de nouveaux arguments.

2) La compétence pour réparer

Si le juge administratif peut annuler les actes illégaux, il peut aussi réparer. En l'absence de dispositions législatives expresses, c'est le juge administratif qui sera compétent.

Cependant, le système est assez inégalitaire car on connaît différents types de réparation. Elle peut jouer en cas de faute simple, en cas de faute lourde, sans faute (CE, Ass. 26avril 1949, Consorts Lecomte, *GAJA* n° 66) ou selon des systèmes particuliers prévus par la loi.

B - L'intervention possible du juge judiciaire

Si l'intervention du juge administratif est l'intervention de droit commun, le juge judiciaire peut conserver encore une place, traduction de la méfiance du XXe siècle à l'égard du juge administratif. Le juge judiciaire est considéré comme le gardien traditionnel de la liberté individuelle et de la propriété privée. L'article 66 de la Constitution traduit très bien cette idée en posant que « *nul ne peut être arbitrairement détenu. L'autorité judiciaire gardienne de la liberté individuelle, assure le respect de ce principe dans les conditions prévues par la loi* ». Déjà, cette idée figurait dans la loi constitutionnelle du 3 juin 1958 qui posait que « *l'autorité judiciaire doit demeurer indépendante pour être à même d'assurer les libertés essentielles...* ». Il n'y a aucune mention des juridictions administratives dans ce texte majeur.

Cela explique l'intervention du juge judiciaire pour contrôler les atteintes à la liberté personnelle prévues par les textes. Ainsi en est-il de l'internement d'office des aliénés.

1) Les prescriptions législatives

La loi a pu prévoir certains systèmes accordant compétence au juge judiciaire pour réparer.

Ainsi l'article 136 du Code de procédure pénale, issu de la loi du 7 février 1933 sur les garanties de la liberté individuelle visait-il les actions civiles contre les agents publics qui ont commis des infractions prévues aux articles 114 à 122 et 184 de l'ancien Code pénal (attentats à la liberté individuelle et violation de domicile). La nouvelle rédaction de l'article 136 prévoit une amende civile de 7,5 € en cas d'inobservation des formalités prescrites pour les mandats de comparution, d'amener, de dépôt et d'arrêt contre le greffier et elle peut donner lieu à des sanctions disciplinaires contre le juge d'instruction, le juge des libertés et de la détention ou le procureur de la République. En outre ces dispositions – sauf cas de peines plus graves – s'appliquent à toute violation des mesures protectrices de la liberté individuelle prescrites par les articles 56 (saisie de papiers, documents et autres objets), 57 (perquisition), 59 (perquisition et visite domiciliaire), 96 (perquisition), 97(saisies), 138, 139 et 141(contrôle judiciaire). Mais surtout l'article 136 précise que dans ces cas, ainsi que « *dans tous les cas d'atteinte à la liberté individuelle, le conflit ne peut jamais être élevé par l'autorité administrative et les tribunaux judiciaires sont toujours exclusivement compétents* ». Ces dispositions s'appliquent aussi en cas d'atteinte à la liberté individuelle ou à l'inviolabilité du domicile prévue par les articles 432-4 à 432-6 (atteintes à la liberté individuelle) et 432-8 du Code pénal (inviolabilité du domicile).

Mais le Tribunal des conflits et le Conseil d'État ont introduit une limite importante. L'appréciation de la légalité des actes administratifs ou l'interprétation des décisions administratives individuelles constituent des questions préjudicielles tranchées par le juge administratif (TC 16 novembre 1964, Préfet du Lot-et-Garonne contre Clément). Ceci fait que l'article 136 CPP perd toute portée car ou bien il y a acte administratif et le juge administratif apprécie les éléments desquels dépend la décision du juge administratif, ou bien il n'y a pas d'acte administratif et alors joue la théorie de la voie de fait.

2) La faute personnelle

Le juge judiciaire est compétent pour condamner le fonctionnaire au titre de sa responsabilité civile personnelle. Actuellement, elle est de moins en moins mise en œuvre. La faute personnelle est assez rare car le plus souvent elle «*n'est pas dépourvue de tout lien avec le service*». En outre, le «*cumul de fautes*» et surtout le «*cumul de responsabilités*», en dépit des arrêts Laruelle (CE, Ass., 28 juillet 1951, «Laruelle», *GAJA* n° 72) et Delville (CE, Ass., 28 juillet 1951, Delville, *GAJA*, n° 72) favorisent l'immunité de l'agent public.

3) Les théories jurisprudentielles

a) L'exception d'illégalité

L'exception d'illégalité permet d'écarter l'application d'un acte administratif en vertu des dispositions du Code pénal. C'est ce qu'avait posé l'article 471-15 du Code pénal qui visait les «*règlements légalement faits*» et qu'avait repris l'article R. 26-15 qui posait que «*seront punis d'amende... ceux qui auront contrevenu aux décrets et arrêtés légalement faits par l'autorité administrative ou aux arrêtés publiés par l'autorité municipale*». Le nouvel article R. 610-5 est plus laconique. «*La violation des interdictions ou le manquement aux obligations édictées par les décrets et arrêtés de police sont punis de l'amende prévue pour les contraventions de la première classe*».

Dans l'ancienne rédaction, le Tribunal des conflits faisait une distinction (TC 3 juillet 1951, Avranches et Desmarets) considérant qu'il appartient au juge répressif «*non seulement d'interpréter, outre les lois, les règlements administratifs, mais encore d'apprécier la légalité de ceux-ci, qu'ils servent de fondement à la poursuite ou qu'ils soient invoqués comme moyens de défense; la compétence de la juridiction pénale ne connaît de limite en ce domaine que quant à l'appréciation de la légalité des actes administratifs, cette appréciation étant, sauf dans le cas de prescriptions législatives contraires, réservée à la juridiction administrative en vertu de la séparation des pouvoirs*».

Le nouveau Code pénal, dans son article 111-5 a écarté cette distinction. «*Les juridictions pénales sont compétentes pour interpréter les actes administratifs, réglementaires ou individuels, et pour en apprécier la légalité lorsque, de cet examen, dépend la solution du procès pénal qui leur est soumis*». Dès lors, le juge répressif peut apprécier la légalité des actes administratifs réglementaires ou non réglementaires invoqués à l'appui des poursuites ou comme moyen de défense. S'il constate l'illégalité, il ne pourra annuler l'acte. En revanche il ne l'appliquera pas et prononcera la relaxe.

b) La voie de fait et l'emprise irrégulière

La voie de fait conduit à la compétence du juge judiciaire parce que l'illégalité commise par l'administration est tellement grave que celle-ci ne peut revendiquer son privilège de juridiction. Il y a eu dénaturation de l'acte qui sera soumis au juge judiciaire. L'administration sera réduite au même rang qu'une personne privée.

La voie de fait intervient dans deux hypothèses. Il peut s'agir de l'exécution forcée irrégulière d'une décision, quand bien même cette décision serait légale (TC 2 décembre 1902, Société Immobilière de Saint-Just, *GAJA* n° 11, *GDJDA* 481). Il s'agit de la voie de fait par manque de procédure. Le commissaire du gouvernement Romieu avait remarquablement exposé les cas où l'administration a le droit de procéder à l'exécution d'office : lorsque la loi l'y autorise expressément, ou bien en cas d'urgence *(« on ne demande pas au juge l'autorisation d'aller chercher les pompiers »)* ou lorsqu'il n'y a pas de sanctions. Il peut s'agir aussi de l'exécution d'un acte manifestement insusceptible de se rattacher à un pouvoir de l'administration. C'est la voie de fait par manque de droit.

En outre ces actes ou actions doivent porter atteinte soit au droit de propriété (CE, Ass 18 novembre 1949, Carlier) soit à une liberté fondamentale. Là encore ce n'est pas toute liberté qui peut faire l'objet d'une voie de fait. Il s'agira par exemple de la liberté de la presse (TC, 8 avril 1935, Action française, *GAJA* n° 51, *GDJDA* 334), de la liberté d'aller et venir (TC, 19 novembre 2001, Mlle Mohamed, à propos d'un retrait de passeport)... Certaines conditions doivent être remplies. Il doit y avoir atteinte juridique ou matérielle par une autorité administrative. Il ne doit pas y avoir de circonstances exceptionnelles (TC, 27 mars 1952, Dame de La Murette). Enfin il doit s'agir d'une atteinte manifestement illégale, un *« acte insusceptible de se rattacher à un pouvoir légal de l'administration »*.

La conséquence est que l'ensemble du contentieux passe au juge judiciaire qui va statuer selon les règles du droit privé pour réparer, qui pourra utiliser les armes du juge judiciaire telles qu'astreintes ou injonctions. Certes aujourd'hui astreintes et injonctions sont aussi devenues des armes du juge administratif. Mais on sait que c'est récent.

Pourtant on a pu considérer qu'il y avait déclin de la voie de fait parce que à la fois le juge judiciaire se montrait trop timoré et le juge administratif était capable de faire preuve de plus d'audace. En outre cette recherche du juge compétent pouvait être préjudiciable à la sauvegarde des droits et libertés. Le Tribunal des conflits avait pu laisser penser un temps un infléchissement en estimant que le juge administratif pouvait constater la nullité des décisions constitutives de voie de fait à travers une déclaration d'inexistence (TC, 27 juin 1966, Guigon, Rec. 830). Cela s'est observé notamment en matière de saisies de presse dans les années 60. Le Conseil d'État avait estimé pouvoir réparer (CE, S., 4 novembre 1966, Ministre de l'Intérieur c/ Soc. Témoignage chrétien). Il y a eu une tendance du juge à en limiter la portée par la notion d'inexistence. Tout juge peut constater l'inexistence. Mais on n'est pas allé plus avant dans cette voie et les juridictions ont préféré maintenir l'exclusivité de la compétence judiciaire (CE, S., 10 octobre 1969, Consorts Muselier).

On notera que si la voie de fait est un dessaisissement du juge administratif au profit du juge judiciaire, elle peut amener un autre juge à intervenir lorsque le Préfet conteste la compétence du juge judiciaire : le Tribunal des conflits qui aura pour mission de se prononcer sur la validité de l'arrêté de conflit du préfet, c'est-à-dire de déterminer indirectement la juridiction compétente, afin de dire s'il y a eu ou non voie de fait.

L'emprise irrégulière se rattache aussi à l'idée de l'autorité judiciaire gardienne traditionnelle de la propriété privée. Elle permettra une compétence du juge judiciaire. Cependant, l'irrégularité, qui ne touche que la propriété privée immobilière, n'aura pas besoin du caractère de gravité qu'on trouve avec la voie de fait. Mais la compétence du juge judiciaire s'arrêtera à la réparation (*cf.* TC, 17 mars 1949, Société Hôtel du Veux Beffroi).

Le débat reste toujours ouvert à propos de la voie de fait, sorte de défiance à l'égard du juge administratif. Certains estiment que les moyens nouveaux dont a été doté progressivement le juge administratif pourraient plaider en faveur de la disparition de la théorie de la voie de fait. Ne serait-ce que par son aspect de sanction morale à l'égard de l'administration, nous n'y sommes pas favorable.

BIBLIOGRAPHIE

AVRIL (P.) et GICQUEL (J.), *Droit parlementaire*, Montchrestien, 2e éd., 1996.

BRETTON (Ph.), *L'autorité judiciaire gardienne des libertés essentielles et de la propriété privée*, LGDJ, BDP, N° 58, 1964.

DRAN (M.), *Le contrôle juridictionnel et la garantie des libertés publiques*, LGDJ, BCSP, N° 32, 16.

« La dualité de juridictions en France et à l'étranger », n° spécial RFDA, sept.-oct. 1990.

PICARD (E.), *Le juge de l'administration et les droits fondamentaux dans l'espace francophone*, Bruylant, 1999.

« La réforme des procédures d'urgence : le nouveau référé administratif », RFDA, 2000 pp. 941s.

VEDEL (G.) et DELVOLVE (P.), *Le système français de protection des administrés contre l'administration*, Sirey, Droit public, 1991.

CHAPITRE 14

Les autorités administratives indépendantes (AAI)

Le rôle joué par le parlement ou l'exécutif en matière de droits et libertés, dans les régimes démocratiques, a pu paraître souvent empreint de partialité. En effet les lois sont l'œuvre d'une majorité de parlementaires se prononçant très souvent contre la minorité, et l'exécutif dans les régimes parlementaires est l'émanation de la majorité parlementaire. Lorsque le chef de l'État est élu au suffrage universel direct, sa désignation se fait, la plupart du temps, de façon partisane. Peut-on dès lors attendre de l'exécutif ou du législatif l'impartialité qui pourrait apparaître nécessaire et assurer une meilleure garantie des droits et libertés ? C'est pour essayer de résoudre cette question qu'on a créé les autorités administratives indépendantes (section 1). Le modèle a pu venir de Suède et prendre les différentes formes de l'institution que nous connaissons en France avec le Médiateur de la République (section 2). Mais depuis, bien d'autres autorités administratives indépendantes sont apparues (section 3). S'agit-il de la solution idéale ou d'autre types d'institutions peuvent-ils être imaginés, à travers des commissions associant les différents acteurs des droits et libertés (section 4).

Section 1

La notion d'autorité administrative indépendante

1 • L'APPARITION DES AUTORITÉS ADMINISTRATIVES INDÉPENDANTES (AAI)

À l'image d'institutions américaines, les autorités administratives indépendantes sont apparues en 1967 avec la Commission des Opérations de Bourse, créée par l'ordonnance 67-833 du 28 septembre 1967, le qualificatif d'autorité administrative indépendante lui étant donné par la loi du 2 juillet 1996. Cependant, on peut peut-être faire remonter la première AAI à 1941 avec la Commission de contrôle des banques, devenue Commission bancaire en 1984. Elle était inspirée de la Securities and Exchange Commission américaine et la notion prendra un très grand développement à partir de 1978 lorsque pour la première fois, le législateur, dans la loi du 6 janvier 1978 sur l'informatique, les fichiers et les libertés utilise cette expression pour qualifier la Commission nationale informatique et libertés. Elles se situent en dehors de la hiérarchie classique. Elles sont *« des organismes administratifs qui agissent au nom de l'État et disposent d'un réel pouvoir, sans pour autant relever de l'autorité du Gouvernement»* (Rapport Conseil d'État 2001). La première dénomination est apparue en 1978 avec la loi dite Informatique et Libertés et le Conseil constitutionnel s'est emparé de l'expression en 1984 à propos de la Haute Autorité de la Communication audiovisuelle (CC 84-173, *DC*, 26 juillet 1984, Réseaux câblés) qui a considéré que «*la désignation d'une autorité administrative indépendante du Gouvernement pour exercer une attribution aussi importante... constitue une garantie fondamentale pour l'exercice d'une liberté publique*».

2 • LES CARACTÈRES DES AUTORITÉS ADMINISTRATIVES INDÉPENDANTES (AAI)

Pour le Conseil d'État, dans son rapport, les AAI ne sont pas des juridictions, ne sont pas des personnes morales distinctes de l'État, mais en revanche sont des organismes de nature administrative qui disposent d'une autorité et qui présentent des garanties d'indépendance.

Elles sont des «*autorités administratives*». On a cependant voulu en faire des autorités différentes, leur donner l'indépendance ou à tout le moins l'apparence. Cela se retrouve dans leur composition qui ne relève pas exclusivement du Gouvernement ou alors on apporte des conditions de garanties dans le statut comme avec le Médiateur de la République. Souvent on trouvera des nominations issues des trois juridictions suprêmes, des présidents des assemblées. On y mettra des personnes dites qualifiées.

Leur statut apporte ces garanties d'indépendance. Il ne peut y avoir de renouvellement, mais on est parfois surpris de constater que la fonction exercée ensuite par un membre de cette autorité aurait permis par la promesse d'une nomination d'entacher cette indépendance... L'inamovibilité est souvent l'une des caractéristiques. Les inéligibilités et les incompatibilités doivent être totales, ce qui n'est pas toujours le cas. Cette indépendance est souvent contestée. La polémique est récurrente à propos de l'audiovisuel.

Les dispositions relatives à leur budget peuvent contribuer à cette indépendance. Ainsi les dispositions de la loi du 10 août 1922 relative au contrôle ne sont pas applicables à la gestion de la CNIL dont les comptes ne relèvent que de la Cour des Comptes.

Il est difficile de déterminer des caractères communs aux AAI car elles diffèrent souvent tant en ce qui concerne les missions dévolues à ces AAI, que leurs pouvoirs, leur statut, leurs moyens. Elles ont des services propres, ne sont pas soumises à la hiérarchie. La loi du 6 janvier 1978 précise que les membres de la CNIL «*ne reçoivent d'instruction d'aucune autorité*».

Habituellement on distingue deux fonctions possibles : une fonction de régulation (CSA, COB, ART), une fonction de protection des libertés publiques (CNIL, CADA, CNCIS). On peut affiner en ajoutant une mission de médiation (Médiateur, Défenseur des enfants), de garantie de l'impartialité de la puissance publique (Commission nationale de l'equipement commercial, Commission des sondages), une mission d'évaluation (Commission nationale d'évaluation des établissements publics à caractère scientifique, culturel ou professionnel).

S'agissant des pouvoirs des AAI, on peut avoir toute une gamme allant du pouvoir de recommandation au pouvoir de sanction (CSA). Si le Conseil constitutionnel a admis ce pouvoir de sanction (CC 88-248, *DC*, 17 janvier 1989, CSA; F p. 169; CC 96-378, *DC*, 23 juillet 1996, ART), il en a fixé les limites, considérant que cela ne pouvait aller jusqu'à des peines privatives de liberté et que les droits et libertés constitutionnellement garantis devaient être sauvegardés.

3 • LE FOISONNEMENT DES AUTORITÉS ADMINISTRATIVES INDÉPENDANTES (AAI)

Le Conseil d'État dans son rapport, a répertorié 34 organismes administratifs susceptibles d'être qualifiés d'AAI. 13 sont des AAI (ou seulement parfois des autorités indépendantes) par détermination de la loi ou par désignation jurisprudentielle. Sans vouloir être exhaustif on peut mentionner, relevant d'une détermination législative – parfois dans un texte subséquent – la CNIL, le Médiateur de la République (qualifié d'abord dans l'arrêt Retail [CE, Ass., 10 juillet 1981, Retail] puis repris par la loi du 13 janvier 1989), le CSA, l'Autorité de régulation des télécommunications (CC 96-378, *DC*, 23 juillet 1996, Autorité de régulation des télécommunications), la Commission de contrôle des campagnes électorales et des financements politiques [CC 91-1141/1142/1143/1144 A.N. Paris (13e circ.) 31 juillet 1991]. 17 sont, selon l'opinion du Conseil d'État des AAI en raison des critères qu'il a déterminés, certaines étant très anciennes comme la Commission centrale permanente (bénéfices agricoles) remontant à une loi du 13 janvier 1941, la Commission paritaire des publications et agences de presse (Décret du 25mars 1950), le Conseil supérieur de l'AFP (loi du 10 janvier 1957), la Commission des sondages (loi du 19 juillet 1977), le Conseil de la Concurrence, la Commission nationale d'équipement commercial. Enfin le Conseil d'État se prononce non sans hésitation en faveur de cette qualification dans quatre cas dont la Commission d'accès aux documents administratifs et la Commission pour la transparence financière de la vie politique.

Si l'idée des autorités administratives indépendantes est intéressante, leur multiplication peut conduire à donner une image de défiance à l'égard de l'administration et leur caractère d'indépendance pose la question de la légitimité de ces autorités.

Section 2

Médiateurs et Ombudsmän

L'institution du Médiateur de la République se veut l'adaptation d'une institution suédoise prestigieuse : l'Ombudsman qui est apparu comme une solution possible face à la déception engendrée par les procédures classiques auxquelles on pouvait reprocher la complexité, le coût, la lenteur.

1 • LE MODÈLE SUÉDOIS

A - L'organisation de l'institution

L'Ombudsman a été créé à la faveur de la Constitution suédoise de 1809. « Ombudsman » signifie représentant, mandataire. Si on peut voir un souci de protection des droits individuels, l'Ombudsman est plutôt né de la volonté du Riksdag (Parlement) de contrôler plus efficacement l'activité royale. En effet, le Parlement se réunissait épisodiquement (sessions quinquennales) et il entendait disposer d'un mandataire qui surveillerait sans discontinuité. Comme bien souvent, il y a eu une mutation de la mission. « Œil du Parlement » qu'il était à l'origine, il est devenu l'auxiliaire de la légalité.

L'Ombudsmän est apparu comme indépendant même du Parlement qui le nommait. Il était élu au début de chaque législature par un collège de 48 membres désignés parmi les députés et cela se faisait souvent à l'unanimité.

Pendant plus d'un siècle, il n'y a eu qu'un seul type d'Ombudsmän : l'Ombudsmän de justice (Justitieombudsman). En 1915 a été créé un Ombudsmän pour les affaires militaires compétent pour les questions de l'administration militaire.

En 1968 a été opérée une réforme radicale de l'institution. Les deux charges ont été fusionnées en un seul organisme, ayant une compétence générale, mais divisé selon la nature des affaires entre 4 personnes qui portent toutes le titre de Riksdagens-ombudsman.

Les quatre Ombudsmän sont élus pour quatre ans et rééligibles. Chacun d'entre eux a un domaine particulier d'activité. Les conditions requises pour leur nomination sont très réduites. Il faut être « *Suédois réputé pour sa connaissance des lois et sa parfaite intégrité* ». Il peut être réélu... ou révoqué (mais il n'y a pas de précédent). Son statut lui donne de grandes garanties d'indépendance.

B - La mission de l'Ombudsmän

La mission de l'Ombudsmän est définie par l'article 96 de la Constitution. Il doit « *veiller au respect des lois et règlements par les tribunaux et agents* », et poursuivre par les voies légales « *ceux qui, dans l'exercice de leurs fonctions, auraient commis quelques illégalités par faveur, partialité ou tout autre motif, ou n'auraient pas rempli de manière satisfaisante les devoirs de leur charge* ». Ils ne peuvent surveiller les ministres, les députés et les élus des collectivités territoriales.

L'action peut facilement être mise en mouvement par une plainte écrite (http://www.jo.se). Il n'y a pas de formalisme, pas de condition d'intérêt. L'accès auprès de l'Ombudsman ou de ses collaborateurs directs, pour un entretien est très facile. Il peut aussi se saisir lui-même.

Pour instruire l'affaire, il dispose des pouvoirs les plus étendus auprès des administrations : inspection, communication de tous documents etc. Il peut accuser l'agent devant une juridiction compétente, adresser des observations et indications qui ne sont que de simples recommandations. Il peut aussi s'adresser au parlement et chaque année, il doit lui présenter un rapport qui est examiné par une commission parlementaire.

L'Ombudsman effectue aussi un travail plus général sur les lois et leur application. Il pourra attirer l'attention du législateur sur le dysfonctionnement de l'administration suscitant ainsi telle ou telle disposition législative nouvelle.

En réalité tout dépend de l'autorité morale des titulaires de la fonction. Et puis cela fonctionne d'une façon très scandinave ce qui explique peut-être le succès de l'institution.

Ce sont environ 5 000 plaintes qui sont transmises chaque année. 40 % sont rejetées immédiatement comme n'entrant pas dans le champ de compétence de l'Ombudsman. Puis après un examen sommaire, ce sont 35 à 40 % des demandes qui sont à leur tour écartées. Il subsiste donc 20 à 25 % des demandes qui font l'objet d'un examen approfondi.

À côté de cet Ombudsman issu du Parlement, il existe maintenant de nombreux Ombudsmän désignés par le gouvernement pour diverses questions : consommateurs (1971) ; égalité des chances (1980) ; discriminaton ethnique (1986) ; enfants (1993) ; handicapés (1994) ; discrmination fondée sur l'orientation sexuelle (1999).

2 • L'OMBUDSMANIA

A - L'extension du modèle

Le très bon fonctionnement de l'institution en Suède a suscité l'intérêt des autres États qui ont tenté de copier tant bien que mal l'Ombudsman suédois. Les premiers à l'avoir fait ont été les autres États nordiques. Ainsi la Finlande (1919), le Danemark (1954), la Norvège (Ombudsman militaire en 1952 ; Ombudsman civil en 1962) ont suivi ce mouvement. L'Islande s'y est ralliée à son tour.

Le phénomène s'est développé hors de l'Europe nordique (Nouvelle-Zélande, Canada dans certaines provinces, Maurice, États-Unis dans des villes ou des États).

En Allemagne a été créé en 1956 à la faveur de la création de la Bundeswehr un Ombudsman militaire – *« délégué parlementaire aux forces armées* [Wehrbeauftragter]... *en vue de la protection des droits fondamentaux et en qualité d'organe auxiliaire du Bundestag pour l'exercice du contrôle parlementaire »* – (art. 45b Loi fondamentale). En 1981 (loi du 4 février 1981), les Pays-Bas ont également mis en place un Ombudsman national, constitutionnalisé un temps dans la nouvelle loi fondamentale de 1983 qui prévoyait la mise en place par la loi de un ou plusieurs organes généraux, indépendants pour l'examen des plaintes concernant les comportements des autorités (art. 108 abrogé en 1999 et aujourd'hui art. 78a).

En Grande-Bretagne, a été mis en place un Commissaire parlementaire pour l'Administration (Parliamentary Commissioner for Administration). Créé en 1967, il est nommé par le Roi sur proposition du Premier ministre mais ne peut être démis de ses fonctions que sur adresse des deux chambres. Il ne peut être saisi directement. Il convient de passer par un parlementaire.

Sa compétence est définie assez restrictivement. Il ne peut connaître d'une affaire soumise au juge. Nombre de domaines de l'action gouvernementale lui échappent (relations avec l'étranger, sécurité de l'État, fonction publique...).

Les nouvelles démocraties ont mis en place ce type d'institution. La constitution portugaise (Provedor de justiça), l'Espagne (Défenseur du Peuple) ont un médiateur. Les pays de l'Europe centrale et orientale ont fait de même. Certains comme la Pologne avaient mis en place ce type d'institution avant même la chute du régime communiste. On pouvait d'ailleurs constater qu'il était beaucoup plus saisi de requêtes ayant trait aux difficultés de la vie quotidienne (problèmes de logement par exemple) qu'à des violations des droits et libertés.

B - Le Médiateur de l'Union européenne

Enfin, l'Union européenne à son tour, à la faveur du Traité de Maastricht s'est aussi dotée d'un Médiateur européen. Cette institution a vu sa place renforcée par la Charte des droits fondamentaux de l'Union européenne dont l'article 43 pose que « *tout citoyen ou toute citoyenne de l'Union ou toute personne physique ou morale résidant ou ayant son siège statutaire dans un État membre a le droit de saisir le Médiateur de l'Union de cas de mauvaise administration dans l'action des institutions ou organes communautaires, à l'exclusion de la Cour de justice et du Tribunal de première instance, dans l'exercice de leurs fonctions juridictionnelles* ». Il est désigné pour 5 ans par le Parlement européen. S'il ne remplit plus les conditions pour exercer ses fonctions ou s'il commet une faute grave, il peut être déclaré démissionnaire par la Cour de justice sur demande du Parlement européen.

Il peut recevoir des plaintes de tout citoyen de l'Union européenne ou de toute personne physique ou morale résidant dans l'Union européenne.

Sa mission est de concilier. Il formule des recommandations et peut saisir le Parlement européen en cas de mauvaise administration. Les institutions et organes communautaires sont tenus de lui donner les informations demandées et il a accès aux dossiers, sauf cas de secret justifié. S'il constate une mauvaise administration, il saisit l'institution concernée qui a un délai de trois mois pour répondre, puis il adresse un rapport au Parlement européen et à l'institution concernée, le requérant étant informé.

En 2001, il a reçu 1874 plaintes dont près des 3/4 étaient irrecevables.

Le 1er avril 2003, Nikiforos Diamandouros, médiateur national de Grèce est devenu Médiateur de l'Union européenne, succédant au finlandais Jacob Söderman, premier titulaire de la fonction depuis juillet 1995.

3 • LE MÉDIATEUR DE LA RÉPUBLIQUE

Ce mouvement a trouvé sa concrétisation en France en 1973, à la faveur de la loi du 3 janvier 1973. Auparavant, Michel Poniatowski avait proposé un Haut Commissaire défenseur des droits de l'homme et le Parti socialiste un délégué parlementaire à la liberté. Cette institution du Médiateur a été accueillie avec scepticisme et parfois qualifiée d'institution-gadget.

A - Statut

Le Médiateur – qui est devenu Médiateur de la République en 1992 – est nommé pour six ans par le Gouvernement. Ce mode de désignation a été souvent critiqué. Le Médiateur de la République n'est pas renouvelable. Il est inéligible pendant l'exercice de son mandat. Son statut lui confère une grande indépendance et il ne peut être que difficilement démis de ses fonctions. Il ne reçoit d'instructions de personne.

Il a le caractère d'une autorité administrative selon le Conseil d'État (CE, 10 juillet 1981, Retail). Le Conseil d'État n'a pas ajouté le qualificatif d'indépendante même si le législateur a préféré, dans la loi du 13 janvier 1989 le qualifier d'*« autorité indépendante »* en omettant le qualificatif *« administrative »*... La légalité de ses décisions peut être contestée devant les juridictions administratives... mais ses recommandations ne sont pas des décisions !

Des « correspondants » du Médiateur de la République ont été mis en place dans chacun des départements. Ils sont devenus des délégués du Médiateur, reconnus par la loi du 12 avril 2000. On en compte 259 actuellement. Ils interviennent dès qu'un particulier a des difficultés avec une administration, une collectivité publique territoriale ou un établissement public. Il peut régler lui-même le litige en se mettant en rapport avec l'administration concernée ou bien conseiller le requérant à propos de son dossier afin que celui-ci arrive au Médiateur de la République par l'intermédiaire d'un parlementaire.

B - Compétences

La saisine est très ouverte. Il peut être saisi par toute personne physique ou morale à condition d'avoir un intérêt pour agir. Cependant le requérant doit passer par le canal d'un parlementaire. Le Médiateur de la République ne peut se saisir lui-même mais les parlementaires peuvent le saisir d'une affaire dont ils ont connaissance depuis la loi du 24 décembre 1976 qui a essayé de donner plus de poids à l'institution. De même, sur la demande de l'une des six commissions parlementaires de son assemblée, le président de l'Assemblée nationale ou celui du Sénat peut transmettre au Médiateur de la République une pétition dont son assemblée a été saisie (cf. *infra*).

Enfin, la loi du 12 avril 2000 a prévu qu'il puisse être saisi par le Médiateur de la République européen ou l'un de ses homologues étrangers. Cela a permis au Médiateur de la République de traiter des réclamations émanant de ressortissants communautaires et mettant en cause l'administration française.

La procédure consiste en une recommandation dans les litiges administrés-administration. Le champ d'action est très vaste puisqu'il s'agit de tout « organisme public ». Il s'agira de l'administration d'État, des collectivités publiques territoriales, des établissements publics et de tout autre organisme investi d'une mission de service public. Exception importante cependant. La loi ne peut s'appliquer aux litiges entre les administrations et organismes visés et leurs agents.

Il peut faire toute recommandation qu'il juge utile et proposer une solution. Si la recommandation reste sans effet ou sans réponse, cette recommandation peut être rendue publique.

Le Médiateur de la République ne peut intervenir dans une procédure juridictionnelle ou remettre en cause le bien-fondé d'une décision de justice. Le recours au Médiateur de la République présente aussi un inconvénient très important. Il ne suspend pas le délai de recours. Ainsi quelqu'un qui voudra d'abord s'adresser au Médiateur de la République et qui, à la suite de l'échec de celui-ci voudra alors intenter un recours pour excès de pouvoir risque de se trouver forclos.

La loi de 1976 a essayé de donner plus de possibilités au Médiateur de la République. Elle lui permet de faire appel à l'idée d'équité ce qui est sans doute tout à fait dans l'esprit de l'institution. Il peut intervenir à l'appui d'une décision de justice passée en force de chose jugée, si elle n'est pas suivie d'effet. Il dispose alors d'un pouvoir d'injonction.

Il peut aussi, en cas de carence de l'autorité compétente, engager contre tout agent responsable une procédure disciplinaire, ou le cas échéant, saisir d'une plainte la juridiction répressive.

L'activité du Médiateur s'accompagne chaque année d'un rapport qui dresse le bilan de son action. Le rôle du rapport est aussi de faire des propositions compte tenu de l'observation qu'il peut faire de l'administration. Ainsi dans son dernier rapport, le Médiateur de la République a formulé dix-sept propositions dont une meilleure protection des personnes privées de liberté, mais aussi une modification du régime d'hospitalisation sous contrainte dont certaines dispositions remontent à 1838.

C - Bilan

Sans doute l'institution progresse-t-elle, mais il est évident qu'elle n'est pas toujours vue d'un bon oeil par les administrations et par les juridictions, notamment administratives.

En 2002, les services du Médiateur de la République (services centraux et délégués départementaux) ont reçu 47 623 demandes dont 25 509 demandes d'information et d'orientation et 24 114 réclamations. 4 606 ont été traitées par les services centraux et 19 508 par les délégués. Le nombre a été décroissant (-18,7 %), en raison entre autres, du fait que 2002 était une année électorale. Il n'en reste pas moins que l'institution semble piétiner.

Le quart des litiges a eu trait à des litiges dans le domaine social. 22 % concernaient des problèmes fiscaux. Puis les problèmes relatifs aux étrangers arrivaient en troisième position. Ensuite on trouvait les retraites des agents publics (13 %), l'urbanisme (10 %), la justice (6 %).

En outre le succès des affaires traitées reste limité puisque la médiation n'a abouti que dans 11 % des cas.

La fonction de Médiateur a été très liée à la personnalité de ses titulaires et c'était d'ailleurs la condition de son succès. Il fallait des personnalités assez fortes et capables d'indépendance d'esprit.

Le premier Médiateur a été choisi en raison de la confiance qu'il inspirait aux Français. Il s'agissait d'Antoine Pinay, président du Conseil en 1952-1953, personnalité respectée qui jouissait d'un grand prestige dans l'opinion publique, mais il a vite constaté la faible portée de ses pouvoirs et, nommé le 1er février 1973 il a démissionné en mai 1974 pour soutenir Valéry Giscard d'Estaing. Aimé Paquet qui lui a succédé avait été président du groupe parlementaire des Républicains indépendants. À la fin de son mandat en 1980, Robert Fabre l'a remplacé. Le choix était intéressant car il ne s'agissait pas d'un ami politique de l'exécutif mais de l'ancien leader du Mouvement des radicaux de gauche. Il donnera un grand dynamisme à l'institution avant d'être nommé au Conseil constitutionnel en 1986 et d'être remplacé par un Conseiller d'État, proche de François Mitterrand, Paul Legatte. En 1993, Jacques Pelletier, centriste qui avait été membre du gouvernement Rocard a exercé la fonction avant que Bernard Stasi ne lui succède le 1er avril 1998. Il s'agit d'une personnalité forte et à l'esprit d'indépendance très affirmé. Son action en faveur des droits et des libertés est incontestable. On notera simplement qu'en 1973, il fut le seul membre du gouvernement français à protester contre le coup d'État du général Pinochet.

Section 3

De quelques autres autorités administratives indépendantes

1 • LA COMMISSION NATIONALE DE L'INFORMATIQUE ET DES LIBERTÉS

Il s'agit d'une autorité administrative indépendante collégiale de 17 membres.

Les deux assemblées, le Conseil économique et social et les trois juridictions suprêmes élisent chacun deux membres, 3 sont nommés par le gouvernement, 1 par le président de l'Assemblée nationale et 1 par le président du Sénat.

Elle a été à l'origine présidée par une personnalité à la haute autorité morale, Jacques Fauvet, ancien directeur du *Monde*. M. Michel Gentot, président de section honoraire au Conseil d'État, est maintenant à sa tête.

Le rôle de la CNIL est de recenser les fichiers puisque les fichiers publics manuels et automatisés et les fichiers privés automatisés doivent être déclarés. Elle sera conduite à établir des normes simplifiées pour les fichiers les plus simples, et notamment ceux qui «*ne comportent manifestement pas d'atteinte à la vie privée*», afin que l'informatique ne devienne pas une forme de bureaucratie, et que la CNIL ne soit pas non plus engorgée.

Mais elle dispose aussi d'un droit de contrôle pouvant faire effectuer par ses membres ou agents ou des experts, des vérifications sur place et se faire communiquer renseignements et documents nécessaires.

Les traitements automatisés d'informations nominatives pour le compte de personnes privées doivent seulement faire l'objet d'une déclaration. En revanche, ceux des personnes publiques ou des personnes morales de droit privé gérant un service public, sauf s'ils doivent être autorisés par la loi, doivent être décidés par un acte réglementaire pris après un avis motivé de la CNIL. Si l'avis est défavorable, cela ne sera possible que par décret pris sur avis conforme du Conseil d'État. Des conditions strictes sont posées pour l'utilisation du répertoire national d'identification des personnes physiques pour les traitements nominatifs.

Surtout, elle est la garante du droit d'accès et d'opposition. Toute personne peut interroger les services chargés de mettre en œuvre les traitements automatisés dont la liste est accessible au public, afin de connaître les informations la concernant. En cas de risque de dissimulation, le juge peut intervenir avant tout recours juridictionnel. Le titulaire du droit d'accès pourra obtenir rectification ou suppression des informations «*inexactes, incomplètes, équivoques, périmées ou dont la collecte*» est interdite.

Des dispositions spécifiques sont prévues pour les «*traitements intéressant la sûreté de l'État, la défense ou la sécurité publique*» faisant intervenir la CNIL, permettant à la fois de concilier la confidentialité des informations et la protection des personnes. Les données de santé à caractère personnel peuvent être transmises directement ou par un médecin, au choix de la personne. La loi a fait l'objet de modifications particulières pour les traitements automatisés de données nominatives pour la recherche dans le domaine de la santé, faisant intervenir un «*comité consultatif sur le traitement de l'information en matière de recherche dans le domaine de la santé*», préalablement à la CNIL. La loi s'est aussi intéressée aux données personnelles de santé à des fins d'évaluation ou d'analyse des activités de soin et de prévention.

La loi a posé un certain nombre de règles quant à la collecte, l'enregistrement et la conservation des informations nominatives, certaines informations devant être données aux personnes lors de la collecte des données. Une attention particulière est apportée aux données faisant «*apparaître les origines raciales ou les opinons politiques, philosophiques ou religieuses ou leurs appartenances syndicales ou les mœurs des personnes*», mais cela ne peut jouer pour les églises, partis ou syndicats ainsi que pour les organismes de presse dont la mission serait impossible dans le cas contraire, et on peut penser que la réalité est peut être loin de cette prohibition.

Enfin, elle dispose d'une forme de droit de sanction. Elle peut adresser des avertissements et surtout dénoncer au parquet les infractions dont elle a connaissance.

La CNIL comme la plupart des AAI publie chaque année un rapport.

2 • LA COMMISSION D'ACCÈS AUX DOCUMENTS ADMINISTRATIFS

Elle résulte de la loi du 17 juillet 1978. Elle est présidée par Mme Michèle Puybasset, le membre du conseil d'État étant président de droit.

La Commission d'accès aux documents administratifs (CADA) (loi 78-753 du 17 juillet 1978) est un organisme consultatif (elle s'intitule «*institution consultative indépendante*») comprenant un membre de chacune des juridictions suprêmes, un député et un sénateur, un représentant du Premier ministre, un membre d'un conseil général ou municipal, un professeur de l'enseignement supérieur et les directeurs généraux des Archives de France et de la Documentation française. Ces membres sont désignés pour trois ans et renouvelables ce qui leur enlève sans doute de leur indépendance. Après refus de communication elle doit être saisie dans un délai de deux mois. Si la CADA considère que le document peut être communiqué, elle informe l'administration concernée dans un délai d'un mois et le document doit être communiqué dans le mois suivant. Si l'administration persiste dans son refus, le juge administratif peut être saisi et devra statuer dans les six mois. Mais une saisine directe du juge, sans être passée par l'administration n'est pas possible.

Le rôle de la CADA est aussi de faire toute proposition de modifications des textes relatifs à l'accès aux documents, toutes mesures de nature à faciliter l'exercice de ce droit et à «*renforcer la transparence administrative*». Enfin, elle publie un rapport annuel. La loi a également prévu son intervention dans un certain nombre de cas prévus expressément par la loi.

Son activité n'est pas négligeable. En 2001, elle a donné 641 conseils à la demande d'autorités administratives afin de les éclairer sur l'application de la loi et rendu 4 328 avis à la demande de personnes physiques ou morales.

3 • ENCORE D'AUTRES AUTORITÉS ADMINISTRATIVES INDÉPENDANTES (AAI)

Les AAI semblent un peu la solution de facilité pour tenter d'assurer la gestion et la protection de nouveaux droits et libertés ou de droits et libertés ayant pris une nouvelle dimension ou en fonction des évolutions technologiques ou des évolutions des mentalités. On notera que d'autres Médiateurs ont été créés comme le Médiateur du Cinéma ou le/la Défenseur/e des enfants qui est un médiateur sans filtrage parlementaire. À côté de la COB, déjà citée, on a vu apparaître le Conseil de la concurrence, la Commission des sondages, la Commission nationale des comptes de campagne, le Conseil supérieur de l'audiovisuel. Ce dernier cas montre la relativité de l'institution. Dans un premier temps avait été créé la Haute Autorité de l'audiovisuel, sur le modèle du Conseil constitutionnel avec trois membres nommés par le Président de la République, trois nommés par le président du Sénat, trois nommés par le président de l'Assemblée nationale. Mais le caractère d'indépendance n'empêche pas qu'une majorité nouvelle puisse facilement mettre à bas une AAI et en créer une nouvelle. C'est ce qui fut fait en 1986 avec la création de la Commission nationale de la communication et des libertés, dont la composition était un peu trop complexe, digne d'un inventaire à la Prévert auquel il ne manquait que le raton-laveur. Elle n'a pas survécu au nouveau changement de majorité en 1988 et a été institué le Conseil supérieur de l'audiovisuel en 1988, clone de la Haute Autorité ; depuis lors, l'institution est restée stable. Mais pour qu'elle conserve un caractère de permanence, certains ont suggéré de la constitutionaliser.

Une autorité indépendante de lutte contre la discrimination devrait bientôt voir le jour.

Section 4

En deçà des AAI : La Commission nationale consultative des droits de l'homme

1 • COMPOSITION DE LA CNCDH

Avec la Commission nationale consultative des droits de l'homme, nous nous éloignons des AAI. De plus, on peut sans doute estimer qu'elle permet une protection contre l'exécutif, mais elle peut aussi être une forme de protection contre le législateur. Elle est le successeur lointain de la « *Commission consultative pour la codification du droit international et la définition des droits et devoirs des États et des droits de l'homme* », créée par un arrêté du ministre des Affaires étrangères en mars 1947 et présidée par René Cassin. On notera que dès le 16 juin 1947, son président mettait à l'étude un projet de Déclaration universelle des droits de l'homme. En 1984, sous la présidence de Mme Nicole Questiaux, elle est réactivée, le décret du 30 janvier 1984 ayant institué une « *Commission consultative des droits de l'homme* » près du ministre des Affaires étrangères. L'article 1 du décret du 30 janvier 1984 qui lui donne son statut la qualifie de « *commission indépendante* ». En 1986 elle est rattachée au Secrétariat d'État chargé des droits de l'homme auprès du Premier ministre, puis en 1989, elle est rattachée au Premier ministre.

Sa composition en fait un organisme fort nombreux. Elle comprend, avec voix délibérative, des personnes appartenant « *aux organisations non gouvernementales oeuvrant dans le domaine des droits de l'homme ou de l'action humanitaire* » (actuellement 33), des représentants des principales confédérations syndicales (7), des personnalités « *choisies en raison de leur compétence dans le domaine des droits de l'homme* » (47 représentant les religions catholique, musulmane, protestante et juive, des membres de l'université, du corps diplomatique, du barreau, des sociologues...), 7 experts français siégeant dans les instances internationales, un député, un sénateur, le Médiateur de la République. S'y ajoutent les représentants du Premier ministre et de 17 ministres intéressés, ainsi que des membres du Conseil d'État et des magistrats avec voix consultative. Toutes ces personnes sont nommées par arrêté du Premier ministre. Elle est actuellement présidée par M. Joël Thoraval, président national du Secours catholique.

2 • LES MISSIONS DE LA CNCDH

Un important travail est effectué au sein de sous-commissions (7 sous-commissions: droits de l'enfant; calendrier international; questions nationales; réflexions éthiques, droits de l'homme et évolutions politiques et sociales; éducation, formation et diffusion des droits de l'homme; droit et action humanitaires; racisme et xénophobie) dans lesquelles peuvent siéger avec voix consultative, des personnes choisies par certains des membres de la Commission. Cela permet un travail efficace avec des participants plus spécialisés. Saisie par le Premier ministre ou les membres du gouvernement, mais aussi pouvant, depuis 1989, se saisir elle-même, elle rend publics ses avis et ses rapports.

Plus particulièrement, la loi du 13 juillet 1990 tendant à réprimer tout acte raciste, antisémite ou xénophobe l'a chargée de remettre un rapport annuel sur le racisme et la xénophobie au Premier ministre, qui constitue un élément très important de son rapport annuel.

Cette commission a évolué quant à ses missions. À l'origine elle avait plutôt une finalité internationale, devant aider à la présentation des rapports que la France présente devant les organisations internationales; elle intervient aujourd'hui tout autant dans le domaine intérieur – mais peut-on séparer action internationale et action interne en matière de droits de la personne humaine? – que dans le domaine international, notamment à propos des projets de loi ou des politiques mises en oeuvre par l'Exécutif. En effet chargée en 1984 d'assister le ministre des relations extérieures elle a vu sa compétence étendue aux questions nationales en 1986 et aux situations humanitaires en 1996.

BIBLIOGRAPHIE

Colliard (Cl. A.) et TIMSIT (G.)(Dir.), *Les autorités administratives indépendantes,* PUF, 1988.

Gentot (M.), *Les autorités administratives indépendantes* Montchrestien, Clefs, politique, 1991.

Legrand (A.), *L'ombudsman scandinave: étude comparée sur le contrôle de l'administration,* LGDJ, BSA, n° 2, 1970.

Legatte (P.), *Le principe d'enquête. Défendre le citoyen face à l'administration*, Presses de la Renaissance, 1992.

Réflexions sur les autorités administratives indépendantes, EDCE, 2001, pp. 251-462.

CHAPITRE 15

La protection citoyenne

Vision peut-être la plus démocratique de la protection des droits et libertés, l'action par les citoyens eux-mêmes a pu être mise en place par des moyens très variés. Le droit de pétition peut apparaître comme l'un des plus anciens (section 1). Le développement spectaculaire depuis un siècle des associations a pu permettre là encore des actions efficaces (section 2). Mais d'autres formes d'action collective tiennent aussi une place importante (section 3). Cependant la forme ultime peut sembler être ce droit naturel et imprescriptible de l'homme qu'est le droit de résistance à l'oppression (section 4).

Section 1

Le droit de pétition

1 • RECONNAISSANCE ET ORGANISATION DU DROIT DE PÉTITION

Le droit de pétition est certainement le type même d'institution mal connue alors que chacun croit savoir ce que c'est.

Ce droit qui étymologiquement signifie le droit de demander a été reconnu très tôt notamment par les souverains anglais. Il s'agissait du droit de formuler des demandes, d'exposer des plaintes aux autorités publiques. Il va prendre son essor à la Révolution française. Sans doute peut-il être considéré comme un moyen de tempérer le système représentatif. Il est affirmé dès le décret du 22 mai 1791 : *« le droit de pétition est ouvert à tout individu »*. Toutes les constitutions le reconfirmeront. Mais ce droit connaîtra des débordements lorsque les auteurs de ces pétitions voudront apporter eux-mêmes leur demande à la barre des assemblées. Le Directoire réglementera strictement interdisant les pétitions collectives. Le droit de pétition connaîtra un bel essor sous les monarchies censitaires car leur examen régulier par les assemblées permettra une forme de contrôle parlementaire.

Le droit de pétition permet de signaler au législateur un acte dont le pétitionnaire a été victime et dont il demande réparation.

Aujourd'hui, le droit de pétition dans sa forme traditionnelle est en très fort déclin, et ignoré des citoyens. Notre constitution l'ignore. Cependant il est évoqué par l'ordonnance du 17 novembre 1958 relative au fonctionnement des assemblées et par les règlements des assemblées (art. 147 à 151. du RAN et 87 à 89 du règlement du Sénat).

La loi du 24 décembre 1976 a prévu la possibilité de transmettre au Médiateur de la République les pétitions adressées aux assemblées parlementaires.

L'ordonnance du 17 novembre 1958 relative au fonctionnement des assemblées parlementaires (art. 4) interdit d'apporter des pétitions à la barre des deux assemblées parlementaires, souvenir de la période révolutionnaire. Pour le reste elle renvoie aux règlements des assemblées. Ceux-ci prévoient que les pétitions sont transmises par la Commission des lois. Trois types de décisions peuvent être prises : classement sans suite ; transmission à un ministre, à une autre commission ou au Médiateur de la République ; soumission à l'assemblée. Le sort de ces pétitions qui nous est connu par le *Journal officiel* est de peu d'intérêt. Cela explique peut être leur faible nombre et leur importance décroissante. Pendant la 10e législature (1993-1997) 70 pétitions seulement ont été adressées à l'Assemblée nationale. 43 ont été classées. 22 ont été renvoyées à un ministre ou au Médiateur de la République. 1 a été renvoyée à une autre commission. On constatera surtout qu'aucune n'a été soumise à l'examen de l'Assemblée elle-même.

Mais ce mode de protection reste peu important. On préfère écrire au président de la République, ou à son épouse... d'autant plus que cela a parfois des résultats !

Même si le droit de pétition peut apparaître un peu passéiste, il n'en demeure pas moins une réalité puisque la Charte des droits fondamentaux de l'Union européenne en a fait l'un des droits liés à la citoyenneté. L'article 44 de la Charte dispose que « *tout citoyen ou toute citoyenne de l'Union ou toute personne physique ou morale résidant ou ayant son siège statutaire dans un État membre a le droit de pétition devant le Parlement européen* ».

2 • LES PÉTITIONS COLLECTIVES

Aujourd'hui, c'est une autre forme de droit de pétition qui est le plus souvent utilisée. Il s'agit de la pétition collective. Elle a aujourd'hui plus de succès parce qu'en même temps, on essaie de lui donner un retentissement médiatique, qui, on l'espère, fera pression sur les gouvernants.

On peut distinguer deux types de pétitions collectives. Certaines insistent sur un aspect quantitatif. D'autres sur l'aspect qualitatif.

Les pétitions aux objectifs quantitatifs visent à recueillir le plus grand nombre d'adhésions. L'un des exemples les plus manifestes est celui de la pétition du Comité national d'action laïque soutenu par la Fédération de l'Éducation nationale, protestant contre la loi Debré d'aide à l'enseignement privé en 1959. Cette pétition recueillit plus de dix millions de signatures sans que d'ailleurs cela ne puisse entraîner une abrogation de la loi.

Les pétitions aux objectifs qualitatifs cherchent beaucoup plus à réunir des signataires dont le nom peut être très porteur, notamment les intellectuels.

Ce type de pétition s'est beaucoup développé ces dernières années tant en France qu'à l'étranger. On peut citer le Manifeste des 121 sur le droit à l'insoumission en Algérie où les signatures des écrivains Marguerite Duras, Alain Robbe-Grillet ou Claude Simon, futur prix Nobel côtoyaient celles de l'actrice Simone Signoret, du poète André Breton, du cinéaste Alain Resnais, du compositeur Pierre Boulez ou du professeur Théodore Monod.

À l'étranger on peut citer la Charte 77, publiée le 1er janvier 1977 par les dissidents tchécoslovaques et qui sera le point d'ancrage de l'opposition. Elle réunissait nombre d'intellectuels.

Section 2

Une institution centenaire : l'association

1 • LA LIBERTÉ D'ASSOCIATION

Liberté délibérément ignorée par les révolutionnaires de 1789, la liberté d'association est devenue aujourd'hui l'une des possibilités les plus importantes pour permettre aux intéressés de défendre leurs droits et leurs libertés. Il est vrai que la loi du 1er juillet 1901 a constitué un cadre extrêmement libéral pour favoriser l'essor de cette liberté même si aujourd'hui, bien souvent, la liberté d'association est détournée de son objectif initial pour échapper à certaines pesanteurs juridiques. Le nombre des associations est très imprécis. Les associations déclarées étaient estimées à plus de 1 800 000 en 1999 dont 1 000 000 considérées comme « actives ». 21 millions de Français, soit près de la moitié de la population de plus de 15 ans, y adhèrent. Certaines de ces associations ont pour objectif premier de défendre les droits et les libertés soit d'une façon généraliste – s'intéressant à l'ensemble des droits et libertés –, soit d'une façon particulière – s'intéressant à des droits et libertés spécifiques –. On peut citer dans cette dernière hypothèse les associations qui se sont données pour objectif de lutter contre le racisme comme S.O.S. Racisme, la Ligue contre le racisme et l'antisémitisme (LICRA) fondée en 1927, le Mouvement contre le racisme et pour l'amitié entre les peuples (MRAP) créé en 1949.

L'action de ces associations peut être nationale, même si elles ont des liens sur le plan international. D'autres vont avoir une activité résolument internationale s'inscrivant parmi les organisations non gouvernementales (ONG).

2 • UN EXEMPLE D'ASSOCIATION NATIONALE : LA LIGUE DES DROITS DE L'HOMME

La Ligue des droits de l'homme est certainement la plus ancienne des grandes associations intervenant pour la défense des droits de l'homme. Elle est née à l'occasion de l'affaire Dreyfus et a été fondée à l'issue du procès Zola (février 1898) par un ancien ministre de la Justice, Ludovic Trarieux. Elle a une vocation universaliste en matière de droits de l'homme et se rattache aux principes de 1789, de 1793 et de 1848. Elle s'attache à faire respecter les droits lorsqu'ils sont menacés par l'arbitraire et l'injustice des autorités. Elle a élargi son champ d'intervention en ce qui concerne les différents droits. Elle a aussi cherché à étendre son action au plan international.

Elle est organisée en sections locales et en fédérations départementales, placées sous l'autorité d'un comité central permanent siégeant à Paris. Elle possède un important service juridique chargé d'étudier des dossiers lui permettant d'intervenir auprès des pouvoirs publics ou des juridictions.

La Ligue compte beaucoup de personnalités parmi ses membres qui bien souvent appartiennent au monde juridique.

Si la Ligue se veut indépendante des partis politiques, elle reste très marquée par les conditions de sa création et apparaît marquée par une orientation de gauche, s'appuyant sur la tradition républicaine, démocratique, laïque et pacifiste.

Elle a joué un rôle important face au fascisme et au nazisme, pendant la Résistance et pendant la guerre d'Algérie agissant contre les juridictions d'exception et la torture. Sur le plan international, elle agit en liaison avec la Fédération internationale des droits de l'homme, créée en 1922, qui regroupe actuellement 27 Ligues affiliées et possède le statut consultatif auprès de l'ECOSOC, de l'UNESCO, du Conseil de l'Europe. À l'ECOSOC, elle ne figure que sur la liste II (droit de participation aux séances, droit de parole, droit d'adresser des communications, droit à la documentation officielle auprès des Nations unies) alors que les ONG figurant sur la liste I peuvent proposer l'inscription de certains sujets à l'ordre du jour de l'ECOSOC ou des organes subsidiaires.

3 • UN EXEMPLE D'ORGANISATION NON GOUVERNEMENTALE : AMNESTY INTERNATIONAL

Les organisations non gouvernementales (ONG) jouent un rôle de plus en plus important et efficace dans la protection des droits et libertés. Il s'agit d'institutions créées sur initiative privée et regroupant des personnes de nationalités différentes, qu'elles soient publiques ou privées, qu'elles soient physiques ou morales. Bien entendu elles poursuivent un but non lucratif.

Amnesty international est une organisation non gouvernementale dont l'action est à la fois originale et forte. Elle a été créée en 1961 en Grande-Bretagne par un avocat britannique Peter Benenson, choqué par l'information que des Portugais qui avaient porté un toast à la liberté avaient été emprisonnés. Amnesty international se veut un mouvement impartial d'interventions directes pour la défense des droits de l'homme. Cette ONG s'est développée dans le monde et sa section française a été créée en 1971. Elle a acquis une notoriété avec l'attribution du prix Nobel de la Paix en 1977, son premier Président, Sean McBride ayant lui-même obtenu le Prix Nobel de la Paix, à titre personnel, en 1974.

Amnesty international poursuit un triple objectif : obtenir la libération des prisonniers d'opinion, c'est-à-dire des personnes emprisonnées pour leurs opinons sans avoir fait usage de la violence ; obtenir un procès juste et équitable pour les prisonniers d'opinion et les prisonniers politiques ; travailler l'abolition de la torture et de la peine de mort pour tous. Depuis le champ d'action s'est étendu.

Forte de plus d'un million de membres, de 5 300 groupes, de 56 sections nationales, l'organisation a son siège à Londres.

Ses méthodes d'action s'appuient d'abord sur l'impartialité. Amnesty ne prône aucun système politique particulier si ce n'est celui laissant s'épanouir les droits humains. Pendant longtemps cette impartialité apparaissait à travers la rège des trois qui voulait que chaque mois, les prisonniers d'opinion dont le cas était plus particulièrement mis en exergue appartenaient l'un au monde occidental, un autre au bloc soviétique, le dernier enfin au tiers-monde. Amnesty international insiste aussi sur son indépendance qui se caractérise par un refus sourcilleux de subventions et d'aides publiques ou privées.

Les techniques sont souvent originales. À l'origine, la technique majeure était très concrète à travers l'adoption de prisonniers d'opinion. Plusieurs groupes de pays différents adoptaient un prisonnier et s'efforçaient d'obtenir sa libération notamment en écrivant auprès des autorités du pays. Amnesty international organise aussi des campagnes portant sur des pays ou sur des thèmes. Elle envoie des commissions d'enquête, des observateurs. Elle s'efforce de mener des actions en matière d'éducation aux droits de l'homme. Son action est appuyée par un service de la recherche très solide de plus de 400 chercheurs.

Les membres d'Amnesty international ne travaillent pas sur les violations dans leur propre pays. En revanche, ils s'efforcent, dans leur pays, de faire évoluer la législation.

Mais l'aspect le plus médiatique est la publication de rapports sur tel ou tel pays ou tel ou tel thème et surtout la publication du rapport annuel dans lequel rares sont les États qui échappent aux observations de l'organisation. Ainsi le rapport 2003 (sur l'année 2002) mentionne-t-il à propos de la France des violences racistes, des brutalités policières, la crainte de l'utilisation de flash-balls, la situation des détenus malades, l'impunité de fait suite à certaines violences policières, la mort d'un ressortissant argentin au cours d'une opération de renvoi forcé, la détention administrative des étrangers…

Amnesty international s'appuie sur le droit international et est à l'origine de certaines conventions, notamment la Convention des Nations unies contre la torture du 10 décembre 1984. Pour mener cette action, Amnesty international bénéficie du statut consultatif auprès de l'ONU mais aussi d'organisations régionales comme le Conseil de l'Europe ou l'Union africaine.

Section 3

Quelques autres formes d'action collective

1 • LA LIBERTÉ DE MANIFESTATION

A - Une liberté à la reconnaissance difficile

La liberté de manifestation n'est pas véritablement considérée comme une liberté fondamentale et, susceptible de porter facilement atteinte à l'ordre public, elle a toujours fait l'objet d'une grande méfiance. Pourtant, il semble qu'en visant l'atteinte à la liberté de manifestation, le nouveau Code pénal dans son article 431-1 ait voulu la reconnaître au moins indirectement. Le projet d'avril 1946 dans son article 16 avait reconnu le droit de défiler librement sur la voie publique. Le Conseil constitutionnel, sans l'évoquer expressément s'est référé en 1995 (CC 94-352, *DC,* 18 janvier 1995, Loi d'orientation et de programmation relative à la sécurité) au «*droit d'expression collective des idées et des opinions*». La liberté de manifestation se distingue de la liberté de réunion qui vise des rassemblements dans un lieu précis, n'utilisant pas la voie publique. Bien mieux, la loi du 30 juin 1881 relative aux réunions pose que «*les réunions ne peuvent être tenues sur la voie publique*».

C'est surtout pendant l'entre-deux-guerres qu'elle a fait l'objet de restrictions. Il est vrai que cette période a été marquée par des manifestations très violentes dont la plus dramatique fut sans doute celle du 6 février 1934. Suite à l'affaire Stavisky, une violente campagne de presse de l'extrême droite et notamment de l'Action française entretint une vive agitation. À la suite du remplacement du Préfet de police Chiappe, proche de l'extrême-droite, les associations d'anciens combattants et les ligues organisèrent une manifestation, menaçant la Chambre des députés. Les forces de police mal dirigées, tirèrent sur les manifestants faisant une vingtaine de victimes et plus de cent blessés. Le lendemain le journal l'*Action Française* était saisi.

Pour faire face à ces manifestations violentes, le décret-loi du 23 octobre 1935 a essayé d'encadrer juridiquement les manifestations ce qui a conduit en fait à une reconnaissance indirecte.

B - L'encadrement de la liberté de manifestation

Le décret-loi de 1935 (complété par la circulaire Paganon) impose une déclaration préalable pour «*tout cortège, défilé et rassemblement et d'une façon générale toutes manifestations sur la voie publique*».

Ces obligations ne visent pas les «*sorties sur la voie publique conformes aux usages locaux*». Il est évident que cela vise notamment les processions qui ont pu alimenter auparavant la jurisprudence du Conseil d'État. Celui-ci, se fondant sur la loi de 1905 relative à la liberté des cultes avait censuré les interdictions prononcées par des maires anticléricaux qui s'appuyaient sur la loi de 1881 relative aux réunions. Plus exactement, il distinguait entre les processions traditionnelles considérées comme tout fait admissibles et les autres processions pour lesquelles le maire pouvait prendre les mesures nécessaires pour prévenir les troubles à l'ordre public (CE, 19 février 1909, Abbé Olivier, *GAJA* n° 21).

La déclaration émanant de trois organisateurs se fait en mairie trois jours francs au moins et 15 jours francs au plus avant la manifestation. Un récépissé est délivré. On ne se situe pas dans un système d'autorisation mais plutôt de possibilité d'interdiction puisque s'il y a des risques de troubles à l'ordre public, la manifestation pourra être interdite. Les autorités peuvent imposer un itinéraire (CE, 21 janvier 1966, Legastelois).

Si une manifestation n'est pas déclarée ou bien si, malgré l'interdiction, elle a quand même lieu, la manifestation sera qualifiée d'attroupement illégal et sera sanctionnée en vertu des articles 431-9 et s. du Code pénal. L'attroupement en vertu de l'article 431-3 du Code pénal est « *tout rassemblement de personnes sur la voie publique ou dans un lieu public susceptible de troubler l'ordre public* ». Déjà depuis la loi du 7 juin 1848, étaient interdits les attroupements armés et ceux susceptibles de porter atteinte à la tranquillité publique.

Les modalités relatives aux manifestations sont devenues encore plus rigoureuses depuis une trentaine d'années, nombre de manifestations donnant lieu à des violences dont les auteurs étaient extérieurs. Les évènements de mai 1968 ont pu être un tournant et la loi dite « anti-casseurs » du 8 juin 1970, abrogée le 23 décembre 1981 avait un caractère choquant en instaurant une responsabilité à la charge des organisateurs en cas de troubles. La loi d'orientation et de programmation relative à la sécurité du 21 janvier 1995 permet, si des troubles sont à craindre, d'interdire dans les 24 heures qui précèdent et jusqu'à la dispersion, le « *port et le transport, sans motif légitime, d'objets pouvant constituer une arme au sens de l'article 132-75 du Code pénal* ».

C - Le contrôle du juge

Le contrôle du juge semble avoir évolué ces dernières années. Le juge n'examinait pas réellement le caractère de proportionnalité entre le risque réel à l'ordre public et la mesure d'interdiction prise (CE, S., 19 février 1954, Union des syndicats ouvriers de la région parisienne C.G.T.). Mais la Cour européenne des droits de l'homme a pu considérer que la liberté de manifester était « *une liberté réelle et effective* » (CEDH, 26 avril 1991, Ezelin c/ France, B 197 ; S. 52 ; *cf.* aussi CEDH, 21 juin 1988, Ärzte für das Leben).

Les manifestations sont devenues un des éléments essentiels de l'action pour la protection des droits et libertés. Sans doute, les manifestations peuvent-elles avoir un objectif très général, avoir un caractère traditionnel (manifestations du 1er mai), viser un objectif particulier sans lien direct avec les droits et libertés. Mais la liberté de manifestation n'en apparaît pas moins comme l'un des moyens privilégiés de l'action citoyenne, l'objectif, à l'image des pétitions, étant de réunir le plus grand nombre de participants, les observations de la police contrastant toujours avec celles des organisateurs d'une façon quasi-rituelle. Certaines manifestations ont pu avoir un très grand retentissement. On évoquera celles de mai 1968, notamment celle du 13 mai 1968 qui a réuni un million de participants et celle à l'appel du général de Gaulle, sur les Champs Elysées le 29 mai 1968. Dans le domaine de la liberté de l'enseignement la manifestation du 24 juin 1984 a eu pour conséquence non seulement le retrait du projet de loi, mais encore le départ du ministre de l'Éducation nationale puis du Premier ministre. Dix ans plus tard, la manifestation du 16 janvier 1994 répondait comme un écho à propos de la modification de la loi *Falloux*.

2 • LE DROIT DE GRÈVE

Le droit de grève tient une place assez réduite dans les manuels de libertés publiques, ceux-ci considérant qu'il relève plus d'un enseignement du droit du travail. C'est vrai qu'il apparaît comme s'inscrivant avant tout dans les relations de travail. La grève est une «*cessation concertée en vue d'appuyer des revendications professionnelles*» (Cass. soc. 28 juin 1951) «*un moyen de défense des intérêts professionnels*» (CC 79-105, *DC,* 25 juillet 1979, «*Droit de grève à la radio et à la télévision*», GDCC n° 27 ; F. p. 53).

La grève peut perdre son caractère de droit social pour prendre la forme d'un droit politique. On peut en trouver trace dans l'Antiquité lorsque la plèbe à laquelle les patriciens refusaient certains droits, se livra à plusieurs « sécessions » paralysant ainsi la vie économique. L'Ancien Régime connut un certain nombre de grèves, parfois violentes, qui étaient souvent l'œuvre de toute une corporation. Elles étaient très lourdement réprimées.

La disparition des corporations à la Révolution n'eut pas pour effet de voir éclore le droit de grève, bien au contraire. La loi du 14 juin 1791, dite loi *Le Chapelier*, en arguant de la liberté du travail vint interdire les grèves. Cette prohibition se maintiendra jusqu'au second Empire, le délit de coalition étant réprimé par le Code pénal (art. 414 à 416 Code pénal). La deuxième République qui avait donné quelque espoir pour les droits sociaux maintint quand même le délit de coalition (loi du 1er décembre 1849). Il faudra attendre la loi du 25 mai 1864 sous le second Empire pour que la grève cesse d'être un délit. Cependant, elle restera prohibée dans la fonction publique jusqu'à la seconde guerre mondiale. L'article 123 du Code pénal disposait que «*tout concert de mesures contraires aux lois pratiqué soit par la réunion d'individus ou de corps dépositaires de quelque partie de l'autorité publique, soit par députation ou correspondance sera puni...*». Le Conseil d'État la considérait comme un «*acte illicite*» permettant la révocation des agents y ayant pris part (CE, 7 août 1909, Winkell ; CE, 22 octobre 1937, Delle Minaire). Le statut des fonctionnaires de Vichy du 14 septembre 1941 considérait que la grève était pour le fonctionnaire «*le manquement le plus grave à ses devoirs essentiels*».

C'est le préambule de la Constitution de 1946 qui va reconnaître que «*le droit de grève s'exerce dans le cadre des lois qui le réglementent*». Cela conduira à l'admettre dans la fonction publique. Mais il n'y aura pas de véritable réglementation, ceci conduisant à l'intervention du juge administratif (CE, Ass. 7 juillet 1950, « Dehaene », *GAJA* n° 68 ;

GDJDA 396). Elle fera l'objet d'une réglementation dans les services publics (loi du 31 juillet 1963). Pour le Conseil constitutionnel, c'est «*un principe de valeur constitutionnelle*» (CC 79-105, *DC*, 25 juillet 1979, Droit de grève à la radio et la télévision, *GDCC* n° 27 ; F p. 53). Mais ce principe comporte des limites parce qu'il y a une «*conciliation nécessaire entre la défense des intérêts professionnels dont la grève est un des moyens et la sauvegarde de l'intérêt général*» ce qui permettra au Conseil constitutionnel d'affirmer le principe de valeur constitutionnelle de la continuité des services publics.

L'objectif de la grève doit être l'aboutissement de revendications sociales. Cependant, la frontière est parfois difficile entre la grève visant à une revendication particulière et la grève visant à une modification de l'ordre social. Les grandes grèves de 1947, le mouvement de mai 1968 en sont des illustrations. La grève peut déborder son cadre strictement de revendication professionnelle pour devenir une arme politique, une arme aussi pour la défense des droits et des libertés. Que l'on pense au mouvement de grève qui a précédé la libération de Paris avec la grève de la police et du métro dès le 15 août, celle des postiers le lendemain. Lors des évènements de mai 1958, un mouvement de grève fut lancé destiné à s'opposer aux insurgés d'Alger. On a pu voir la grève utilisée à l'étranger comme arme politique, et pas toujours dans un sens favorable aux droits et libertés. Ainsi la grève des camionneurs au Chili en 1973 fut l'une des armes pour préparer le coup d'État du 11 septembre 1973.

Section 4

La protection ultime : la résistance à l'oppression

1 • UNE AFFIRMATION CONSTANTE

Le droit de résistance à l'oppression a été affirmé par les révolutionnaires français. En réalité, les sources sont bien plus anciennes. Déjà le thème du droit de résistance se retrouve chez les théologiens du Moyen Âge. Il réapparaît au XVIe siècle, avec en France principalement la théorie du tyrannicide qui justifiera pour leurs auteurs les assassinats d'Henri III et Henri IV. Mais l'affirmation la plus solennelle apparaît au XVIIIe siècle. Elle apparaît dans la Déclaration d'indépendance américaine du 4 juilet 1776 pour justifier l'action des insurgents. C'est encore plus net dans la Déclaration des droits de l'homme et du citoyen de 1789 puisque ses rédacteurs inscrivent le droit de résistance à l'oppression parmi les quatre droits naturels et imprescriptibles de l'homme, même si c'est en dernière place. L'affirmation est encore plus nette dans la Déclaration des droits du 24 juin 1793 : «*Quand le gouvernement viole les droits du peuple, l'insurrection est pour le peuple et chaque portion du peuple le plus sacré des droits et le plus indispensable des devoirs*». Et ce texte définit l'oppression en affirmant qu'il «*y a oppression contre le corps social, lorsqu'un seul de ses membres est opprimé. Il y a oppression contre chaque membre lorsque le corps social est opprimé*».

Au XXe siècle, l'Église réaffirme cette idée face aux systèmes oppressifs des droits de l'homme. L'Encyclique *Mit brennender* Sorge (avec une anxiété brûlante) de Pie XI (21 mars 1937) dans une critique forte du système national-socialiste, affirme que «*l'homme en tant que personne, possède des droits qu'il tient de Dieu et qui doivent demeurer vis à vis de la collectivité hors de toute atteinte qui tendrait à les nier, à les abolir ou à les négliger*». Dans *Pacem in Terris* (11 avril 1963), Jean XXIII écrit que «*si donc il arrive aux dirigeants d'édicter des lois ou de prendre des mesures contraires à cet ordre* [moral] *et par conséquent à la volonté divine, ces dispositions ne peuvent obliger les consciences car "il faut obéir à Dieu plutôt qu'aux hommes"*».

La difficulté de la résistance à l'oppression est celle de sa mise en oeuvre. Elle suppose un jugement individuel de l'«*acte d'oppression*». Il est impossible de la constater juridiquement. On dépasse le juridique car on voit difficilement comment organiser le droit de résistance à l'oppression.

2 • L'ORGANISATION DU DROIT DE RÉSISTANCE À L'OPPRESSION

Pourtant la question se pose à travers le refus d'obéissance dans l'administration.

L'article 28 de la loi du 13 juillet 1983 a posé l'obligation d'obéissance sauf dans le cas où l'ordre est «*manifestement illégal et de nature à compromettre gravement un intérêt public*» ce qui est la reprise d'un vieil arrêt du Conseil d'État (CE, S., 10 novembre 1944, Langneur, *GDJDA* 616, à propos de l'ordre donné par un maire d'inscrire sur la liste des chômeurs, un agent électoral) qui a vu les principes complétés par l'idée d'ordre «*manifestement illégal*» (CE, 27 mai 1949, Dame Arasse, Rec. 249) puis par l'idée qu'il y a une atteinte grave «*à un intérêt public*» (CE, 2 novembre 1966, Delle Dessendier, Rec. 580). La loi a totalement réceptionné la jurisprudence.

On devine qu'il y a une très grande réticence à reconnaître ce droit pour le fonctionnaire. C'est pourquoi les deux conditions doivent être réunies. Le seul caractère illégal de l'ordre ne saurait suffire.

On ajoutera à cela les dispositions de l'article 112-4 du Code pénal qui posent que «*n'est pas pénalement responsable la personne qui accomplit un acte commandé par l'autorité légitime, sauf si cet acte est manifestement illégal*».

De même le Règlement de discipline générale des armées a tenté d'organiser la théorie des «*baïonnettes intelligentes*» (art. 8, Décret 28 juillet 1975) en reprenant l'article 15 de la loi du 13 juillet 1972: «*Toutefois il ne peut lui être ordonné et ils ne peuvent accomplir des actes contraires aux lois et coutumes de la guerre, aux conventions internationales ou constituant des crimes ou des délits*».

3 • LES FORMES DE LA RÉSISTANCE À L'OPPRESSION

Le problème de la résistance à l'oppression s'est retrouvé tragiquement posé lors de la guerre d'Algérie. Le Manifeste des 121 sur le droit à l'insoumission en a été une illustration. Mais lors de son procès, Jean Bastien-Thiry, l'un des auteurs de l'attentat du Petit-Clamart contre le général de Gaulle a invoqué la théorie du tyrannicide pour justifier son action.

La résistance à l'oppression peut prendre d'autres formes dont certaines ont été évoquées plus tôt. Cela pourra être la manifestation avec le risque d'une répression sanglante, mais également la grève (cf. *supra*). D'autres formes sont apparues, avec l'espoir d'un retentissement médiatique. La grève de la faim est une arme qui a connu ses victimes. On se contentera de citer le cas de l'Irlande avec la mort du Lord-maire de Cork en 1920 après 76 jours de grève de la faim et celle de Bobby Sands en 1982. On distinguera ce type d'action du jeûne utilisé notamment par Gandhi pour qui ce mode d'action avait aussi une connotation religieuse. Avec Gandhi, on voit aussi apparaître une autre forme de résistance à l'oppression : la non-violence qui se caractérise par une résistance passive. Mais d'autres formes plus violentes sont aussi utilisées comme le suicide par le feu qui sera utilisé par les Vietnamiens dans les années 60 ou par Jan Palach à Prague, le 16 janvier 1969 pour protester contre l'invasion de la Tchécoslovaquie par les troupes du Pacte de Varsovie, ou encore, malheureusement de plus en plus utilisé aujourd'hui, le terrorisme. Bien évidemment cette énumération des formes de résistance à l'oppression est loin d'être exhaustive.

BIBLIOGRAPHIE

DIONNET (J.-P.), *Le droit de pétition durant la Restauration, 1814-1830,* Thèse Poitiers, 2001.

JUEN (P.), *La liberté de manifestation,* Thèse Lyon 2, 2000.

MORANGE (J.), *La liberté d'association en droit public français,* PUF, 1977.

PARTIE 2

Les droits de la personne humaine dans l'ordre international

La grande révolution en matière de droits et libertés depuis la seconde guerre mondiale est très certainement l'internationalisation de la question. Désormais il ne s'agit plus d'un sujet laissé à la compétence exclusive des États mais d'un sujet intéressant l'ensemble de la société internationale que ce soit sur le plan mondial notamment dans le cadre de l'ONU (titre 1) ou sur le plan régional et plus particulièrement européen (titre 2).

TITRE 1

Le système onusien

La prise en compte de la personne humaine en droit international n'est peut-être pas chose nouvelle mais elle s'est faite, très progressivement, très timidement.

À cet égard on peut évoquer le droit humanitaire qui a connu une systématisation – même si l'idée n'était pas nouvelle – grâce à Henry Dunant et avec la Convention de Genève pour l'amélioration du sort des militaires blessés dans les armées en campagne du 22 août 1864. D'autres conventions ont abordé ce champ comme la convention concernant les lois et coutumes de la guerre sur terre de La Haye du 18 octobre 1907, les conventions du 27 juillet 1929 pour l'amélioration du sort des blessés et des malades dans les armées en campagne, et relative au traitement des prisonniers de guerre.

Tout ce droit humanitaire s'est trouvé systématisé par les quatre conventions de Genève du 12 août 1949 (blessés et malades dans les forces armées en campagne ; blessés et malades et naufragés des forces armées sur mer ; prisonniers de guerre ; protection des personnes civiles en temps de guerre) complétées par les deux protocoles du 8 juin 1977 (protection des victimes des conflits armés internationaux et des protecton des victimes des conflits armés non internationaux).

À cet égard, une ONG, le Comité international de la Croix-Rouge, joue un rôle majeur. Mais ce rôle a pu être contesté par d'autres ONG plus récentes, différentes, comme Médecins sans frontières ou Médecins du Monde. Des idées nouvelles sont apparues remettant en cause la souveraineté des États. On a vu affirmé le devoir d'ingérence et le droit d'assistance humanitaire. Le droit d'ingérence est apparu à la fin des années 80 – même si l'idée en fait n'est pas aussi nouvelle – suscité notamment par le Professeur Mario Bettati et le Dr. Bernard Kouchner. Depuis lors, certaines interventions ont été justifiées au nom de ce droit d'ingérence (Kurdistan irakien en avril 1991, opération Restore Hope en Somalie en 1992, Opération Turquoise au Rwanda en 1994, Bosnie et Herzégovine en 1994-95, Albanie 1997, Kosovo 1999...). Mais on sait les dérives auxquelles cela a pu conduire, certains l'invoquant à propos de l'intervention en Irak en 2003.

Mais la société internationale a pu aussi prendre en considération certains droits et libertés bien avant l'ONU.

Certaines conventions adoptées avant 1945 ont toujours un impact comme la Convention de Genève relative à l'esclavage du 25 septembre 1926, ratifiée par la France le 28 mars 1931. Elle a été complétée par un protocole du 23 octobre 1953 (ratifié par la France le 14 février 1963) et une convention supplémentaire visant les institutions et pratiques analogues du 7 septembre 1956 (ratifiée par la France le 26 mai 1964). On ajoutera la Convention du 21 mars 1950 pour la répression de la traite des êtres humains et de l'exploitation de la prostitution d'autrui ratifiée par la France le 19 novembre 1960. Ainsi l'ONU a pu établir une continuité avec ce qui avait été commencé avant 1945.

Mais il n'en reste pas moins que l'irruption de la Société internationale dans le domaine des droits de la personne humaine était très rare ou intervenait dans un contexte particulier. Ainsi les traités conclus avec les empires centraux au lendemain de la première guerre mondiale, qui avaient refait la géographie politique de l'Europe comportaient des dispositions pour la protection de certaines minorités. Mais il n'état pas question d'intervenir en faveur des minorités situées hors des États concernés par ces traités.

En outre, le sort des colonies allemandes et des territoires de l'Empire ottoman détachés pour devenir des mandats destinés à plus ou moins long terme à l'indépendance, au lieu d'être rattachés à l'une des puissances vainqueurs comme simple colonies, prenait en considération l'idée de droits et libertés des peuples.

Mais ces dispositions ne visaient que les États vaincus.

Il n'en reste pas moins que désormais les droits de la personne humaine intéressent le droit international (chapitre 16). L'ONU , de ce fait a mis en place tout un système cohérent visant tant à la reconnaissance (chapitre 17) qu'à la protection des droits et libertés de la personne humaine (chapitre 18).

CHAPITRE 16

Violation des droits de la personne humaine et droit international

Certains principes ont pu être affirmés permettant de soumettre les droits et libertés au respect de règles du droit international (section 1). Certes, le précédent de l'Organisation internationale du travail (OIT) au lendemain de la première guerre mondiale a été une expérience intéressante (section 2). Les violations monstrueuses commises par les régimes totalitaires amèneront les alliés à se préoccuper de la question du respect des droits et des libertés dans l'édification de l'ordre mondial nouveau qu'ils voulaient mettre en place (section 3) et l'ONU sera conduite à jouer un rôle essentiel (section 4).

Section 1

Les principes

La difficulté des sanctions en droit international public est une question classique et elle l'est encore plus en ce qui concerne la violation du droit international des droits de l'homme.

La Charte des Nations unies comporte à cet égard certaines contradictions. On y trouve une affirmation solennelle des droits de l'homme (dans le préambule, dans les articles 1 § 3, 55, 56).

Mais l'article 2 § 7 en posant le principe de la compétence nationale semble empêcher toute intervention. En outre la résolution 2625 (XXV) du 24 octbre 1970 qui codifie les relations entre États reprend la clause de compétence nationale.

À cet égard on peut observer des divergences doctrinales.

Pendant longtemps la doctrine classique considérait que la question des droits de l'homme relevait de la compétence nationale. C'est une position encore défendue aujourd'hui par certains États notamment en voie de développement, mais on observe aussi des réticences du côté des États-Unis.

D'autres courants justifient une intervention des Nations unies en se fondant sur les article 55 et 56 de la Charte : menace contre la paix et la sécurité internationale.

Enfin un dernier courant, très occidental considère que les droits de l'homme ne relèvent plus de la compétence nationale.

L'ONU a sans doute été conduite à intervenir. Mais son action en la matière a souvent été très critiquée quant aux droits de l'homme pris en considération et surtout quant aux pays.

Pendant très longtemps, la condamnation de l'apartheid, qui était bien évidemment totalement justifiée, a pu apparaître plus comme un point de ralliement de certains États dans lesquels les droits de l'homme se portaient mal, que véritablement l'expression d'une attention scrupuleuse aux droits de l'homme.

Les mécanismes de fonctionnement de la Commission des droits de l'homme, et la composition de celle-ci, laissent souvent amers les défenseurs des droits de l'homme.

Un certain nombre de conventions obligent les États à présenter un rapport sur leur application. C'est le cas des Pactes de 1966, de la Convention internationale sur l'élimination de toute forme de discrimination raciale (21 décembre 1965), de la Convention concernant la lutte contre la discrimination dans le domaine de l'enseignement (14 décembre 1960), de la convention sur l'élimination et la répression du crime d'apartheid (30 novembre 1973). D'autres prévoient la communication par les États d'informations et de renseignement. Elles sont plus anciennes (Convention sur l'esclavage du 25 septembre 1926 ; Convention pour la répression de la traite des êtres humains (2 décembre 1949).

On peut souvent rester sceptique en ce qui concerne le contenu des rapports ou informations. Et de plus se pose le problème de la sanction en cas de non diffusion d'information ou de diffusion d'informations fausses. Ces documents concordent en général très peu avec les rapports d'Amnesty international ou d'Human Rights Watch.

En outre, très souvent, ont été mis en place des comités chargés de surveiller l'application de ces conventions.

Section 2

Le précédent de l'Organisation internationale du travail

1 • L'ORIGINALITÉ DE L'ORGANISATION INTERNATIONALE DU TRAVAIL (OIT)

L'Organisation internationale du travail a été créée en 1919, constituant la Partie XIII du Traité de Versailles. C'est une organisation très originale tant par sa structure que par sa mission.

C'est une organisation tripartite au sein de ses instances dirigeantes, comprenant des représentants des gouvernements, des employeurs et des travailleurs. Le Bureau International du Travail constitue son secrétariat. Son premier directeur fut une personnalité politique française remarquable, Albert Thomas. Son action fut très efficace puisqu'en moins de deux ans, 16 conventions étaient adoptées.

En effet parmi les objectifs de l'OIT, il y a la mise au point de conventions et de recommandations internationales du travail qui définissent des normes minimales.

Ce qui a surtout contribué à faire jouer un rôle majeur à cette organisation, c'est la mise en place en 1926 d'un système de contrôle des normes.

Bien évidemment, l'OIT a survécu à la disparition de la SDN et s'est intégrée dans le système des Nations Unies.

2 • LES FORMES DE RECOURS

La constitution de l'OIT prévoit deux formes de recours.

A - La plainte

Les articles 26 à 34 des Statuts de l'OIT envisagent cette procédure.

Une plainte peut être déposée par un État membre contre un autre État membre qui *«n'assurerait pas de manière satisfaisante l'exécution d'une convention que l'un et l'autre auraient ratifiée»*.

Elle peut être déclenchée par le Conseil d'administration du bureau international du travail, soit d'office, soit sur plainte d'un délégué à la Conférence internationale du travail.

Si une plainte est déposée, le Conseil d'administration peut désigner une commission d'enquête. Celle-ci-ci présente un rapport circonstancié et formule des recommandations. Les gouvernements disposent de trois mois pour faire savoir s'ils acceptent ou non les recommandations. S'ils refusent, le différend peut être soumis à la CIJ.

Les précédents sont peu nombreux (Ghana contre Portugal et Liberia contre Portugal sur le travail forcé en 1961 ; délégués des travailleurs contre Royaume-Uni sur la liberté syndicale ; délégués des travallleurs contre Chili).

B - La procédure de réclamation

Elle résulte des articles 24 et 25. Des réclamations peuvent être soumises par les organisations d'employeurs et travailleurs contre un État qui ne respecterait pas l'exécution d'une convention du travail à laquelle il est partie. Cette réclamation est examinée par un comité de 3 membres, puis par le Conseil d'administration du BIT. Si aucune déclaration n'est reçue ou si elle n'est pas satisfaisante, le Conseil d'administration rend publique la réclamation et, le cas échéant la réponse. La portée n'est que morale. Là encore, les réclamations ont été peu nombreuses.

3 • LA LIBERTÉ SYNDICALE

Un système de protection de la liberté syndicale a été mis en place. Il fonctionne sur présentation de plaintes soit des États, soit d'organisations d'employeurs ou de travailleurs.

La plainte peut être dirigée contre un État qui n'est pas partie à la convention n° 87 sur la liberté syndicale. Mais cette procédure trouve sa justification dans le fait que la liberté syndicale est mentionnée dans la Constitution de l'OIT.

Cette question se règle selon une procédure d'enquête et de conciliation.

4 • L'ŒUVRE CONVENTIONNELLE

Nombre de conventions ont été adoptées dans le cadre de l'OIT touchant à divers droits économiques et sociaux (n° 29 du 28 juin 1930 et 105 du 25 juin 1957 sur le travail forcé : n° 87 du 29 juillet 1948 sur la liberté syndicale et la Protection du droit syndical précitée, du 17 juin 1948 ; n° 97 du 8 juin 1949 sur les travailleurs migrants ; n° 98 du 1er juillet 1949 sur le droit d'organisation et de négociation collective ; n° 100 du 29 juin 1951 sur l'égalité de rémunération entre hommes et femmes ; n° 102 sur la sécurité sociale ; n° 111 du 25 juin 1958 sur la non-discrimination dans l'emploi et profession ; n° 122 du 9 juillet 1964 sur la politique de l'emploi ; n° 135 du 23 juin 1971 concernant les représentants des travailleurs ; n° 151 du 27 juin 1978 sur les relations de travail dans la fonction publique ; n° 154 du 19 juin 1981 concernant la promotion de la négociation collective ; n° 168 du 21 juin 1988 concernant la promotion de l'emploi et la protection contre le chômage ; n° 169 du 27 juin 1989 concernant les peuples indigènes et tribaux dans les pays indépendants).

Section 3

Les projets des alliés

L'importance des droits de l'homme avait été mise en exergue, déjà par les alliés occidentaux, pendant la seconde guerre mondiale. Le 6 janvier 1941, dans un important discours prononcé devant le Congrès américain, le Président Roosevelt, avait affirmé les quatre libertés essentielles de l'homme, traduisant à la fois la vision américaine (importance de la liberté religieuse) et les exigences nouvelles. Pour le Président américain dont l'épouse jouera un rôle majeur dans la rédaction de la DUDH, ces quatre libertés étaient : la liberté de parole ; la liberté religieuse (on n'est pas surpris de trouver mentionnées ces deux libertés qui figurent dans le premier amendement à la Constitution américaine) ; la liberté d'échapper à la misère ; la liberté d'échapper à la peur notamment par une « *réduction mondiale des armements* ». Ces idées trouveront des développements dans la Charte de l'Atlantique du 14 août 1941 lors d'un entretien entre Roosevelt et Churchill sur un navire dans l'Atlantique et le 1er janvier 1942 avec la Déclaration des Nations unies.

Section 4

L'édifice onusien

1 • LES DROITS DE L'HOMME OBJET DES NATIONS UNIES

À la différence de la Société des Nations, l'ONU s'intéresse expressément aux droits de l'homme. Dès le début, le préambule évoque les droits de l'homme. Les peuples des Nations unies sont résolus «*à proclamer à nouveau notre foi dans les droits fondamentaux de l'homme, dans la dignité et la valeur de la personne humaine, dans l'égalité des droits des hommes et des femmes*». Puis divers articles de la Charte font des droits de l'homme une préoccupation de l'organisation mondiale. L'article 1 qui fixe les buts de l'ONU pose en troisième lieu celui de «*réaliser la coopération internationale en résolvant les problèmes internationaux d'ordre économique, social, intellectuel ou humanitaire, en développant et en encourageant le respect des droits de l'homme et des libertés fondamentales pour tous, sans distinction de race, de sexe, de langue ou de religion*». Puis différents organes se voient assigner une tache spécifique. L'Assemblée générale (art. 13 b) suscite des études et fait des recommandations pour faciliter «*la jouissance des droits de l'homme*». L'article 55 dans le Chapitre IX consacré à la coopération économique et sociale internationale pose que les Nations-Unies favoriseront «*le respect universel et effectif des droits de l'homme et des libertés fondamentales pour tous, sans distinction de race, de sexe, de langue ou de religion*».

2 • LES INSTITUTIONS EN CHARGE DES DROITS DE L'HOMME

Le système mis en place fait intervenir différents organes, l'Assemblée générale examinant les questions relatives aux droits de l'homme dont elle est saisie par sa Troisième commission (Commission des questions sociales, humanitaires et culturelles) et par le Conseil économique et social (ECOSOC).

C'est le Conseil économique et social (ECOSOC) qui doit jouer le rôle essentiel puisqu'il est chargé par l'article 62 de «*faire des recommandations en vue d'assurer le respect effectif des droits de l'homme et des libertés fondamentales pour tous*».

Le rôle du Conseil économique et social, composé de 54 membres selon une répartition géographique, est d'adresser des recommandations à l'Assemblée générale sur les questions relatives aux droits de l'homme et d'examiner les rapports et résolutions de la Commission des droits de l'homme avant transmission à l'AG.

Au sein de l'ECOSOC, trois commissions ont été créées : commission des droits de l'homme, commission de la condition de la femme et commission pour la prévention du crime et de la justice pénale. La Commission des droits de l'homme est composée de 53 membres dont tous ne sont pas des modèles en matière de protection des droits et libertés (Cuba, Arabie Saoudite par exemple) et l'élection le 20 janvier 2003 à la présidence de la Commission de la représentante de la Libye, Mme Najat Al-Hajjaji a suscité pour le moins quelques remous. La Commission se réunit à Genève six semaines par an.

Certaines conventions, parmi les plus importantes, ont mis en place des comités chargés du suivi de l'application. C'est le cas pour les Pactes, la convention sur toutes les formes de discrimination raciale (qui a été la première à mettre en place un système de surveillance et à envisager une procédure de plaintes individuelles), la convention sur les discriminations à l'égard des femmes, celle sur la torture et la convention sur les droits des enfants. Un comité sera également en place lorsque la convention sur les travailleurs migrants sera entrée en vigueur.

Enfin, assez tardivement, suite à la Conférence de Vienne de 1993, a été créé un poste de Haut-Commissaire aux droits de l'homme, succédant au Centre pour les droits de l'homme et dont la mission est de contribuer à promouvoir les droits de l'homme et bien souvent à résoudre les difficultés pouvant survenir avec certains États. Il s'agissait depuis 2002 du Brésilien Sergio Vieira de Mello, qui avait succédé à l'Irlandaise Mary Robinson, ancienne présidente de la République d'Irlande (1997-2002) et à l'Équatorien José Ayala-Lasso. Il est mort dans l'attentat de Bagdad du 19 août 2003. Toute personne victime de violations peut directement contacter le Haut Commissariat (+41 22 91 70092).

Le système imaginé par l'ONU, ainsi que l'a expliqué René Cassin, fonctionne selon un mécanisme de triptyque composé de la Déclaration universelle des droits de l'homme, des Pactes de 1966 et des mécanismes de garantie, constituant ensemble la Charte internationale des droits de l'homme.

BIBLIOGRAPHIE

Amnesty international, Au-delà de l'État, Éd. francophones d'Amnesty international, 1992.

BALLALOUD (J.), *Droits de l'homme et organisations internationales,* Montchrestien 1984.

BETTATI (M.), *Le droit d'ingérence,* Odile Jacob 1996.

VASAK (K.) et autres, *Les dimensions internationales des droits de l'homme,* UNESCO, 1978.

CHAPITRE 17

La reconnaissance des droits de la personne humaine : la Déclaration universelle des droits de l'homme

La Déclaration universelle des droits de l'homme est certainement le texte le plus emblématique relatif aux droits de la personne humaine aujourd'hui. Elle a été fortement marquée par les conditions de son élaboration et de son adoption (section 1). Sans doute son contenu a-t-il essayé de concilier les oppositions qui se faisaient déjà jour à l'ONU entre les deux Grands (section 2). Mais comme pour tout texte de ce type, on a pu s'interroger sur sa portée juridique (section 3).

Section 1

Les conditions de la rédaction et de l'adoption

1 • LES RÉDACTEURS DE LA DÉCLARATION

On peut constater que la Déclaration a été élaborée rapidement. Il a fallu moins de deux ans après la première réunion en janvier 1947 de la Commission des droits de l'homme de l'ONU. On le doit à l'activité inlassable de certaines personnes dont celles constituant le Comité chargé d'élaborer un texte pour une DUDH. On citera Eleanor Roosevelt, veuve du Président américain, qui avait beaucoup influencé son mari dans un sens progressiste. Déléguée des États-Unis à la mort de son mari, elle a présidé la Commission des droits de l'homme. On soulignera également l'action de René Cassin, « plume » de la Déclaration, ce qui lui vaudra le Prix Nobel de la Paix en 1968 lors du vingtième anniversaire de la Déclaration. René Cassin mènera aussi une action en faveur des droits et libertés dans d'autres cadres, comme celui de la SDN où il fut délégué de la France pendant 18 ans, de la France Libre – il fut Compagnon de la Libération –, du Conseil d'État dont il fut vice-président, du Conseil constitutionnel, de la Cour européenne des droits de l'homme qu'il a présidée de 1965 à 1968 alors que la France n'était pas encore partie à la Convention. Mais on mentionnera aussi Charles Malik, brillant intellectuel libanais, philosophe mais aussi mathématicien et physicien, rapporteur du Comité, dont le rôle a été décisif, Peng Chang (Chine), vice-président et fin négociateur, et John Humphrey, canadien, directeur de la division des droits de l'homme des Nations unies. (On peut aussi ajouter les autres membres du Comité de rédaction : William Hodgson, Australie ; Hernan Santa Cruz, Chili ; Alexandre Bogomolov et Alexei Pavlov, URSS ; Lord Dukeston et Geoffrey Wilson, Royaume Uni).

Mais d'autres influences ont été perçues. C'est ainsi que Gandhi a été à l'origine de l'idée d'« *obligation* ».

Les organisations non gouvernementales ont pu aussi jouer un rôle non négligeable.

Comme toujours, on se trouve face à un texte de compromis, même si l'influence occidentale est prédominante.

2 • LES DIFFICULTÉS DE LA CONCILIATION

Les divergences ont souvent été fortes, entre les pays occidentaux et ceux du bloc soviétique. René Cassin a obtenu que la Déclaration soit *universelle* et non seulement *internationale* comme le souhaitaient d'autres délégués. Mais certains points opposaient aussi les États d'un même camp : les droits des femmes, les minorités raciales, la libeté religieuse, la place des droits économiques et sociaux etc. Cette influence se remarque dans la forme. L'idée d'une Déclaration nous ramène aux insurgents américains et aux révolutionnaires de 1789. La rédaction des articles, qui doit beaucoup à la plume de René Cassin, se caractérise par des formules brèves, concises. Sur le fond, comme dans les textes occidentaux, ce sont les droits de la première génération qui ont été retenus avant tout.

Mais on pourrait aussi trouver certains aspects d'influence marxiste. La Déclaration parfois, se veut concrète. Elle peut développer assez largement comme avec la liberté religieuse, même s'il ne s'agit pas d'une liberté privilégiée par les marxistes. Les droits économiques et sociaux, même s'ils ont moins d'importance, ne sont pas oublies.

La Déclaration a été adoptée le 10 décembre 1948 à Paris, au Palais de Chaillot à l'unanimité. Cependant il y a eu 8 abstentions. Or, on sait que dans les organisations internationales, l'abstention est souvent une forme d'hostilité qui ne veut pas dire son nom. Les États qui se sont abstenus étaient les 5 pays du bloc soviétique (URSS, Ukraine, Biélorussie, Tchécoslovaque, Pologne, Yougoslave) qui estimaient qu'il n'y avait pas assez de droits économiques et sociaux, et une place trop privilégiée pour « les droits du XVIIIe siècle », l'Afrique du Sud, où le Parti national, inspirateur de l'apartheid venait d'arriver au pouvoir, et l'Arabie Saoudite hostile à la liberté religieuse ou plus précisément à la liberté de changer de religion. En outre le Yémen et le Honduras étaient absents.

Section 2

Le contenu de la Déclaration

D'une façon très imagée, la DUDH a été comparée par René Cassin à un temple. Ce temple a un parvis qui représente l'unité de l'humanité en insistant sur la dignité de l'homme.

La Déclaration comporte un préambule qui insiste sur l'un des thèmes qui deviendra les plus importants alors qu'avant la seconde guerre mondiale, il était totalement ignoré : la dignité.

René Cassin, faisant le commentaire de la Déclaration, a imaginé ce temple avec quatre piliers qui correspondent à quatre catégories de droits et de libertés... et un toit. On peut y ajouter les fondations constituées par le préambule et l'article 1.

1 • LE PREMIER PILIER

Le premier pilier est constitué par le pilier des droits personnels et civils (art. 1 à 11).

Après que la Déclaration, dans ses articles liminaires, ait mis en exergue certains droits et libertés, insistant sur l'égalité et la non-discrimination, elle développe ceux-ci dans les articles suivants. L'article 1 est rédigé d'une façon – presque – semblable à la Déclaration des droits de l'homme et du citoyen *(« tous les êtres humains naissent libres et égaux en dignité et en droits »)*. Cependant, l'idée de dignité, essentielle au lendemain de la seconde guerre mondiale a été ajoutée. On retrouve d'ailleurs la dignité quatre fois dans la DUDH. Là encore, réaction à des régimes qui ont porté la discrimination à son paroxysme, la DUDH développe avec précision le principe de non-discrimination qui se réfère à la race, la couleur, le sexe, la langue, la religion, l'opinion politique ou toute autre opinion, « *l'origine nationale ou sociale, de fortune, de naissance ou de toute autre situation* ». Le deuxième alinéa est intéressant en ce qu'il vise les territoires sous dépendance, le statut d'un territoire ne pouvant justifier la discrimination.

On trouve les libertés physiques comprenant notamment le droit à la vie, à la liberté et à la sûreté (art. 3), l'interdiction de l'esclavage (art. 4), de la torture et des peines ou traitements cruels, inhumains ou dégradants (art. 5), l'interdiction des arrestations, détentions ou exils arbitraires (art. 9). Ce pilier mentionne aussi le droit à la personnalité juridique (art. 6), à l'égalité devant la loi (art. 7), ainsi que certains aspects liés à un procès juste et équitable : droit à un recours effectif (art. 8), droit à un procès équitable et public devant un tribunal indépendant et impartial (art. 10), présomption d'innocence, non-rétroactivité des délits et des peines (art. 11).

2 • LE DEUXIÈME PILIER

Le deuxième pilier est celui des droits des individus qui entretiennent une relation avec le groupe social. On trouve évoqués le droit à la vie privée, à l'inviolabilité du domicile et au secret de la correspondance, le droit à l'honneur (art. 12), la liberté d'aller et venir (qu'on pourrait imaginer dans le premier pilier), celle-ci impliquant le droit de quitter son pays et d'y revenir (art. 13), le droit d'asile (art. 14), le droit à une nationalité, réaction aux pratiques des dictatures qui conduisaient à des situations d'apatridie, (art. 15), le droit au mariage hétérosexuel, ainsi que la reconnaissance de la famille comme «*élément naturel et fondamental de la société*» (art. 16) et enfin dans une formulation révélatrice des nécessités de compromis, la Déclaration affirme que «*toute personne, aussi bien seule qu'en collectivité, a droit à la propriété*» (art. 17). C'est certainement la meilleure illustration du compromis entre les conceptions occidentale et soviétique.

3 • LE TROISIÈME PILIER

Le troisième pilier vise les droits intellectuels et politiques. On y trouve la liberté de pensée, de conscience et de religion, celle-ci étant plus particulièrement explicitée (art. 18), la liberté d'opinion et d'expression, ce qui implique notamment un droit à l'information «*sans considération de frontière*» (art. 19), la liberté de réunion et d'association (art. 20) et le libre et égal accès aux fonctions publiques ainsi que le droit à des élections honnêtes avec le principe du suffrage universel égal (art. 21).

4 • LE QUATRIÈME PILIER

Le quatrième pilier mentionne les droits économiques, sociaux et culturels (art. 22 à 27) comprenant le droit à la Sécurité sociale (art. 22), au travail et à un salaire sans discrimination (droit à «*un salaire égal pour un travail égal*») et une «*rémunération équitable et satisfaisante*» assurant «*une existence conforme à la dignité humaine*», le droit syndical (art. 23), le droit au repos (art. 24), le droit à «*un niveau de vie suffisant*» avec certaines prestations sociales (art. 25), le droit à l'éducation (qui doit être gratuite pour l'enseignement élémentaire et fondamental) et le droit pour les parents «*de choisir le genre d'éducation à donner à leurs enfants*» (art. 26), le droit à la participation à la vie culturelle de la communauté (art. 27).

5 • LE TOIT

Enfin, le toit de ce temple figure dans les trois derniers articles. À l'initiative de Charles Malik a été affirmé le droit à ce «*que règne sur le plan social et sur le plan international, un ordre tel que les droits et libertés énoncés*» puissent «*trouver un plein effet*» (art. 29). Une place est faite aux devoirs envers sa communauté ce qui apparaîtra une revendication importante des pays du tiers-monde (art. 29).

Enfin nul ne droit utiliser ces droits et libertés affirmés pour détruire certains d'entre eux. (art. 30).

Le texte n'est pas dépourvu d'ambiguïtés car il est le résultat d'un compromis. Cela se remarque par certains oublis volontaires. On ne trouve rien sur le droit de grève, peu porté tant par les États-Unis que par l'URSS, rien non plus sur la liberté d'entreprendre.

L'illustration la plus manifeste du compromis s'observe sans doute à propos du droit de propriété comme nous l'avons souligné plus haut.

Section 3

La portée juridique de la déclaration

La portée de la déclaration a soulevé nombre de problèmes, tant sur le plan international que sur le plan interne.

1 • LA PORTÉE THÉORIQUE

Certains États auraient souhaité qu'elle ait une portée contraignante. D'autres préféraient une simple déclaration, première étape d'un processus plus long car dans le cas contraire, c'eut été retarder l'adoption de la Déclaration.

Juridiquement, la Déclaration universelle des droits de l'homme est une résolution de l'Assemblée générale des Nations unies. Elle n'a aucune portée contraignante. Simplement, les États s'engagent à l'appliquer de bonne foi et en droit international, la bonne foi des États est présumée. La Cour internationale de justice se refuse à donner une portée contraignante à la Déclaration. C'est ce qu'elle a eu l'occasion d'affirmer à l'occasion de l'affaire du Personnel diplomatique des États-Unis à Téhéran (CIJ 24 mai 1980). Elle préfère se rattacher à une norme conventionnelle.

En droit interne français, la Déclaration n'a pas plus de portée. La France a pourtant poussé l'hypocrisie jusqu'à publier la Déclaration au *Journal Officiel* du 9 février 1949. Mais le Conseil d'État a eu l'occasion de refuser toute portée contraignante (CE, 18 avril 1951, Élections de Nolay ; CE, Ass. 21 décembre 1990, « Confédération nationale des associations familiales catholiques », *GDJA* 72 ; CE, 10 mai 1995, Rassemblement des opposants à la chasse et Mme Abria).

2 • LA PORTÉE RÉELLE

En fait la portée de la Déclaration est plus grande qu'en apparence.

De nombreux textes constitutionnels s'y réfèrent, lui donnant une portée en droit interne.

Les droits affirmés ont trouvé leur garantie dans un grand nombre de conventions générales – Pactes de 1966 – ou spécifiques. On estime qu'elle a inspiré plus de 60 instruments internationaux.

Elle demeure toujours une sorte de levier pour ceux qui ont l'espoir de voir les droits et libertés devenir une réalité concrète sur toute la planète.

On a voulu, à l'occasion de son vingtième anniversaire amplifier sa portée, notamment à travers la Proclamation de Téhéran du 13 mai 1968, adoptée par la Conférence internationale des droits de l'homme qui notamment, dans son article 2, a affirmé que « *la Déclaration universelle des droits de l'homme exprime la conception commune qu'ont les peuples du monde entier des droits inaliénables et inviolables inhérents à tous les membres de la famille humaine et constitue une obligation pour les membres de la Communauté internationale* ».

Charles Malik, l'une des plus belles consciences de la Déclaration, venu du pays des Cèdres affirmait : « *Celui qui valorise l'Homme et sa liberté individuelle par dessus tout ne peut manquer de trouver dans la présente déclaration une arme idéologique potentielle. Si elle est utilisée dans la bonne foi, la sincérité et la vérité, cette arme peut s'avérer des plus significatives dans l'histoire de la pensée* ».

BIBLIOGRAPHIE

CASSIN (R.), *La Déclaration universelle et la mise en œuvre des droits de l'homme*, RCADI 1951, vol. 79, pp. 241-367.

Commission nationale consultative des droits de l'homme, « La Déclaration universelle des droits de l'homme 1948-98 : avenir d'un idéal commun », colloque, Documentation française, 1999.

CHAPITRE 18

La garantie mondiale des droits et libertés

Pour que les droits proclamés le 10 décembre 1948 soient une réalité, il fallait compléter l'œuvre commencée. Cela demandera plus de temps et sera réalisé en partie par l'adoption en 1966 des deux Pactes (section 1). Ceux-ci, surtout celui relatif aux droits civils et politiques, vont s'efforcer de mettre en place des mécanismes de garantie (section 2). Mais les Pactes ne peuvent développer toutes les questions touchant aux droits de la personne humaine et l'ONU a dû compléter son œuvre notamment par l'instrument conventionnel (section 3).

Section 1

Les Pactes de 1966 et la concrétisation de la DUDH

Dualité classique que nous verrons aussi avec le Conseil de l'Europe, l'ONU a établi une distinction entre les droits civils et politiques et les droits économiques et sociaux à travers deux textes, comme le Conseil de l'Europe a distingué avec la Convention européenne des droits de l'homme et la Charte sociale européenne. Elle l'a fait par deux textes adoptés le même jour, le 16 décembre 1966.

1 • LE PACTE INTERNATIONAL RELATIF AUX DROITS CIVILS ET POLITIQUES

Cette convention a été adoptée à l'unanimité par l'Assemblée générale des Nations Unies le 16 décembre 1966 et est entrée en vigueur le 23 mars 1976. Il s'agit d'une convention et non d'une déclaration. Elle est intitulée Pacte. La terminologie utilisée est de peu d'importance en droit international. On a pu relever en droit international près d'une quarantaine de mots utilisés pour désigner un texte ayant valeur de convention…

À travers 53 articles, le Pacte présente une énumération longue et qui se veut complète, en même temps qu'un système concret de garanties.

Le texte se divise en quatre parties précédées d'un Préambule. Immédiatement celui-ci affirme « *la dignité inhérente à tous les membres de la famille humaine* » et rappelle que les États membres de l'ONU ont «*l'obligation de promouvoir et de respecter les droits reconnus dans*» ce Pacte.

La première partie constituée par un article unique affirme le droit des peuples à disposer d'eux-mêmes.

La deuxième partie évoque les obligations des États quant à la concrétisation de ces droits notamment dans leur droit interne, les possibilités (et impossibilités) de dérogation en cas de «*danger public exceptionnel*» ainsi que la disposition classique qui interdit de se fonder sur une disposition du Pacte pour détruire les droits et libertés, ainsi que l'incitation à une moindre protection dans un État au motif que le Pacte assurerait un niveau moins élevé de protection.

Puis la troisième partie développe de façon souvent minutieuse les différents droits. Le premier mentionné est le droit à la vie. S'il évoque la peine de mort c'est dans le sens d'un encouragement à l'abolition. Le Pacte prohibe bien sûr la torture, l'esclavage. Il affirme la liberté et la sécurité de la personne, prohibant la prison pour dette. Il pose la liberté d'aller et de venir et la protection de l'étranger en cas d'expulsion. Le droit à un procès juste et équitable fait l'objet de l'article le plus long (art. 14), et il est suivi du principe de la non rétroactivité des délits et des peines. On trouve aussi la reconnaissance de la personnalité juridique, le droit à la vie privée. Si la liberté de pensée, de conscience et de religion est visée, la liberté de changer de religion est absente. On sait qu'elle avait fait l'objet d'un débat lors de l'adoption de la Déclaration universelle. La liberté d'opinion et l'interdiction de la propagande en faveur de la guerre ou des appels à la haine sont posées. Parmi les libertés collectives, on trouve la liberté de réunion et la liberté d'association. Une place est faite à la famille «*élément naturel et fondamental de la société*» ce qui est la reprise de l'article 16 de la DUDH. L'enfant fait aussi l'objet d'une protection spécifique alors qu'il était l'oublié de la DUDH. L'accès aux affaires publiques est mentionné. La non discrimination est affirmée. Enfin cette énumération se termine par des dispositions en faveur des minorités ethniques, religieuses ou linguistiques, disposition qui a posé problème à la France. On notera simplement que le droit de propriété qui était beaucoup plus difficile à expliciter compte tenu de la formulation ambiguë de la DUDH a été abandonné. Mais on soulignera qu'il ne figurait pas dans la Convention européenne des droits de l'homme initiale.

La quatrième partie expose le mécanisme de garantie que nous verrons plus loin. La cinquième partie pose la compatibilité avec la Charte et certains principes du droit international, la sixième partie étant constituée par les clauses finales.

Ce Pacte a été ratifié tardivement par la France, le 4 novembre 1980, accompagné de six déclarations dont l'une impliquant le refus de toute reconnaissance de minorité en France – position traditionnelle de notre pays –, et de deux réserves visant l'article 16 et le règlement de discipline générale des armées. En outre, le droit de recours individuel n'a été accepté qu'à partir du 17 décembre 1984, avec une déclaration et une réserve.

Des réserves ont été émises sur le régime disciplinaire dans les armées, les conditions d'entrée et de séjour des étrangers, le droit de faire appel en matière pénale – problème alors des cours d'assises –, le droit des minorités.

Des protocoles additionnels sont venus compléter ce Pacte. Le premier, adopté en même temps que le Pacte, est essentiel car il permet le droit de recours individuel et il a été accepté après coup par la France, comme cela avait été le cas avec la Convention européenne des droits de l'homme. Le second, du 15 décembre 1989, a trait à l'abolition de la peine de mort. On ne peut que regretter que la France ne l'ait toujours pas ratifié alors que rien ne s'y oppose puisque nous sommes liés par le 6e protocole additionnel la Convention européenne des droits de l'homme qui a le même objet, et peut-on l'espérer bientôt par le 13e protocole, plus complet. Mais il semble que le projet de loi autorisant la ratification soit en préparation.

2 • LE PACTE INTERNATIONAL RELATIF AUX DROITS ÉCONOMIQUES, SOCIAUX ET CULTURELS

Nous l'évoquons en deuxième lieu, en raison de sa moindre force, même si traditionnellement il est mentionné en premier dans les recueils officiels.

Le Pacte a été adopté, lui aussi, à l'unanimité le 16 décembre 1966 par l'Assemblée générale de l'ONU et il est entré en vigueur le 3 janvier 1976. La France l'a ratifié le 4 novembre 1980, accompagné de trois déclarations.

À travers ses 31 articles, il décline les droits économiques et sociaux et les mécanismes de garantie.

De la même façon que l'autre pacte il comprend plusieurs parties, la cinquième ayant été fusionnée avec la quatrième.

Les droits économiques, sociaux et culturels sont déclinés en dix articles seulement, certains étant cependant assez largement développés.

Il débute par le droit au travail puis développe le droit de jouir de «*conditions de travail justes et favorables dans une détermination peu contraignante en réalité*».

Le droit syndical est mentionné et on soulignera que figure «*le droit de grève, exercé conformément aux lois de chaque pays*». Le Pacte évoque aussi le droit à la sécurité sociale.

Il apporte sa protection à la famille et plus particulièrement aux mères, aux enfants et aux adolescents. Vision optimiste, le Pacte pose le droit à un niveau de vie suffisant et le droit d'être à l'abri de la faim. Il ajoute le droit pour toute personne «*de jouir du meilleur état de santé physique et mentale qu'elle soit capable d'atteindre*». Enfin, le droit à l'éducation et à la culture concluent cette énumération.

Section 2

Les mécanismes de protection des droits de la personne humaine dans le cadre des Pactes

C'est surtout le Pacte relatif aux droits civils et politiques qui tente d'apporter une protection efficace. En effet, la méconnaissance du Pacte relatif aux droits économiques et sociaux n'est pas sanctionnée. On cherche seulement à faciliter sa mise en œuvre. C'est le Comité des droits économiques et sociaux qui est en charge de cette mission.

Dans le cadre du Pacte sur les droits civils et politiques, la protection est confiée à un Comité des droits de l'homme dont les membres sont élus par les États ayant ratifié le Pacte. Ce comité reçoit les rapports de chaque État en application des dispositions du Pacte. Mais son intervention est facultative.

1 • LES RECOURS DES ÉTATS

Si la violation d'un droit ou d'une liberté est signalée par un État une procédure de conciliation a lieu entre les deux États devant le Comité des droits de l'homme. S'il peut rapprocher les parties, une commission *ad hoc* intervient.

Cependant cette procédure se termine par un rapport et des recommandations qui ne s'imposent pas aux parties.

Cette procédure de conciliation ne peut jouer que si, aux termes de l'article 41, l'État partie au Pacte a effectué une déclaration aux termes de laquelle il reconnaît formellement la compétence du Comité.

2 • LES RECOURS DES PARTICULIERS

Si la violation est signalée par un particulier, possibilité qui n'intervient que si l'État a signé un protocole annexe et facultatif, le Comité se contente de faire part de « *constatations* ». Ce ne sont même pas des recommandations.

La communication ne doit pas être anonyme et doit émaner d'un particulier relevant de la juridiction d'un des États parties au protocole. Bien entendu la règle de l'épuisement des voies de recours internes ou l'irrecevabilité si la question est déjà en cours d'examen devant une autre instance internationale d'enquête ou de règlement vont jouer.

Si la demande est recevable, le Comité demande à l'État des explications et celui-ci dispose de six mois pour répondre. L'auteur de la plainte peut formuler à son tour ses observations. Puis le Comité formule ses conclusions. La durée de la procédure pouvant être de deux à trois ans, des mesures provisoires peuvent être demandées à l'État par le Comité.

Le Comité travaille par consensus mais les membres peuvent exprimer une opinion individuelle.

Ce mécanisme est très peu efficace car de nombreuses précautions ont été prises pour éviter de froisser la susceptibilité souveraine des États. En outre, les débats, compte tenu de la composition du Comité, sont très politisés.

Depuis que le protocole facultatif est entré en vigueur pour la France, les communications présentées par les particuliers ont été rarissimes.

Pourtant certains ont pu considérer que cela pourrait constituer une sorte d'appel des décisions de la CEDH. Ainsi dans l'affaire du lancer de nains, le requérant, après avoir échoué devant les juridictions françaises (CE, Ass., 27 octobre 1995, Commune de Morsang-sur-Orge, *GAJA* n° 108), puis devant la Commission européenne des droits de l'homme qui avait jugé irrecevable la requête (Com. Eur. Dr. H, 16 octobre 1996, Manuel Wackenheim c/ France) a échoué devant le Comité (Comité Dr. H. N.U., 26 juillet 2002, Wackenheim c/ France).

On peut remarquer que la Convention internationale de 1965 sur la discrimination raciale permet l'intervention des individus. Une telle possibilité n'est pas nouvelle. Le mécanisme du mandat et de la tutelle prévoyait le droit de pétition.

Section 3

L'œuvre conventionnelle de l'ONU

L'œuvre conventionnelle de l'ONU ne se limite pas aux deux Pactes. L'organisation mondiale a suscité l'adoption de nombreux autres textes à propos de problèmes plus spécifiques.

1 • DES DÉCLARATIONS DANS L'ATTENTE DE CONVENTIONS

Dans cette œuvre il y a un grand nombre de textes sans portée juridique contraignante sous la forme de déclarations (Déclaration sur le droit et la responsabilité des individus, groupes et organes de la société de promouvoir et protéger les droits de l'homme et les libertés fondamentales universellement reconnues ; Déclaration des Nations Unies sur l'élimination de toutes les formes de discrimination raciale ; Déclaration sur l'élimination de toutes formes d'intolérance et de discrimination fondées sur la religion ou la conviction ; Déclaration sur la race et les préjugés raciaux ; Déclaration des droits des personnes appartenant à des minorités nationales ou ethniques, religieuses et linguistiques ; Déclaration sur l'élimination de la discrimination à l'égard des femmes ; Déclaration des droits de la femme), proclamations (proclamation de Téhéran), codes de conduite (Code de conduite pour les responsables de l'application des lois du

17 décembre 1979) ou règles *minima* (ensemble de règles *minima* pour le traitement des détenus, adopté par le premier Congrès des Nations unies pour la prévention du crime et le traitement des délinquants, à Genève en 1955 et approuvé par le Conseil économique et social les 31 juillet 1957 et 13 mai 1977 ; ensemble de principes pour la protection de toutes les personnes soumises à une forme quelconque de détention et d'emprisonnement, adopté par l'AG, le 9 décembre 1988).

Bien souvent nous avons un schéma qui suit ce cheminement : Déclaration, puis convention, puis protocoles, le tout pouvant être parfois accompagné de textes complémentaires du type déclaration, proclamation, ou encore recommandations. Ainsi, en ce qui concerne les droits de l'enfant, y a-t-il eu d'abord une Déclaration des droits de l'enfant adoptée par l'AG de l'ONU le 20 novembre 1959, puis trente ans plus tard, parce qu'élaborer une convention, texte à portée contraignante exige plus de temps et de négociations, adoption d'une convention internationale des droits de l'enfant, par l'AG le 20 novembre 1989, entrée en vigueur le 2 septembre 1990, ce schéma étant complété par deux protocoles facultatifs (Protocole concernant l'implication d'enfants dans les conflits armés ; Protocole concernant la vente d'enfants, la prostitution des enfants et la pornographie mettant en scène des enfants). On peut y ajouter par exemple la Recommandation concernant l'interdiction des pires formes de travail des enfants et action immédiate en vue de leur élimination du 1er juin 1999.

2 • LA MULTIPLICATION DES CONVENTIONS

L'une des toutes premières conventions, adoptée la veille de la Déclaration universelle des droits de l'homme, a été la Convention pour la prévention et la répression du crime de génocide, le 9 décembre 1948. Ratifiée par la France le 14 octobre 1950, cette convention est bien connue des internationalistes puisque la question des réserves qu'il était possible de lui apporter a fait l'objet d'un important avis de la Cour internationale de Justice le 28 mai 1951. Le 26 novembre 1968 a été adoptée une convention sur l'imprescriptibilité des crimes de guerre et des crimes contre l'humanité.

D'autres conventions ont trait à l'esclavage (cf. *supra*) ou à des problèmes proches.

Texte essentiel, la Convention de Genève relative au statut des réfugiés du 28 juillet 1951 a été complétée par le Protocole du 31 janvier 1967.

Parmi les autres conventions, on pourra mentionner la convention internationale sur l'élimination de toutes les formes de discrimination raciale (21 décembre 1965) ratifiée par la France le 28 juillet 1971. L'article 14 prévoyant un droit de recours individuel, celui-ci a été accepté par la France en 1982. D'autres formes de discrimination ont fait l'objet de conventions : apartheid (30 novembre 1973 et 10 décembre 1985 [sports] non ratifiées par la France), sexe (18 décembre 1979), emploi et profession. L'ONU a adopté le 18 décembre 1979 la convention internationale sur l'élimination de toutes les formes de discrimination à l'égard des femmes, texte ratifié par la France le 14 décembre 1983 avec 3 réserves notamment sur le nom de famille (et protocole du

6 octobre 1999, à propos des communications, ratifié le 9 juin 2000) et le 20 décembre 1952 la convention sur les droits politiques des femmes ratifiée par la France dès le 22 avril 1957.

On peut encore citer la Convention relative au droit international de rectification du 31 mars 1953, importante en matière de liberté de l'information et ratifiée par la France le 16 novembre 1962.

S'agissant de la famille, on notera la convention du 10 décembre 1962 sur le consentement au mariage, l'âge minimum du mariage et l'enregistrement des mariages ; la convention internationale sur la protection des droits de tous les travailleurs migrants et des membres de leur famille du 18 décembre 1990.

L'œuvre a été importante sur les questions de nationalité, réfugiés et apatrides avec la Convention du 20 février 1957 sur la nationalité de la femme mariée, la Convention relative au statut des apatrides du 28 septembre 1974 ratifiée par la France le 8 mars 1960, la convention du 30 août 1961 sur la réduction des cas d'apatridie, l'importante convention du 28 juillet 1951 relative au statut des réfugiés, ratifiée par la France le 23 juin 1954 avec acceptation pour les réfugiés d'Europe et d'ailleurs, le Protocole du 31 janvier 1967 faisant sauter la date du 1er janvier 1951 pour la reconnaissance des réfugiés et que la France a ratifié que le 3 février 1971.

Le 10 décembre – journée symbole en matière de droits de l'homme – 1984 à l'initiative d'Amnesty international, a été adoptée la convention contre la torture et autres peines ou traitements cruels et inhumains ou dégradants, ratifiée par la France le 18 février 1986 avec une réserve sur la compétence de la CIJ.

3 • DES CONVENTIONS MÉDIATISÉES

On soulignera enfin deux textes majeurs, l'un en raison de son retentissement médiatique, l'autre par ses incidences sur les fondements même du droit international.

A - La convention relative aux droits de l'enfant

La Convention internationale relative aux droits de l'enfant, initiative polonaise, adoptée à New York le 26 janvier 1990, a été ratifiée par la France le 8 août 1990 avec 3 déclarations notamment sur les minorités et sur l'IVG (complétée par deux protocoles ratifiés par la France le 6 septembre 2000). Il semble que la charge émotionnelle qu'elle véhicule a masqué la réalité de sa portée. D'une part, il y a en France un désaccord entre les juridictions suprêmes en ce qui concerne sa portée. D'autre part on peut se demander si un tel texte est indispensable et s'il ne suffirait pas de rappeler qu'un enfant est une personne humaine, et que donc les conventions généralistes s'appliquent aussi à lui. Il n'empêche qu'elle est la convention qui a recueilli le plus grand nombre de ratifications à ce jour (191).

B - La Cour pénale internationale

La création de la Cour pénale internationale est à notre avis d'un plus grand intérêt. Signée à Rome le 17 juillet 1998 par 120 voix contre 7 (Chine, USA, Inde, Israël, Bahreïn, Qatar et Vietnam) et 21 abstentions, elle est venue enfin donner une solution à la répression pénale internationale à propos de certains crimes. Au lendemain de la première guerre mondiale, la tentative de juger Guillaume II pour offense à la morale internationale avait tourné court en raison de l'opposition des Pays-Bas à l'extradition de l'ex-empereur d'Allemagne. Les procès de Nuremberg et de Tokyo au lendemain de la seconde guerre mondiale, s'ils ont constitué une première, sont restés malgré tout une justice de vainqueur. Il ne pouvait être question à Nuremberg, par exemple, du massacre de Katyn commis par les Soviétiques. L'éclatement du bloc soviétique a permis la création de tribunaux pénaux internationaux pour un pays en particulier : ex-Yougoslavie, Rwanda, puis Sierra Leone.

L'intérêt de la Cour pénale internationale réside dans son caractère général. Cela a pu soulever quelques difficultés notamment en permettant la répression à l'égard de personnes jouissant habituellement d'immunités : chefs de l'État, parlementaires, diplomates. En France, il a fallu réviser la Constitution suite à la décision très controversée – pour d'autres raisons – du Conseil constitutionnel du 22 janvier 1999. La Cour est compétente pour les crimes de guerre, le crime de génocide, les crimes contre l'humanité et éventuellement les crimes d'agression. Elle peut être saisie par le Conseil de Sécurité de l'ONU, un État ayant ratifié le traité et le procureur de la Cour.

Après ratification par 60 signataires la convention est entrée en vigueur le 1er juillet 2002, non sans difficulté en raison de l'attitude des États-Unis. La France a fait trois déclarations dont la deuxième vise à ce que les demandes de coopération et de pièces justificatives adressées par la Cour le soient en français. Afin de permettre une coopération avec cette juridiction le Parlement a adopté la loi du 12 février 2002 pour adapter le droit pénal français. Un projet de loi est en préparation pour permettre de façon plus adaptée la poursuite des crimes de guerre visés à l'article 8 du statut de la CPI notamment en insérant dans le Code pénal un titre consacré aux crimes de guerre. Sur ce point, la France a assorti sa ratification d'une déclaration dite « de l'article 124 du Statut » par laquelle elle refuse la compétence de la CPI pour les crimes de guerre qui seraient commis par des ressortissants français ou sur le territoire français pendant 7 ans à compter du 1er juillet 2002.

Les États-Unis essaient d'empêcher l'application de cette convention depuis l'administration Bush. L'American Service Members Protection Act pénalise tout pays qui au 1er juillet 2003 n'aurait pas signé d'accord exemptant les ressortissants américains de la juridiction de la CPI. 44 pays ont signé un tel accord d'exemption et le 1er juillet 2003, les États-Unis ont suspendu leur aide militaire à 35 pays. On ne peut que s'interroger sur ce comportement visant à sanctionner des États qui veulent faire progresser le droit international !

Le statut de la Cour est entré en vigueur le 1er juillet 2002, les 18 juges élus en février 2003, dont un Français, Claude Jorda, ont prêté serment le 11 mars 2003 à La Haye.

À ces conventions dans le cadre général de l'ONU, s'ajoutent d'autres conventions dans le cadre d'organisations spécialisées comme l'UNESCO (Convention du 14 décembre 1960 concernant la lutte contre la discrimination dans le domaine de l'enseignement et protocole du 10 décembre 1962) ou l'OIT (cf. *supra*)

BIBLIOGRAPHIE

BOURDON (W.) et DUVERGER (E.), *La Cour pénale internationale : le statut de Rome,* Le Seuil, 2000.

MATHIEU (J.-L.), *La défense internationale des droits de l'homme,* PUF, Que sais-je ? 2e éd., n° 2733, 1998.

SODINI (R.), *Le Comité des droits économiques, sociaux et culturels,* Montchrestien, Perspectives internationales, 2000.

TITRE 2

Les droits de la personne humaine dans le cadre régional : l'exemple européen

Le cadre régional a pu apparaître comme le mieux adapté. Plutôt que d'essayer de mettre en place une reconnaissance et une protection des droits de la personne humaine à l'échelle mondiale, il a semblé préférable de travailler sur le plan régional, à l'échelle d'un continent, dans la mesure où ce sont des États qui souvent épousent les mêmes conceptions, ou tout au moins des conceptions pas trop éloignées, et qui de ce fait sont plus susceptibles de parvenir à une solution cohérente.

L'Europe a constitué à cet égard un champ géographique exceptionnel dans le cadre d'organisations différentes. Le Conseil de l'Europe (chapitre 19) a sans doute mis en place les instruments les plus remarquables. Mais d'autres organisations ont apporté leur pierre dans des contextes différents. Sur le plan paneuropéen la contribution de l'Organisation pour la sécurité et la coopération en Europe a joué un rôle non négligeable, plus politique que juridique (chapitre 20). Cependant, aujourd'hui on attend beaucoup de l'Union européenne qui a pris un grand retard qu'elle tente maintenant de combler (chapitre 21).

CHAPITRE 19

Le Conseil de l'Europe

L'une des originalités du Conseil de l'Europe est certainement d'avoir mis, immédiatement, la question des droits de la personne humaine au cœur de ses préoccupations (section 1). Cela s'est concrétisé très rapidement avec la Convention européenne des droits de l'homme (section 2), les droits sociaux faisant l'objet plus tardivement de la Charte sociale européenne (section 3) et l'œuvre conventionnelle de cette organisation ne se limitant pas d'ailleurs à ces deux textes (section 4).

Section 1

Le Conseil de l'Europe et les droits de la personne humaine

Les lendemains de la seconde guerre mondiale ont été marqués par un foisonnement d'initiatives visant à la construction d'une Europe unie. L'un des évènements majeurs a été le Congrès des mouvements européens de la Haye, en mai 1948, présidé par Winston Churchill dont certaines prises de position (notamment son discours de Zurich du 19 septembre 1946 où il avait affirmé : « *Nous devons ériger quelque chose comme les États-Unis d'Europe* », discours dans lequel il rappelait les quatre libertés rooseveltiennes) l'avaient placé au premier plan.

Le Congrès du Mouvement européen à La Haye en 1948, avait fixé parmi ses objectifs, entre autres, l'adoption, d'une Convention relative aux droits de l'homme. La même année devait être adoptée la Déclaration universelle des droits de l'homme et il s'agissait de prendre les premières mesures concrètes en la matière.

Le Conseil de l'Europe travaillera très vite puisque cette organisation, fondée en 1949, sera capable, dès le 4 novembre 1950 d'offrir un texte à la signature à Rome. La Convention entrera en vigueur le 3 septembre 1953.

Section 2

La Convention européenne des droits de l'homme

1 • GÉNÉRALITÉS

A - L'élaboration de la Convention

La Convention de sauvegarde des droits de l'homme et des libertés fondamentales, plus communément désignée comme Convention européenne des droits de l'homme (CEDH), signée un an seulement après la création du Conseil de l'Europe reste encore le texte-phare sur le plan international en matière de protection des droits de l'homme.

Signée à Rome le 4 novembre 1950, entrée en vigueur le 3 septembre 1953, elle a été complétée par divers protocoles additionnels dont le plus important est certainement le 11e Protocole qui a donné naissance à une véritable nouvelle Convention, tout au moins en ce qui concerne le système de protection.

B - L'attitude de la France

L'attitude de la France à l'égard de la CEDH a été choquante puisqu'il lui a fallu 24 ans pour ratifier la Convention et 31 ans pour accepter le droit de recours individuel. Signataire de la Convention en 1950, la France a tardé à ratifier bien qu'un projet de loi autorisant la ratification ait été déposée dès 1953 puis à nouveau en 1956, adopté en 1958 par l'Assemblée nationale. Mais la chute de la IVe République est venue interrompre la procédure. L'atteinte à la souveraineté que pouvait représenter la ratification n'a pas incité le général de Gaulle à poursuivre, la crise algérienne et ses outrageuses violations des droits et libertés confortant cette prudence. En outre certaines dispositions semblaient poser problème en dehors même du contexte de la décolonisation. Certains craignaient l'incompatibilité de l'article 2 du premier protocole avec le principe de laïcité – mais la France n'était pas obligée de le ratifier –, l'incompatibilité possible du règlement général de discipline des armées avec les articles 5 et 6, le monopole de la radio et de la télévision et enfin, à partir de 1958, les dispositions de l'article 16 qui, à la différence de l'article 15 de la CEDH n'envisageaient aucune exception en cas de recours à ces pouvoirs exceptionnels.

Le gouvernement Messmer, en 1973, se décida à déposer un projet de ratification, adopté par le Parlement (loi 73-1227 du 31 décembre 1973) mais lors de son décès, le président Pompidou n'avait toujours pas déposé les instruments de ratification. C'est le président par intérim Alain Poher qui, par une sorte de coup de force, imposa l'engagement de la France.

Mais, l'engagement de la France n'était que du bout des lèvres.

Tout d'abord, la France ne s'engageait pas sur le droit de recours individuel, ce qui était la disposition véritablement la plus originale et la plus forte.

Enfin, la ratification de la France était accompagnée de trois réserves ou déclarations interprétatives visant le règlement de discipline générale des armées (réserve sur l'article 27 de la loi du 13 juillet 1972), le monopole de l'audiovisuel (déclaration considérant que l'article 10 de la Convention est compatible avec le régime de la loi du 10 juillet 1972 portant statut de la radiodiffusion-télévision française, retirée le 24 mars 1988) et l'article 16 et autres législations d'exception (réserve posant que les circonstances de l'article 16, de la loi sur l'état de siège et de la loi sur l'état d'urgence doivent être considérées comme correspondant à l'objet de l'article 15 § 1, les pouvoirs du président de la République ne pouvant être limités).

Les évolutions intervenues à partir de 1981 ont permis de mettre fin à la marginalisation de la France.

Le 2 octobre 1981, la France acceptait le droit de recours individuel et les modifications ayant affecté le paysage audiovisuel français et la suppression des TPFA ont fait perdre de leur intérêt aux réserves.

On peut mieux comprendre les réticences de la France quand on constate la jurisprudence la concernant. Elle figure, avec l'Italie et le Royaume-Uni parmi les États les plus condamnés. Mais il faut constater que la France est avant tout condamnée pour des procédures d'une durée excessive. Également la question du procès équitable devant les juridictions ordinales a souvent été mise en cause. Plus grave a sans doute été la condamnation de la France pour torture.

Mais ces condamnations ont pu avoir d'heureuses conséquences en suscitant des modifications législatives comme celles à propos des interceptions de sécurité (écoutes téléphoniques), rendant caduques certaines dispositions législatives comme la loi interdisant la publication des sondages dans la semaine précédant les élections ou encore obligeant à une modification de la jurisprudence comme l'a fait la Cour de cassation à propos des changements d'état civil des transsexuels (28 juin 1991, B. c/ France, B 157) ou de la détention avant l'examen des pourvois devant la Cour de cassation (CEDH, 14 décembre 1999, Khalfaoui).

Depuis 1974, la Convention, en vertu de l'article 55 de la Constitution, l'emporte sur les lois contraires, mais pas sur la Constitution car d'une part le Conseil constitutionnel a refusé d'intégrer les traités dans le bloc de la constitutionnalité (CC 74-54, *DC*, 15 janvier 1975, Interruption volontaire de grossesse I), d'autre part, le Conseil d'État (CE, Ass., 30 octobre 1998, Sarran et Levacher et autres, *GAJA* n° 113, *GDJDA* 73) et la Cour de cassation (Cass. ass. Plén., 2 juin 2000, Delle Fraisse) ont refusé de faire triompher le traité sur la Constitution. Cependant, à la suite de la ratification par la France de la Convention et de la décision du Conseil constitutionnel, les juridictions judiciaires ont tout de suite appliqué la Convention (Crim., 3 juin 1975, Respino). Le Conseil d'État a mis plus de temps pour comprendre l'article 55 de la Constitution et il faudra attendre 1989 (CE, Ass., 20 octobre 1989, Nicolo, *GAJA* n° 102, *GDJDA* 71) pour que la Convention puisse donc s'appliquer (cf. *supra*).

2 • DE LA CONVENTION DE 1950 AU 11e PROTOCOLE

A - Les droits protégés par la Convention de 1950

La Convention de 1950 ne se préoccupe que des droits de la première génération.

Les droits affirmés sont les droits et libertés classiques.

1) Droit à la vie

Le droit à la vie est affirmé à l'article 2. Celui-ci n'exclut pas la peine de mort puisque l'article dispose que la mort peut être infligée intentionnellement «*en exécution d'une sentence capitale prononcée par un tribunal au cas où le délit est puni de cette peine par la loi*». Cependant cette exception semble être devenue caduque, d'une part parce que les protocoles n° 6 et 13 tendent à permettre aux États de s'engager sur la voie d'une abolition totale de la peine de mort, et d'autre part parce que le Conseil de l'Europe exige des États membres qu'ils soient abolitionnistes.
Le droit à la vie peut se trouver atteint en cas «*de recours à la force rendu absolument nécessaire*» dans certains cas énumérés par la Convention. Ainsi, à propos du meurtre de trois membres de l'IRA à Gibraltar, la Grande-Bretagne a été condamnée car il n'y avait pas «*de recours à force absolument nécessaire*» (CEDH, 27 septembre 1995, McCann et al. c/ Grande-Bretagne, B., n° 1 ; S., n° 9). Cette nécessité doit être impérieuse et s'analyser d'une façon encore plus rigoureuse que celle évoquée dans les articles 8 à 11 «*dans une société démocratique*». L'article 15 en matière de circonstances de guerre ou autre danger public menaçant la vie de la nation permet la mort «*résultant d'actes licites de guerre*».

Il est intéressant de constater que la Cour a fait une interprétation large du droit à la vie sans se limiter à la privation de la vie commise par les autorités publiques, mais elle considère qu'il y a une obligation de prendre les mesures nécessaires à la sauvegarde de la vie (CEDH, 9 juin 1998, L.C.B. c/ Royaume-Uni).

La question de l'avortement a été posée et la Cour a fait preuve d'une très grande prudence tant ce sujet pouvait diviser les États. La Cour a refusé «*de déterminer si la Convention garantit un droit à l'avortement ou si le droit à la vie... vaut également pour le fœtus*» (CEDH, 29 octobre 1992, Open door et al. c/ Royaume-Uni, B., n° 193, S., n° 61). L'avortement semble en effet possible (CEDH, 13 mai 1980, X c/ Grande-Bretagne).

2) Interdiction de la torture

L'article 3 interdit la torture, les peines et traitements inhumains ou dégradants (art. 3). Cela a pu avoir des côtés pittoresques lorsque la Cour a condamné le fouet dans l'île de Man (CE, 25 avril 1978, Tyrer, B., n° 14) mais a accepté le maintien de la fessée dans les écoles britanniques (CE, 25 mars 1993, Mme Wendy Costello-Roberts, B., n° 15). La France a eu cependant le triste privilège d'être condamnée sur ce fondement. Elle l'a été pour mauvais traitements résultant de violences policières (CE, 27 août 1992, Tomasi, B., n° 6) mais aussi – à l'unanimité – pour torture suite à une garde à vue musclée (CEDH, 28 juillet 1999, Selmouni c/ France, B., n° 8, S., n° 11). La Cour a en effet considéré que « *les actes de violence physique et menaces commis* » par des policiers sur le requérant devaient être « *regardés comme des actes de torture au sens de l'article 3* ». L'affaire Soering (CDH, 7 juillet 1989, Soering c/ Royaume-Uni, B., n° 5, S., n° 13) est également intéressante, s'agissant de l'extradition d'une personne vers les États-Unis où elle risquait la peine de mort. Dans la mesure où le Royaume-Uni n'était pas partie au 6e Protocole, une telle extradition fondée sur violation du droit à la vie n'était pas contraire à la Convention. En revanche, la Cour a considéré que la trop longue attente des condamnés dans le dramatiquement célèbre « death row/couloir de la mort » constituait un traitement inhumain, ce qui est conforme à la jurisprudence de la Cour qui interdit les expulsions vers des pays où existent des risques réels de torture.

La Cour a aussi considéré que le maintien en détention de malades graves constituait un traitement inhumain et dégradant (CEDH, 14 novembre 2002, Mouisel c/ France).

3) Interdiction de l'esclavage et du travail forcé

L'article 4 dispose que « *nul ne peut être tenu en esclavage ni en servitude* » et que « *nul ne peut être astreint à accomplir un travail forcé ou obligatoire* ». La Convention précise cependant que le travail des détenus, le service militaire ou le service de remplacement pour les objecteurs de conscience, le service en cas de crise ou calamité ne contreviennent pas à la Convention.

4) Droit à la liberté et à la sûreté

L'article 5 pose que « *toute personne a droit à la liberté et à la sûreté* ». Bien évidemment cette disposition ne peut avoir de caractère absolu. C'est pourquoi la Convention prévoit six exceptions : détention après condamnation par un tribunal compétent ; « *arrestation ou détention régulières pour insoumission à une ordonnance rendue, conformément à la loi, par un tribunal ou en vue de garantir l'exécution d'une obligation prescrite par la loi* » ; arrestation et détention pour être conduit devant l'autorité judiciaire en cas de soupçons de commission d'infraction ; détention d'un mineur pour son éducation surveillée ; détention pour des raisons de santé publique ; arrestation ou détention pour empêcher une entrée irrégulière sur le territoire ou permettre l'expulsion ou l'extradition. Cet article pose un certain nombre de conditions quant aux droits des personnes arrêtées : information, traduction devant un juge et jugement « *dans un délai raisonnable* », recours devant un tribunal sur la légalité de la détention, droit à réparation. Cet article a notamment été important pour les questions relatives aux gardes à vue excessives.

Là encore, la France a eu quelques problèmes à propos des personnes retenues en zone d'attente pendant 20 jours « *sans assistance sociale et juridique* » (CEDH, 25 juin 1996).

5) Droit à un procès équitable

L'article 6 est sans doute l'article essentiel de la Convention, portant sur le droit à un procès équitable (art. 6). Il a été fortement inspiré par le droit anglo-saxon ce qui peut expliquer à la fois sa longueur et son contenu. On sait que les Anglo-saxons attachent une très grande importance. D'éminents juristes britanniques ont participé à la rédaction de la Convention comme Sir Hersch Lauterpacht et Sir Oscar Dowson, conseiller juridique retraité du Home Office a été le principal rédacteur de la Convention. C'est un mini-code de procédure que nous offre l'article 6.

Cet article intervient pour des « *contestations sur des droits et obligations de caractère civil* » ou pour « *toute accusation en matière pénale* ». L'article 6 pose que la « *cause soit entendue équitablement, publiquement et dans un délai raisonnable, par un tribunal indépendant et impartial, établi par la loi* ». Le caractère de publicité peut connaître des atteintes limitativement énumérées.

Bien entendu, il pose le principe de la présomption d'innocence, si difficile à mettre en oeuvre en France. Enfin, il énumère les droits de l'accusé (information, préparation de sa défense, droit à un défenseur, interrogation des témoins, droit à un interprète).

La France a connu quelques difficultés à propos de cet article.

La notion de « *droits et obligations de caractère civil* » semblait ne pas concerner les droits et obligations relevant du droit administratif, dans une conception matérielle. La Cour européenne n'a pas retenu une telle interprétation et a considéré que lorsqu'il est relatif à une situation « *privée* », l'article 6-1 s'applique (CEDH, 16 juillet 1971, Ringeisen c/ Autriche, B., n° 101 ; 26 septembre 1995, Diennet c/ France). Les juridictions françaises ont dû s'incliner (Cass. civ. 1re, 10 janvier 1984, Rennemann c/ Conseil de l'Ordre des avocats au Barreau de Strasbourg ; CE, 14 février 1996, Maubleu ; CE, Ass., 3 décembre 1999, Didier, *GAJA* n° 115).

Il s'agit avant tout de la durée des procédures. C'est ce qui conduit la France à créer les cours administratives d'appel face à l'engorgement des juridictions administratives car cet article vaut aussi pour le contentieux administratif (CEDH, 24 octobre 1989). On peut aussi se poser la question à propos du Conseil constitutionnel. Sans doute *a priori*, y a-t-il peu de chances que la Cour puisse être saisie, sauf en ce qui concerne le contentieux électoral et il n'est pas certain que les règles du procès équitable y soient respectées.

Le principe de la « *mise en état* » avant cassation (CEH, 14 décembre 1999, Khalfaoui) a semé quelque trouble, chacun ayant à l'esprit les conséquences dans l'affaire Papon.

L'impartialité des juges a soulevé de vives polémiques avec l'affaire Procola (CEDH, 28 septembre1995, Procola c/ Luxembourg, S., n° 64).

Le Protocole n° 7 est venu compléter cet article en posant le droit à un double degré de juridiction en matière pénale qui explique la réforme opérée avec les cours d'assises et d'appel qui nous auraient mis dans une situation difficile. Sans doute a-t-on pu faire valoir qu'il y avait double degré avec la possibilité de la cassation. Mais on sait que la Cour de cassation n'examine que le droit et non les faits. Ce même protocole a ajouté le droit d'indemnisation en cas d'erreur judiciaire et enfin la règle *non bis in idem*.

6) Pas de peine sans loi

L'article 7 pose le principe de la légalité des délits et des peines *(nullum crimen - ou nulla poena - sine lege)* (art. 7).

7) Droit au respect de la vie privée et familiale

L'article 8 affirme des droits ignorés de nos textes constitutionnels: la protection de la vie privée et familiale, du domicile et de la correspondance (art. 8).

La Cour a été conduite à préciser ce qu'il fallait entendre par vie privée en y intégrant le droit de mener la vie sexuelle de son choix ce qui a obligé les États à une attitude plus ouverte à l'égard des homosexuels ou des transsexuels.

En outre cet article a pris une très grande importance pour les étrangers car leur expulsion porte très souvent atteinte au respect de leur vie familiale. Cet article, également, est le premier de ceux fixant les motifs qu'une société peut imposer pour des limitations. L'ingérence n'est en effet possible que si elle constitue *« une mesure qui, dans une société démocratique, est nécessaire à la sécurité nationale, la sûreté publique, au bien-être économique du pays, la défense de l'ordre et la prévention des infractions pénales, la protection de la santé ou de la morale, ou à la protection des droits et libertés d'autrui »*.

8) Liberté de pensée, de conscience et de religion

L'article 9 vise la liberté de pensée, de conscience et de religion (art. 9). La question de la liberté de religion n'est pas si simple en Europe, comme en témoignent les débats sur la laïcité qui ont eu des répercussions sur la Charte des droits fondamentaux de l'Union européenne, et la référence aux valeurs religieuses.

La liberté de religion a pu justifier l'interdiction d'un film trop antireligieux.

9) Liberté d'expression

L'article 10 protège la liberté d'expression. Immédiatement, la Cour a été confrontée à la question du régime particulier de la radio et de la télévision qui a été celui des années antérieures à 1980. La Convention prévoit expressément qu'il puisse y avoir pour la radiodiffusion, le cinéma et la télévision un régime d'autorisation. Mais cela n'implique pas le système du monopole (CEDH, 24 novembre, 1993 Informationsverein Lentia et autres c/ Autriche, B., n° 186). En 1974, la France avait d'ailleurs formulé une réserve à ce sujet. Cette liberté, bien évidemment comporte la liberté de la presse et cela explique que ce soit l'article le plus large et le plus minutieux en ce qui concerne les motifs de limitation. Aux limitations évoquées à propos de l'article 8, la Convention ajoute l'intégrité territoriale, et permet d'empêcher la divulgation d'informations confidentielles ou la possibilité de garantir l'autorité et l'impartialité du pouvoir (on ne parle pas d'autorité comme dans la constitution française) judiciaire.

Dans ce domaine, même si la jurisprudence de la Cour a pu être parfois timide, elle n'en a pas moins permis certaines avancées pour lesquelles la France a été condamnée. Ainsi a-t-elle accordée une meilleure protection aux publications étrangères soumises à un régime restrictif en France avec l'article 14 de la loi du 29 juillet 1981 (CEDH, 18 janvier 2000, Assoc. Ekin). Elle a considéré comme contraire à la Convention l'article 36 de la loi du 29 juillet 1881 réprimant l'offense à chef d'État étranger car conférant *« un statut exorbitant du droit commun »* (CEDH, 25 juin 2002, Colombani et autres c/ France, à l'unanimité). Elle a permis la *« protection des sources des journalistes comme pierre angulaire de la liberté de la presse»* (CEDH, 21 janvier 1999, Fressoz) à propos de la publication par le *Canard Enchaîné* de la feuille d'impôts du PDG de Peugeot.

10) Liberté de réunion et d'association

La liberté de réunion et d'association sont protégées par l'article 11. La France a été condamnée sur ce fondement à propos de la chasse dans la mesure où la loi Verdeille contraignait les propriétaires à adhérer aux associations communales de chasse agréées (CEDH, 29 avril 1999, Chassagnou c/ France, S., n° 59) (art. 11). (*Cf.* aussi, CEDH, 26 avril 1991, Ezelin c/ France, B., n° 197, S., n° 52).

11) Droit au mariage

Ignoré tant en 1789 qu'en 1946, le droit au mariage est affirmé par l'article 12. Tel qu'il est rédigé, il ne consacre que le mariage hétérosexuel.

12) Droit à un recours effectif

L'article 13 affirme le droit à un recours effectif lorsque des droits ou libertés visés par la Convention ont été violés (art. 13).

13) Interdiction de discrimination

À cela la Convention a ajouté l'interdiction des discriminations dans la jouissance des droits garantis par la Convention (art. 14). La Convention n'a pas donné de caractère limitatif aux discriminations possibles même si elle évoque «notamment» le sexe, la race, la couleur, la langue, la religion, les opinions politiques ou toutes autres opinions, l'origine nationale ou sociale, l'appartenance à une minorité nationale, la fortune, la naissance ou toute autre situation». La France a pu être sanctionnée sur ce fondement par exemple dans l'arrêt Mazurek (CEDH, 1er février 2000, Mazurek c/ France, S., n° 44) à propos de la discrimination pour succession entre enfants légitimes et enfants adultérins. En revanche, la Cour a reconnu à la France le droit de refuser l'adoption aux homosexuels considérant qu'il s'agissait d'une distinction légitime et raisonnable (CEDH, 26 février 2002).

14) Dérogation en cas d'urgence

Les conditions de dérogation «*en cas de guerre ou en cas d'autre danger public menaçant la vie de la nation*» sont évoquées à l'article 15. Nous les avons développées à propos de la hiérarchie des droits de la personne humaine.

15) Restrictions à l'activité politique des étrangers

La Convention interdit dans son article 16 les restrictions à l'activité politique des étrangers se fondant sur les articles 10, 11 et 14. On peut mieux comprendre l'arrêt Ekin relatif aux publications étrangères et on peut penser que les dispositions de la loi de 1901 sur les associations étrangères fort heureusement abrogées par la loi du 9 octobre 1981 auraient sans doute été contraires à la Convention.

16) Interdiction de l'abus de droit ; limitation de l'usage des restrictions aux droits

L'article 17 a trait à l'abus de droit et enfin l'article 18 cantonne les restrictions apportées aux droits et libertés par la Convention au *« but pour lequel elles ont été prévues »*.

B - Les institutions de la Convention initiale

Le système faisait intervenir deux institutions originales de la Convention, la Commission et la Cour européenne des droits de l'homme, et une institution préexistante du Conseil de l'Europe, le Comité des ministres composé des ministres des Affaires étrangères des États membres ou de leurs représentants.

1) La Commission

La Commission (installée en 1954) comprenait autant de membres que d'États parties à la Convention, élus pour 6 ans (et rééligibles) par le Comité des ministres choisis sur une liste transmise par l'Assemblée du Conseil de l'Europe, les membres siégeant à titre individuel, et donc ne représentant pas leur État. Il était exigé qu'ils devaient *« jouir de la plus haute considération morale et réunir les conditions requises pour l'exercice de hautes fonctions judiciaires ou être des personnes reconnues pour leur compétence en droit national ou international »*.

2) La Cour

La Cour Européenne des droits de l'homme (fonctionnement depuis 1989) était composée d'un nombre de juges égal à celui des membres du Conseil de l'Europe, élus pour 9 ans par l'Assemblée parlementaire, renouvelables par tiers et rééligibles. En conséquence, un national d'un État qui n'était pas partie pouvait donc siéger. Ce fut le cas des juges français jusqu'en 1974 et René Cassin fut même président de la Cour de 1965 à 1968.

C - Les recours mis en place

La Convention s'ajoute aux droits de recours existant sur le plan interne. Bien entendu elle ne peut les remplacer.

La Convention européenne des droits de l'homme repose sur un double système de protection rompant avec la préservation traditionnelle de la souveraineté de l'État.

1) Les recours interétatiques

Un recours inter-étatique est tout d'abord envisagé. Tout État peut saisir la Commission pour tout manquement à la Convention, sans égard au type de manquement ou à la nationalité de la personne victime. Ainsi, un État pourra intervenir dans l'hypothèse de violations touchant des individus n'ayant pas sa nationalité. On est très loin de l'idée de non-ingérence dans les affaires intérieures d'un État. Mais les États sont prudents et les recours dans ce cadre ont été rarissimes.

2) Le droit de recours individuel

Il n'en est pas de même du recours individuel ouvert par l'article 25 de la CEDH aux victimes d'une violation de l'un des droits visés par la CEDH, quelle que soit leur nationalité. Le système est particulièrement perfectionné puisqu'il peut conduire à une décision ayant un caractère juridictionnel. Cependant ce recours n'avait rien d'obligatoire puisqu'il devait être expressément accepté par les États qui adhéraient. La Convention comportait en effet une clause facultative d'acceptation de la compétence de la Commission et de la Cour. Même si à la veille de l'adoption du 11e Protocole, tous les États avaient souscrit à cette clause, – ce qui explique que la profonde réforme du 11e Protocole ait pu être possible – c'était une façon de ne pas trop effrayer les États.

En outre différentes garanties étaient offertes aux États. D'une part, ils pouvaient formuler des réserves à la Convention et d'autre part, en cas de circonstances exceptionnelles, l'application de la Convention pouvait être suspendue, certains droits et libertés restant cependant intangibles (cf. *supra*).

3) Les étapes de la procédure

Le système de protection comprenait plusieurs étapes.

Tout d'abord la Commission pouvait être saisie soit par une partie au traité, soit par une personne physique, une organisation gouvernementale ou un groupe de particuliers considérant avait été victime d'une violation de l'un des droits affirmés dans la Convention.

Le rôle de la Commission était d'effectuer un filtrage des requêtes. Certaines conditions de recevabilité très strictes étaient posées. Tout d'abord, l'État incriminé, bien évidemment, devait avoir signé la clause facultative visée à l'article 25. Le droit devait être protégé par la Convention, la violation devait émaner de l'un des États parties. En outre la requête ne devait pas être anonyme, ne pas avoir été déjà examinée et ne pas avoir été examinée par une autre instance, ne pas être mal fondée ou abusive. En outre les voies de recours internes devaient avoir été épuisées et la Commission saisie dans un délai de six mois après la dernière décision interne définitive. Ces conditions rigoureuses avaient pour conséquence d'écarter plus de 80 % des requêtes.

La deuxième phase consistait en une tentative de règlement amiable, après avoir examiné contradictoirement la requête et éventuellement procédé à une enquête. En cas de règlement amiable possible, la sous-commission qui avait examiné l'affaire dressait un rapport transmis aux États, au Comité des ministres et au secrétariat général du Conseil de l'Europe.

En l'absence de règlement amiable, la Commission rédigeait également un rapport mentionnant d'éventuelles violations, puis celui-ci était transmis au Comité des ministres.

La troisième phase pouvait alors intervenir. Si la Cour n'était pas saisie, il appartenait au Comité des ministres de se prononcer, à la majorité des deux-tiers, sur la violation ou non de la Convention, l'État devant se conformer à la décision.

Mais la Cour pouvait être saisie soit par la Commission, soit par l'État partie dont la victime était ressortissant, soit par l'État qui avait saisi la Commission, soit par un État partie mis en cause, soit, seulement depuis le protocole n° 9 par le requérant individuel. L'arrêt de la Cour imposait à l'État de se mettre en conformité avec la Convention.

Le Comité des ministres était en charge de la surveillance de l'exécution des arrêts de la Cour.

D - L'évolution de la Convention

1) Les lacunes de la Convention

La Convention européenne comporte des lacunes voulues. Il s'agit des droits économiques et sociaux.

Mais il y a des lacunes qu'il n'a pas été possible d'éviter. Certaines questions ont pu susciter des divergences et dès lors, le consensus étant difficile, la solution de protocoles additionnels facultatifs s'avérait la solution adéquate.

2) Les protocoles additionnels

Les protocoles additionnels ont eu deux objectifs. D'une part, ils ont essayé d'enrichir le catalogue originel et d'autre part, ils ont tenté d'améliorer le mécanisme de protection.

a) Les protocoles relatifs à des droits nouveaux

Le Protocole n° 1 (20 mars 1952) a reconnu le droit de propriété, le droit à l'instruction et le droit à des élections libres.

Si le droit de propriété a pu faire l'objet de décisions intéressantes, notamment propos de la chasse dans l'affaire Chassagnou déjà évoquée pour d'autres raisons, si le droit des élections libres n'a pas entraîné de jurisprudence importante, il n'en est pas de même du droit à l'instruction qui a été au cœur de l'une des affaires les plus délicates, l'Affaire linguistique belge (CEDH, 23 juillet 1968, S n° 8). La Cour a reconnu le droit à une instruction pluraliste, publique ou privée, mais sans obligation de financement.

Le Protocole n° 4 (16 septembre 1963) a interdit la prison pour dettes, affirmé la liberté de circulation sur son territoire avec le droit de quitter son pays, interdit l'expulsion des nationaux de leur État et le refus d'y pénétrer et l'expulsion collective des étrangers.

Le 6e protocole (28 avril 1983) a posé le principe de l'abolition de la peine de mort. Celle-ci est abolie en temps de paix et n'est possible que pour des «*actes commis en temps de guerre et de danger imminent de guerre*», étant entendu qu'il ne peut y avoir ni dérogations, ni réserves à ce protocole.

Enfin le protocole n° 7 (22 novembre 1984) complète le 4e en fixant des garanties pour les expulsions d'étrangers. Il ajoute également le droit à un double degré de juridiction en matière pénale, la réparation des erreurs judiciaires, la règle *non bis in idem* et l'égalité des droits et des responsabilités entre époux.

Le Protocole n° 6 a fait l'objet d'une décision du Conseil constitutionnel qui, le 22 mai 1985 (CC 85-188, *DC*, 22 mai 1985) a considéré que ce protocole n'était en aucun cas contraire à la Constitution puisqu'il pouvait être dénoncé. Certains opposants à ce texte considéraient que le Protocole ne pouvait être ratifié car il empêchait le chef de l'État d'utiliser pleinement l'article 16. Le Conseil constitutionnel a fait litière de cet argument qui, s'il avait été reçu, aurait empêché toute vie internationale pour la France.

b) Les protocoles relatifs au fonctionnement de la Convention

Les autres protocoles intervenus avant 1994 ont perdu tout intérêt à la suite de l'adoption du 11e protocole.

Le Protocole n° 2 (6 mai 1963) avait donné à la Cour la compétence consultative, mais il n'y a eu aucune application.

Le Protocole n° 3 (également du 6 mai 1963) avait trait à la Commission.

Le Protocole n° 5 (20 janvier 1966) intéressait également la Commission.

Le Protocole n° 8 (19 mars 1985) portait sur la création de chambres.

Le Protocole n° 9 (6 novebre 1990) permettait à l'auteur d'une requête individuelle de saisir lui-même la Cour dès lors que le rapport de la Commission avait été fait.

Le Protocole n° 10 (25 mars 1992) était relatif au Comité des ministres.

Les protocoles 2, 3, 5, 8, 9 et 10 sont devenus caducs à la suite de l'adoption et de l'entrée en vigueur du Protocole n° 11 du 11 mai 1994.

Le Protocole n° 11 a été le protocole essentiel puisqu'il a complètement refondu la Convention. S'il a laissé intact le catalogue des droits protégés, il a bouleversé le mécanisme de protection. Il est entré en vigueur le 1er novembre 1998, un an après le dépôt du dernier instrument de ratification (Italie). Afin de permettre une meilleure transition, la Commission a continué à exercer ses fonctions jusqu'au 31 octobre 1999.

c) Les protocoles nouveaux

Depuis lors, deux autres protocoles ont été signés.

Le Protocole n° 12 du 4 novembre 2000, interdit toute discrimination fondée sur le sexe, la race, la couleur, la langue, la religion, les opinions politiques ou toutes autres opinions, l'origine nationale ou sociale, l'appartenance à une minorité nationale, la fortune, la naissance ou toute autre situation. On notera que la France ne figure pas parmi les signataires. Ratifié par cinq États, il n'est pas encore entré en vigueur.

Enfin le Protocole n° 13 signé à Vilnius le 3 mai 2002 et entré en vigueur le 1er juillet 2003, étend le champ d'application du sixième protocole relatif à l'abolition de la peine de mort puisqu'il prohibe absolument la peine de mort, y compris en temps de guerre ou seulement en cas de danger imminent, ce qui était les exceptions envisagées dans le sixième protocole. Le gouvernement français qui a signé ce texte est en train de préparer le projet de loi qui permettra d'en autoriser la ratification.

3) Les nouveaux adhérents

Afin de pouvoir adhérer au Conseil de l'Europe, trois conditions sont posées aux nouveaux États. Ils doivent être une démocratie pluraliste – condition qui a toujours été exigée –, ils doivent avoir aboli la peine de mort – en droit ou en fait – et ils doivent se lier par la Convention européenne des droits de l'homme. Les nouveaux États membres sont tenus de la signer lors de leur adhésion et de la ratifier dans un délai d'un an.

Seule parmi les 45 États membres du Conseil de l'Europe, la Serbie-Monténégro qui a adhéré le 3 avril 2003, n'a pas encore ratifié la convention qu'elle a cependant sgnée.

3 • LA NOUVELLE CONVENTION

La CEDH a dû affronter – au moins – deux défis. D'une part, elle a rencontré de plus en plus la confiance de l'opinion, et d'autre part, le nombre des parties s'est accru considérablement par le fait que tous les États membres du Conseil de l'Europe ont fini par adhérer et que l'implosion du système soviétique a fait passer le nombre des membres du Conseil à 45, l'adhésion à la Convention étant en outre une condition posée aux nouveaux États. Dès lors, le système était condamné à l'asphyxie s'il n'était pas réformé. La Cour n'a rendu que 31 décisions jusqu'en 1978 mais elle a atteint 417 en 1994. En 1981, 7 affaires seulement lui avaient été déférées, on atteignait 119 en 1997 ! Le nombre des requêtes a atteint un accroissement inquiétant. Il dépassait 2000 en 1993 et était d'environ 5000 en 1998. Il n'est plus devenu rare que la Cour condamne des États pour une durée excessive de la procédure alors que celle-ci avait duré autant de temps sinon plus entre la saisine de la Commission et l'arrêt de la Cour. C'est pourquoi le Conseil de l'Europe a entrepris une réforme qui a abouti par la signature du 11e protocole le 11 mai 1994.

On a aussi souhaité améliorer la situation du requérant. Le Protocole n° 9 avait été, à cet égard, la dernière étape.

Ce protocole est un protocole d'amendement et non pas un protocole facultatif. Pour qu'il entre en vigueur et qu'ainsi la Convention soit refondue, il fallait la ratification de tous les États parties.

A - La nouvelle Cour

Le nouveau protocole a supprimé le rôle décisionnel du Comité des ministres ne lui laissant que le soin de surveiller l'exécution des arrêts de la Cour et il a fait disparaître la Commission préférant une Cour unique à géométrie variable. Le nombre des juges est celui des États parties à la Convention et ils sont toujours élus par l'Assemblée parlementaire. Leur mandat passe de 9 à 6 ans. Alors qu'on avait le trépied Commission-Cour-Comité des ministres, maintenant on opère la fusion de la Cour et de la Commission et on abandonne le fonctionnement quasi-juridictionnel du Comité des ministres.

En outre la compétence de la Cour pour les requêtes individuelles devient obligatoire et non plus facultative.

La Cour siège maintenant de façon permanente et il y a une obligation de résidence pour les juges. Les juges sont élus sur une liste de trois candidats proposés par la partie contractante concernée, et renouvelables par moitié tous les trois ans. Il y a un juge par État partie (et non par État membre du Conseil de l'Europe), mais tous les États devant ratifier la Convention, le résultat est le même.

Les juges siégent à titre individuel et ne représentent pas leur État. Ils ne peuvent exercer d'activité incompatible avec leur indépendance et leur impartialité. Ils doivent se retirer à 70 ans. Ils peuvent ne pas avoir la nationalité de cet État. Ainsi le juge du Liechtenstein a pu avoir la nationalité canadienne. Maintenant c'est un Suisse.

La Cour peut comprendre quatre formations.

L'Assemblée plénière n'a pas de rôle contentieux. Elle élit son président (actuellement Luzius Wildhaber, Suisse) et ses vice-présidents (dont Jean-Paul Costa, France) pour trois ans, elle constitue des chambres, élit les présidents de ces chambres et adopte le Règlement.

Tout d'abord existent des comités restreints de trois juges, constitués pour trois mois au sein de chacune des quatre sections, dont le rôle est de filtrer les affaires puisqu'ils peuvent décider de l'irrecevabilité ou de la radiation du rôle d'une requête individuelle. Ce comité reprend, en partie seulement, les attributions de la Commission.

La formation normale est la Chambre de sept juges. Les 4 chambres sont composées au sein de chacune des quatre sections pour 3 ans. Le président de section et le juge élu au titre de l'État concerné siègent de droit. Il lui appartiendra d'exercer les fonctions de la Commission et de la Cour en réexaminant la recevabilité, en établissant les faits en facilitant le règlement amiable, ce qui était la tâche de la Commission, mais également elle statuera sur le fond, ce qui était la mission de la Cour.

Le Protocole a prévu également une Grande Chambre de 17 juges, formée pour trois ans, comprenant le président, les vice-présidents, les présidents de chambre, le juge élu au titre de l'État mis en cause, et des juges tirés au sort pour chaque affaire. Il y a deux groupes de juges dont la composition obéit à un équilibre géographique, alternant tous les 9 mois.

Elle pourra intervenir dans deux hypothèses.

Cela pourra être d'abord à la suite du dessaisissement d'une Chambre, si les parties en sont d'accord, lorsque intervient «*une question grave relative à l'interprétation de la Convention ou de ses protocoles*» ou lorsque l'on risque d'arriver à une contradiction de jurisprudence.

Elle pourra enfin être saisie sur demande de renvoi par toute partie à l'affaire. Il ne s'agit pas d'un appel. La demande doit être acceptée par un collège de cinq juges de la Grande Chambre si «*l'affaire soulève une question grave relative à l'interprétation ou à l'application de la Convention ou de ses protocoles, ou encore une question grave de caractère général*».

B - Les compétences de la Cour

La Cour peut être amenée à exercer deux types de compétence.

1) La compétence contentieuse

La compétence contentieuse peut intervenir dans deux hypothèses.

a) Les recours interétatiques

La Cour peut être saisie d'une affaire interétatique puisqu'elle peut être saisie par tout État d'un manquement à la Convention ou aux protocoles imputé à un autre État. Ces hypothèses sont fort peu nombreuses et nombre d'entre elles n'ont pu aller jusqu'à leur terme.

b) Les requêtes individuelles

La tâche la plus lourde de la Cour est liée aux requêtes individuelles. Avant le protocole n° 11, l'État partie devait accepter expressément la compétence de la Cour pour les requêtes individuelles. On sait que la France avait attendu 1981 pour permettre ce type de requête contre elle. La requête peut venir d'une personne physique, qu'elle soit ou non ressortissant de l'État, mais aussi d'une organisation gouvernementale ou d'un groupe de particuliers. La Cour peut être saisie par toute personne «*victime*» et non pas forcément par la partie lésée (art. 34).

Un certain nombre de conditions sont posées pour la recevabilité de ces requêtes.

Elle ne peut intervenir qu'après l'épuisement des voies de recours internes. C'est tout à fait classique en droit international et la Convention précise d'ailleurs que ce principe «*est entendu selon les principes de droit international généralement reconnus*». Le recours doit intervenir dans un délai de six mois après la décision interne définitive.

La Cour rejette également les requêtes anonymes, celles qui sont semblables à une requête précédemment examinée ou soumises à une «*autre instance internationale d'enquête ou de règlement*». Enfin, et c'est le cas le plus fréquent, elle rejette toute requête manifestement mal fondée ou abusive.

La procédure, qui est, en principe (sauf circonstances exceptionnelles) contradictoire et publique comprend plusieurs étapes. Les requérants peuvent soumettre eux-mêmes leurs requêtes, dans l'une des langues officielles de leur choix, même si les langues officielles de la Cour sont le français et l'anglais, mais la représentation par un avocat est exigée pour les audiences.

Tout d'abord est constitué un dossier provisoire. Au premier stade va être désigné le juge rapporteur qui sera le conducteur de l'affaire pendant toute la procédure.

La Chambre de 3 juges examine la recevabilité. Il faut l'unanimité pour déclarer l'irrecevabilité, faute de quoi l'affaire passera à la Chambre.

L'examen devant la Chambre se fait de façon contradictoire. Si la chambre estime que le règlement amiable est possible elle pourra éviter une décision. Sinon il y aura audience publique (art. 40).

La Cour peut aussi se dessaisir en faveur de la Grande Chambre.

Après l'arrêt pourra également intervenir un renvoi devant la Grande Chambre. Ce n'est pas un appel, mais on est très proche. C'est une sorte de *certiorari* à l'américaine : un collège de cinq juges doit accepter.

Les arrêts sont décidés à la majorité par les chambres, chaque juge pouvant formuler une opinion séparée (concordante ou dissidente) ou faire une déclaration de dissentiment.

Le Comité des ministres réapparaît à propos de l'exécution des arrêts. Il lui incombe de vérifier si les États ont pris les mesures nécessaires.

2) La compétence consultative

À côté de la compétence contentieuse existe aussi une compétence consultative posée par l'article 47 de la Convention. À la demande du Comité des ministres, à la majorité des représentants ayant le droit de siéger, la Cour peut donner des avis consultatifs sur « *des questions juridiques concernant l'interprétation de la Convention et de ses protocoles* ». Cependant cette fonction est très limitée puisque ces avis ne peuvent avoir de lien avec la fonction contentieuse. Notamment ils ne peuvent porter sur le « *contenu ou l'étendue des droits et des libertés définis au titre 1... et dans les protocoles* », ni sur les questions dont la Cour ou le Comité pourraient avoir à connaître. Les avis sont donnés à la majorité et formulés par la Grande Chambre. Comme pour les arrêts, les opinions séparées ou les déclarations de dissentiment sont possibles.

4 • BILAN

Les recours interétatiques ont eu peu de succès. Une seule affaire est allée à son terme (CEDH, 18 janvier 1978, n° 4) opposant l'Irlande au Royaume-Uni à propos des interrogatoires « poussés » en Irlande du Nord. La décision a été très politique car la Cour a considéré qu'il n'y avait pas torture – ce qui aurait été infamant pour le Royaume-Uni – mais qu'il y avait eu traitements inhumains et dégradants ce qui satisfaisait l'Irlande.

D'autres affaires interétatiques ont pourtant été amorcées.

Au total il y a eu 18 requêtes interétatiques concernant en réalité 6 questions dont celle d'Irlande du Nord.

2 requêtes ont été introduites en 1956-57 par la Grèce contre le Royaume-Uni à propos de Chypre, mais à la suite des accords de Zurich et de Londres qui réglaient la question chypriote, aucune suite n'a été donnée.

L'Autriche a formulé une requête contre l'Italie à propos de l'affaire de Pfunders au Tyrol du Sud/Haut Adige, mais aucune violation n'a été constatée.

À propos de la Grèce, quatre requêtes avaient été introduites par le Danemark, la Norvège, les Pays-Bas et la Suède pour violation des articles 5, 9, 10, 11, 13, 14 de la Convention et l'article 3 du premier protocole. La Cour n'a pu se prononcer car cette requête a conduit la Grèce à se retirer du Conseil de l'Europe et à dénoncer la

Convention. Mais la Grèce a quand même été condamnée par le Comité des ministres le 15 avril 1970.

Il y a eu deux requêtes de Chypre en 1974 et 1975 et une autre en 1977 contre la Turquie.

Enfin, cinq requêtes ont été formulées par le Danemark, la France, les Pays-Bas, la Norvège et la Suède contre la Turquie en 1982, se fondant sur la violation des articles 3 (torture), 5 (liberté et sécurité de la personne), 6 (procès équitable) 9 (liberté d'opinion), 10 (liberté d'expression), 11 (liberté de réunion et d'association). La Commission avait déclaré recevables en décembre 1983 les requêtes mais à la suite de certains engagements de la Turquie, l'affaire a été retirée du rôle.

La Convention européenne des droits de l'homme a eu des effets heureux car elle a obligé certains États à revoir leur législation ou leur jurisprudence. Les Pays-Bas l'ont fait dans le domaine de la discipline militaire, l'Allemagne a dû adopter une loi réglementant la détention provisoire. Les Norvégiens tout comme les Suisses ont révisé leur Constitution qui interdisait les Jésuites. Les Suisses ont du se résoudre au vote des femmes. On sait aussi que la France a été conduite à modifier sa législation en matière d'écoutes téléphoniques (loi du 10 juillet 1991, suite à CEDH, 24 avril 1990, Kruslin c/ France ; Huvig c/ France, B., n° 168. S N° 41), ou à infléchir sa jurisprudence relative à la mise en état, à l'état-civil des transsexuels (CEDH B. c/ France, B., n° 157) au régime des publications étrangères.

Dans ce dernier cas le Premier ministre sera même amené à abroger le décret-loi du 6 mai 1939 puisque le Conseil d'État lui a enjoint de le faire (CE, 7 févrer 2003 Groupe d'information et de soutien des immigrés).

Les requêtes individuelles ont eu beaucoup de succès. De 1955 au 31 août 2000, la Cour a été saisie de 60 259 requêtes. Leur nombre est allé croissant. On a atteint les mille requêtes annuelles en 1988, les 5 000 en 1998 et en 1999 il y en a eu 8 396. Sans doute le nombre de requêtes pouvant donner lieu à un arrêt est-il assez réduit. L'ancienne Cour n'a rendu que 786 arrêts.

Section 3

La Charte sociale européenne

Adoptée à Turin le 18 octobre 1961, et entrée en vigueur le 26 février 1965, la Charte sociale européenne, tout comme la Convention européenne des droits de l'homme a fait l'objet d'une refonte fondamentale le 3 mai 1996, la France ayant ratifié cette modification majeure en 1999. La Charte a été accompagnée d'un protocole additionnel prévoyant un système de réclamation collective, entré en vigueur le 1er juillet 1999.

La France avait ratifié le texte initial avant la Convention européenne des droits de l'homme, le 9 mars 1973.

1 • LA CHARTE INITIALE

Le système initial exigeait l'engagement des États sur un noyau minimum de 5 articles sur un ensemble de 7 et que les États soient liés au moins par 10 autres articles ou 45 paragraphes numérotés. C'était une sorte de convention à la carte. L'engagement de la France avait eu un caractère minimal puisque si elle avait accepté l'intégralité des 7 articles du noyau dur, elle n'avait retenu que 11 articles supplémentaires.

La Charte a été complétée par un certain nombre de protocoles, assez tardifs. Celui du 5 mai 1988 a posé le droit à l'égalité des chances en matière d'emploi et de profession sans discrimination fondées sur le sexe, le droit des travailleurs à l'information et à la consultation dans l'entreprise; le droit des travailleurs à prendre part à la détermination de l'amélioration des conditions de travail et le droit des personnes âgées à une protection sociale. Entré en vigueur le 4 septembre 1992, il n'a pas été ratifié par la France.

Le Protocole du 21 octobre 1991 a modifié et amélioré les mécanismes de contrôle. Celui du 9 novembre 1995 a permis un droit de réclamation collective pour les partenaires sociaux et les ONG et a été ratifié par la France, le 24 mai 1995.

Enfin, le Protocole du 3 mai 1996 a permis la grande révision, constituant un traité unique intégrant la Charte de 1961, le protocole de 1988 ainsi que de nouveaux droits, tout en réunissant les protocoles de 1991 et de 1995 relatifs au contrôle. Ratifié par la France le 7 mai 1999, il est entré en vigueur le 1er juillet 1999 et remplacera progressivement la première Charte.

2 • LA CHARTE RÉNOVÉE

A - Les droits protégés

Les droits affirmés dans la Charte, ancienne et nouvelle manière sont nombreux.

Ils touchent au droit à l'emploi et aux conditions de travail. La Charte affirme le droit au travail, qui n'est pas un droit à obtenir un emploi, mais oblige à placer un haut niveau d'emploi comme objectif politique et à faciliter l'obtention d'un emploi. S'y ajoutent le droit à des conditions de travail équitables (art. 2) et le droit à une rémunération équitable (art. 4). La Charte pose aussi le droit à la sécurité et à l'hygiène dans le travail (art. 3).

Les relations professionnelles sont visées par la Charte à travers le droit syndical (art. 5) et le droit de négociation collective (art. 6). Les représentants des travailleurs doivent faire l'objet d'une protection (art. 28) et doivent être informés et consultés dans les procédures de licenciements collectifs (art. 29).

La Charte vise aussi le droit à l'information et la consultation au sein de l'entreprise (art. 21) et le droit de prendre part à la détermination et à l'amélioration des conditions de travail (art. 22).

Les travailleurs doivent bénéficier de protections spécifiques principalement en cas de licenciement (art. 24), et ont droit à la protection de leurs créances en cas d'insolvabilité de leur employeur.

Certaines personnes doivent bénéficier d'une protection particulière en matière de travail : les enfants et adolescents (admission à l'emploi à partir de 15 ans, interdiction de principe du travail de nuit pour les travailleurs de moins de 18 ans...) (art. 7), les travailleuses (en tant que femmes enceintes ou mères) (art. 8), les travailleurs ayant des responsabilités familiales (art. 27).

Les questions de formation sont évoquées à l'article 9 (droit à l'orientation professionnelle) et à l'article 10 (droit à la formation professionnelle).

La Charte développe longuement divers aspects de la protection sociale qui incluent le droit à la protection de la santé (art. 11), le droit à la sécurité sociale (art. 12), le droit à l'assistance sociale et médicale (art 13), le droit au bénéfice des services sociaux (art. 14).

Certaines personnes sont plus particulièrement protégées : handicapés (art. 15), famille qui a droit à une protection sociale, juridique et économique (art. 16), enfants et adolescent (art. 17), travailleurs migrants et leurs familles (art. 19, et dans une certaine mesure, art. 18), personnes âgées (art. 23).

D'une façon plus générale la Charte pose le principe du droit à la protection contre la pauvreté et l'exclusion sociale (art. 30). Est également affirmé – c'est le dernier droit – le droit au logement.

La Charte s'attache aussi au principe de non-discrimination, l'article 20 se limitant à la discrimination fondée sur le sexe. La question du harcèlement sexuel et de façon plus générale du droit à la dignité au travail est visée par l'article 26.

B - L'engagement des États

La Charte nouvelle manière a maintenu le caractère de Convention à la carte. Les États sont liés par la Partie I (vaste catalogue de 31 objectifs politiques), doivent s'engager dans 6 des 9 articles de la partie I et à être liés par un nombre supplémentaire d'articles ou paragraphes numérotés pourvu que le nombre total des articles ou paragraphes numérotés qui lient l'État ne soient pas inférieurs à 16 articles ou 63 paragraphes.

Pour une fois l'attitude de la France a été exemplaire car elle a accepté toutes les dispositions de la charte.

C - Les mécanismes de contrôle

Les mécanismes de contrôle mis en œuvre sont de deux ordres.

Tout d'abord, un suivi général de la Charte est effectué qui reprend le protocole de 1991. Les gouvernements adressent un rapport, et les partenaires sociaux et les ONG expriment leurs observations au Comité européen des droits sociaux composé de 9 experts indépendants et impartiaux. Ce comité apprécie la conformité des législations d'un point de vue juridique. Puis intervient le Comité gouvernemental composé des représentants des États qui prépare les décisions du Comité des ministres en sélectionnant les situations qui devraient faire l'objet d'une réglementation. Enfin le Comité des ministres adopte une résolution après chaque cycle de contrôle.

Des réclamations collectives sont également possibles. Elles peuvent être adressées par les organisations internationales d'employeurs et de travailleurs, les organisations nationales représentatives d'employeurs et de travailleurs, les ONG inscrites sur une liste et les ONG qualifiées dans les domaines de la Charte. Ces réclamations sont adressées au Comité européen des droits sociaux qui rédige un rapport, en cas de recevabilité des réclamations, concluant ou non à la violation. Ce rapport est adressé au Comité des ministres. En cas de violation, des recommandations sont adressées à l'État. En cas de non-violation, une résolution met un terme à la réclamation.

Section 4

Les autres Conventions

Le Conseil de l'Europe, pour lequel le général de Gaulle avait peu d'estime – «*cette institution qui sommeille au bord du Rhin*» – mérite très certainement d'être mieux connu. Sans doute le dynamisme de l'Union européenne a-t-il occulté son activité. Or l'œuvre conventionnelle de l'organisation strasbourgeoise est incomparable et concerne principalement – mais non exclusivement – les droits de la personne humaine. Au 15 mai 2003, 192 conventions ont été élaborées dans le cadre de cette organisation. Certaines conventions ont visé à une coopération pénale européenne comme la Convention européenne d'extradition du 13 décembre 1957, ratifiée par la France, seulement en 1985 ou encore la Convention européenne pour la répression du terrorisme du 28 janvier 1977. Mais certains instruments se sont attachés à des questions très spécifiques. Inspiré par certains aspects de la loi Informatique et Libertés, le Conseil de l'Europe a suscité la Convention européenne pour la protection des personnes à l'égard du traitement automatisé des données à caractère personnel, le 28 janvier 1981. On peut évoquer la Convention européenne pour la prévention de la torture et des peines ou traitements inhumains ou dégradants du 26 novembre 1987, donc postérieure à la Convention onusienne. Le Conseil de l'Europe a également mis l'accent sur la protection de la dignité humaine à travers la Convention européenne pour la protection des droits de l'homme et de la dignité de l'être humain à l'égard des applications de la biologie et de la médecine du 4 mai 1997 complétée par un protocole touchant aux questions du clonage le 12 janvier 1998.

Le Conseil de l'Europe a accordé une attention particulière aux minorités. Il a tenté de le faire à travers une Convention-cadre ignorée par la France et par la Charte européenne des langues régionales et minoritaires. De façon assez nouvelle, la France a accepté de signer ce texte ce qui était contraire à son attitude traditionnelle de refus de la reconnaissance des minorités. Cependant, suite à un avis du Conseil d'État et surtout une décision du Conseil constitutionnel du 15 juin 1999 (CC 99-412, *DC*, 15 juin 1999, Charte européenne des langues régionales et minoritaires), la ratification de ce texte doit entraîner une révision constitutionnelle. Le Conseil constitutionnel a considéré qu'en conférant des droits spécifiques à des « groupes » à l'intérieur de « territoires », la Charte portait atteinte aux principes d'indivisibilité de la République, d'égalité devant la loi et d'unicité du peuple français et que, d'autre part, elle était contraire à l'article 2 de la Constitution en reconnaissant un droit à pratiquer une langue autre que le français dans « la vie publique ». Cela fut un point de désaccord au temps de la cohabitation, le président de la République refusant de faire modifier le texte constitutionnel à cet effet.

BIBLIOGRAPHIE

Charrier (J.-L.), *Code de la Convention européenne des droits de l'homme*, Litec, 2e éd., 2002.

Cohen-Jonathan (G.), *La Convention européenne des droits de l'homme*, Économica, 1989.

Marguenaud (J.-P.), *La Cour européenne des droits de l'homme*, Dalloz, 2002.

Pettiti (L.-E.), Decaux (E.) et Imbert (P.-H.) (Dir.), *La Convention européenne des droits de l'homme. Commentaire article par article*, Économica, 1995.

Sudre (F.), *La Convention européenne des droits de l'homme*, Que sais-je ?, PUF, n° 2513, 5e éd., 2002.

Vasak (K.), *La Convention européenne des droits de l'homme*, LGDJ, BCSP, n° 10, 1964.

CHAPITRE 20

L'Organisation pour la Sécurité et la Coopération en Europe

Avec l'Organisation pour la Sécurité et la Coopération en Europe (OSCE) nous nous plaçons dans une démarche qui a été avant tout politique et qui a trouvé son origine dans la Conférence d'Helsinki (Conférence sur la sécurité et la coopération en Europe - OSCE) (section 1) qui s'est conclue sur un Acte final d'une importance capitale (section 2) et dont les conséquences ont sans doute échappé à leurs initiateurs (section 3).

Section 1

Les enjeux de la CSCE

L'idée d'une Conférence sur la sécurité et la coopération en Europe est relativement ancienne puisqu'elle avait été formulée en 1954 par le ministre soviétique des Affaires étrangères, Molotov. Pour les Soviétiques, il s'agissait de figer la situation née de la seconde guerre mondiale en Europe, à un moment où se posait la question du réarmement allemand. Les Soviétiques referont plusieurs fois la proposition par la suite. Finalement, l'objectif sera atteint au moment de l'Ostpolitik du Chancelier Brandt qui conduisait à des accords entre la RFA et à entamer un règlement de la question allemande. Suite à une nouvelle proposition du bloc soviétique, les Occidentaux poseront, entre autres conditions à la tenue d'une telle réunion, la présence des États-Unis et du Canada, États non européens mais membres de l'OTAN et surtout la discussion de la libre circulation des hommes et des idées.

La Conférence réunira tous les États européens (à l'exception de l'Albanie) ainsi que les États-Unis et le Canada.

Section 2

L'Acte final de la CSCE

Ouverte le 3 juillet 1973 à Helsinki, la Conférence sur la sécurité et la coopération en Europe s'est achevée le 1er août 1975 par l'adoption d'un Acte final qui a suscité beaucoup d'espoir. Texte complexe, il comprenait quatre «*corbeilles*» dont la troisième relative à la coopération dans les domaines humanitaires et autres avait trait aux droits et libertés. Mais également la «*corbeille*» sur les questions relatives à la sécurité en Europe était d'importance. Elle comprenait une Déclaration sur les principes régissant les relations mutuelles des États participants, sorte de Décalogue dont on retiendra surtout le point VII consacré au «*respect de droits de l'homme et des libertés fondamentales y compris la liberté de pensée, de conscience, de religion ou de conviction*». L'Acte final à propos de la «*troisième corbeille*» mentionne quatre grands thèmes. Le premier était d'une importance essentielle compte tenu de la situation interne des pays du bloc soviétique puisqu'il avait trait aux «*contacts entre les personnes*». Il évoquait sans doute des aspects qui faisaient partie traditionnellement des relations «*officielles*» entre les États (rencontres entre jeunes, sports) mais il pouvait laisser espérer des solutions pour des situations personnelles jusqu'alors souvent désespérées (contacts et rencontres régulières sur la base des liens de famille; réunion des familles; mariages entre citoyens d'États différents). Ce premier aspect pouvait servir de support à une revendication de la liberté d'aller et de venir. Les déplacements pour raisons personnelles ou professionnelles, pour raisons touristiques devaient être facilités. Le deuxième domaine était tout aussi sensible puisqu'il visait l'information. Non seulement il devait faciliter la diffusion transfrontière de l'information, mais aussi il portait sur l'«*amélioration des conditions de travail des journalistes*». Les deux derniers thèmes étaient sans doute plus facilement acceptables par les pays du bloc communiste; il s'agissait de la coopération et des échanges dans le domaine de la culture et dans le domaine de l'éducation. Nous étions là dans des domaines habituels faisant l'objet d'accords de coopération entre les États.

Section 3

La portée de l'Acte final et l'après-CSCE

Chacun des deux camps a tenté d'obtenir ce qu'il souhaitait. Pour les Soviétiques, c'était la consécration de la reconnaissance du partage de l'Europe, déjà entamée avec la politique menée par le chancelier Brandt.

Pour les Occidentaux, la «*troisième corbeille*» était une avancée devant permettre des évolutions dans les États d'Europe centrale et orientale.

En outre la Conférence d'Helsinki s'institutionnalisait puisque l'Acte final avait prévu des conférences de suivi.

Mais c'est là toute l'ambiguïté de l'Acte final. En aucune façon il n'est une convention internationale. Cela signifie que les États n'ont conclu qu'un engagement moral et non un engagement juridique. Sans doute ce texte est-il important pour les Soviétiques, mais avant tout dans sa partie relative aux relations entre États. Sans doute est-il important pour les occidentaux, mais dans sa partie relative aux droits de l'homme. C'est le grand malentendu.

Les lendemains seront décevants car les Soviétiques ne voudront pas donner de développements aux questions de droits de l'homme, d'autant plus que les opposants dans les États communistes, invoqueront l'Acte final pour créer des espaces de liberté. Si la première conférence tenue à Belgrade en 1977-78 est un échec, celle de Madrid (1980-1983) sera encore plus fermée en raison du contexte international lié notamment à l'intervention soviétique en Afghanistan. Les évolutions internes de l'URSS vont faire évoluer également la CSCE. La Conférence de Vienne (1986-1989) s'inscrira dans le contexte de l'ère Gorbatchev et la Charte de Paris le 21 novembre 1990 marque le nouvel ordre européen et son ouverture aux droits et aux libertés.

En 1994, la CSCE se transforme en OSCE, organisation forte aujourd'hui de 55 membres et dont le siège est à Vienne. Elle constitue une sorte de forum ne pouvant certainement pas rivaliser avec le Conseil de l'Europe en matière de défense des droits de l'homme. Elle se fixe pourtant pour objectif de développer aussi la démocratie et le respect des droits de la personne en Europe. Elle s'est dotée de structures à cet effet. Le Bureau des institutions démocratiques et des droits de l'homme à Varsovie effectue un gros travail en matière d'observation des élections et d'assistance technique pour les droits de l'homme. Egalement ont été créés un Haut Commissariat pour les minorités nationales à la Haye et un représentant pour la liberté des médias.

BIBLIOGRAPHIE

DECAUX (E.), *La Conférence sur la sécurité et la coopération en Europe,* PUF, Que sais-je ?, n° 2661, 1992.

CHAPITRE 21

L'Union européenne

L'attitude des Communautés européennes/Union européenne à l'égard des droits fondamentaux a été faite d'une ouverture lente mais progressive marquée d'abord par un refus, puis par certaines initiatives de la Cour de justice, avant que les traités d'abord par une référence dans un préambule puis par une insertion dans les traités communautaires finissent par intégrer la protection des droits fondamentaux, non sans que cela puisse entraîner des frictions avec la Cour de Strasbourg. Depuis lors, les avancées ont été encore plus profondes avec l'adoption d'une Charte, dépourvue de portée contraignante, mais qui pourrait trouver celle-ci à la faveur de la «*Constitution*» européenne.

Les objectifs des Communautés européennes étaient à l'origine avant tout d'ordre économique ce qui peut expliquer le désintérêt de ces organisations pour les droits de la personne humaine (section 1). Mais parce que les Communautés européennes avant de devenir l'Union européenne ont élargi progressivement leur champ d'action, elles ont immanquablement rencontré les droits de la personne humaine et, sous la pression des institutions – juridictionnelles notamment – de certains États, elles ont dû se préoccuper de cette question. Cela s'est d'abord fait par le biais de la Cour de justice (section 2), puis par une reconnaissance conventionnelle de plus en plus forte (section 3) avant que l'Union européenne n'élabore son propre texte avec la Charte des droits fondamentaux de l'Union européenne (section 4). Aujourd'hui, avec la future «*constitution*» européenne des perspectives nouvelles apparaissent (section 5).

Section 1

Le refus des droits de la personne humaine

Dans un premier temps, la Cour de justice des communautés européennes a refusé de prendre en considération les droits de la personne humaine (CJCE 1/58 4 février 1959 Storck c/ Haute Autorité de la CECA; CJCE 16, 17, 18/59, 12 février 1960, Comptoir de vente de la Ruhr c/ Haute Autorité de la CECA). Il est vrai que l'objet des traités communautaires était en grande partie éloigné de ces préoccupations. On ne pouvait trouver que l'égalité des rémunérations entre hommes et femmes (ex-art. 119 CEE, art. 141 § 1 CE) et la liberté des travailleurs de rechercher un emploi dans un autre État. On se limitait à une non-discrimination selon les sexes en matière de rémunération et à une non-discrimination selon la nationalité en matière d'emploi. Mais la résistance de certaines juridictions constitutionnelles (*cf.* notamment Cour de Karlsruhe, 29 mai 1974, Solange I) a obligé la Cour de justice à repenser la question pour éviter un conflit grave. L'Italie et l'Allemagne, très attachées à la protection des droits fondamentaux, craignant que le droit communautaire n'entraîne une régression, ont manifesté une hostilité forte.

Section 2

L'acceptation jurisprudentielle

Face à la résistance des cours allemande et italienne, la Cour de Luxemburg se devait de trouver une solution. C'est ce qu'elle a fait progressivement en acceptant de prendre en considération les droits fondamentaux en 1969 (CJCE, 12 décembre 1969, 29/63 Stauder c/ Ulm Sozialamt), faisant une référence timide à la notion de droit fondamental intégrée dans les principes généraux du droit et en 1970 (CJCE, 17 décembre 1970, Internationale Handelsgesellschaft c/ Einfuhr-und Vorratsstelle für Getreide und Futtermittel ; *cf.* aussi CJCE 260/89, 18 juin 1998, ERT AE c/ Dimotiki Etairia Plioroforissis et autres) lorsque la Cour refuse, au nom de la primauté du droit communautaire, toute remise en cause du droit communautaire au regard du droit constitutionnel d'un État. Mais il y avait un très grand risque d'imprécision. Un texte pouvait servir essentiellement de référence : la Convention européenne des droits de l'homme. Dans un arrêt du 14 mai 1974, (CJCE 4/73, 14 mai 1974, Nold) concernant le droit de propriété, la Cour a expressément fait référence aux conventions conclues par les États membres. Derrière cette formulation on pouvait facilement voir l'occasion fournie par la France qui, enfin, venait de ratifier la Convention européenne des droits de l'homme, neuf jours plus tôt. Il y avait désormais un texte qui était commun aux neuf États membres des Communautés européennes. Mais il y avait aussi la menace que pouvait faire peser la Cour allemande et en effet l'arrêt Nold est intervenu deux semaines avant l'arrêt Solange I (BVG, 29 mai 1974, Handelsgesellschaft c/EVGF). Dans cet arrêt la Cour allemande excluait la possibilité que l'article 24 (« *La Fédération peut transférer par voie législative, des droits de souveraineté des institutions internationales* ») de la Loi fondamentale ait autorisé des transferts de souveraineté permettant de modifier la structure fédérale de la Loi fondamentale en l'absence de révision constitutionnelle et elle considérait que c'était à elle d'assurer la protection des droits fondamentaux. Dans son deuxième arrêt Solange II (BVG, 22 octobre, 1986 Wunsche Handelsgesellschaft), la Cour constate qu'il y a une évolution favorable permettant d'assurer la sauvegarde des droits fondamentaux, mais qu'il n'en reste pas moins vrai que « l'habilitation au titre de l'article 24 § 1 de la Loi Fondamentale n'est cependant pas sans limite ». Dans l'arrêt Rutili, (CJCE 36/75, 29 octobre 1975, Rutili) la Cour mentionnera expressément la Convention européenne des droits de l'homme. Cependant la Cour est prudente. Ce n'est qu'une référence. La Convention a une « *signification particulière* » (CJCE 22/84, 15 mai 1985, Johnston).

La Cour s'est aussi référée assez vite à la Charte sociale européenne, plus intéressante compte tenu des objectifs des traités communautaires (CJCE 149/77, 15 juin 1978, G. Defrenne c/ Soc. Sabena).

Section 3

L'acceptation conventionnelle

Sans doute y avait-il un progrès à travers la jurisprudence de la Cour de Luxembourg. Il n'en reste pas moins qu'il semblait préférable que les traités communautaires intègrent cette dimension des droits de l'homme. Celle-ci, là encore, s'est faite progressivement.

La Commission y pense dès 1975. Dans une déclaration du 5 avril 1977 (JOCE n° C 103/1 du 27 avril 1977), les présidents du Conseil, de la Commission et du Parlement européen proclamaient leur attachement aux droits fondamentaux. Sans doute ce texte n'avait qu'un caractère politique. Il n'en visait pas moins expressément la Convention européenne des droits de l'homme et montrait maintenant l'attachement des institutions communautaires aux droits fondamentaux. Les conseils européens de Copenhague (1978) et Stuttgart (1983) examinent la question qui évolue ensuite plus profondément.

Cela a été tout d'abord une référence à la Convention européenne des droits de l'homme faite dans le préambule de l'Acte unique européen. Il fallait éviter avant tout que le Parlement européen ne supplante les États car il avait pris l'initiative, le 12 avril 1984 d'élaborer sa propre déclaration des droits et des libertés fondamentaux. Mais la portée de la mention dans l'A.U.E. était limitée. Cela ne figurait que dans le préambule. Là encore le Parlement européen va pousser dans le sens d'une reconnaissance plus forte en adoptant le 12 avril 1989 une Déclaration des droits et libertés fondamentaux. L'étape suivante sera fournie par le Traité sur l'Union européenne ou Traité de Maastricht dont l'article F2 devenu article 6 dans la version consolidée résultant du Traité d'Amsterdam stipule que « *l'Union respecte les droits fondamentaux, tels qu'ils sont garantis par la convention européenne de sauvegarde des droits de l'homme et des libertés fondamentales, signée à Rome le 4 novembre 1950, et tels qu'ils résultent des traditions constitutionnelles communes aux États membres, en tant que principes généraux du droit communautaire* ».

En outre certains droits vont être développés comme le principe de non-discrimination qui ne se limite plus à la discrimination fondée sur le sexe ou la nationalité, mais s'étend à l'origine ethnique, la religion ou les convictions, le handicap, l'âge ou l'orientation sexuelle issus du traité d'Amsterdam. Le Traité d'Amsterdam va montrer l'attachement aux droits et libertés en prévoyant dans le nouvel article 7 des sanctions pour les États qui ne respecteraient pas ceux-ci. « *Le Conseil réuni au niveau des chefs d'État ou de gouvernement et statuant à l'unanimité sur proposition d'un tiers des États membres ou de la Commission et après avis conforme du Parlement européen, peut constater l'existence d'une violation grave et persistante par un État membre de principes énoncés à l'article 6, paragraphe 1, après avoir invité le gouvernement de cet État membre à présenter toute observation en la matière.*

Lorsqu'une telle constatation a été faite, le Conseil, statuant à la majorité qualifiée, peut décider de suspendre certains des droits découlant de l'application du présent traité à l'État membre en question, y compris les droits de vote du représentant du gouvernement de cet État membre au sein du Conseil». On remarquera qu'il ne s'agit pas d'une exclusion mais d'une privation, pour l'État, de certains droits.

Cette disposition qui semblait une sorte de prévention en cas d'adhésion de la Turquie, va être très vite mise à l'épreuve à la suite des élections autrichiennes et de la formation du gouvernement incluant le Parti libéral autrichien, qui n'a de libéral que le nom et dont les tendances sont autoritaires.

Section 4

La Charte des droits fondamentaux de l'Union européenne

1 • L'ÉLABORATION

C'est à la suite du Conseil européen de Cologne en juin 1999 que fut décidée la rédaction d'une Charte dont la rédaction a été confiée à une «*enceinte*», terme bien étrange, («*elle a pris le 1er février 2000 la dénomination de Convention chargée de l'élaboration d'un projet de Charte des droits fondamentaux de l'Union européenne*») de 62 membres comprenant 30 parlementaires nationaux (deux par État) et 16 parlementaires européens ainsi que 15 représentants de chefs d'État ou de gouvernement (M. Guy Braibant pour la France) et celui du président de la Commission.

Elle était présidée par l'ancien président de la Cour de Karlsruhe et ancien président fédéral allemand Roman Herzog.

Le Conseil de Cologne avait défini trois «*corbeilles*»: droits de liberté et d'égalité et droits de procédure tels que garantis par la Convention européenne des droits de l'homme; droits fondamentaux réservés aux citoyens de l'Union; droits économiques et sociaux tels qu'énoncés dans la Charte sociale européenne et dans la Charte communautaire des droits sociaux fondamentaux des travailleurs (art. 136 TCE).

Les oppositions ont été classiques. Les Britanniques et les Nordiques ne souhaitaient que reprendre l'existant. Ils étaient peu favorables à l'inclusion des droits économiques et sociaux et notamment le droit de négocier et conclure des conventions collectives, le droit de grève, le salaire minimum. Les continentaux (dont le président Herzog) souhaitaient aller au-delà d'une simple codification.

De son côté la France a marqué son opposition aux droits des minorités. La question de la laïcité – notion très française – a soulevé problème, la France acceptant un «*principe de neutralité*». La France semble d'ailleurs oublier qu'à travers la Déclaration de 1789, elle a constitutionnalisé l'Etre suprême («*En conséquence l'Assemblée nationale reconnaît et déclare, en présence et sous les auspices de l'Être suprême*»), référence qu'on trouvait également en 1793 et en l'an III, Dieu étant présent en 1848... Ce débat s'est polarisé autour du préambule lorsque un groupe de parlementaires européens soutenu par l'Allemagne et l'Espagne voulant insérer une référence à l'«*héritage culturel, humaniste et religieux*», la France avec le Portugal s'y sont opposés.

Finalement, c'est une formule inspirée du Statut du Conseil de l'Europe qui a été retenue : « *Consciente de son patrimoine culturel et moral, l'Union se fonde...* ». Cependant le projet de la Convention sur l'avenir de l'Europe a repris la formule abandonnée en mentionnant les « *héritages culturels, religieux et humanistes de l'Europe* ».

En ce qui concerne les droits économiques et sociaux, la France demandait une quinzaine de droits sociaux essentiels allant du droit au travail et à la protection sociale au droit de grève en passant par le droit syndical ou la garantie d'accès pour tous aux services d'intérêt général, certaines idées qu'on retrouvera.

La Charte a été adoptée à Nice lors d'un Conseil européen le 7 décembre 2000, « *à la sauvette* », sans que l'adoption d'un tel texte ne soit marquée de la solennité qu'elle aurait pu mériter.

Cette Charte s'inscrit dans la revendication de certains de doter l'Union européenne de la personnalité juridique et d'une Constitution.

2 • LE CONTENU DE LA CHARTE

Le catalogue fourni par la Charte est assez vaste et se partage en sept chapitres dont six correspondent à une affirmation des droits et libertés.

La Charte est précédée d'un préambule qui insiste notamment sur les « *valeurs indivisibles et universelles de dignité humaine, de liberté, d'égalité et de solidarité* ». Ce préambule se réfère également à la Convention européenne des droits de l'homme et à la Charte sociale européenne.

Il évoque tout d'abord la dignité. Quand on sait que le droit à la dignité est le premier des droits mentionnés dans la Loi Fondamentale allemande et qu'il est considéré par certains comme le premier de tous les droits, on ne sera pas surpris de le trouver évoqué en tout premier lieu. La Charte développe cette idée en mentionnant à côté du droit à la dignité humaine, le droit à la vie qui prohibe, sans exception la peine de mort, le droit à l'intégrité de la personne à propos duquel on précise notamment « *l'interdiction du clonage reproductif des êtres humains* », l'interdiction de la torture et des peines ou traitements inhumains ou dégradants et l'interdiction de l'esclavage et du travail forcé.

Le deuxième chapitre est consacré aux libertés, formulation très générale qui inclut le droit à la liberté et à la sûreté, le respect de la vie privée et familiale, la protection des données à caractère personnel dont « *le respect est soumis au contrôle d'une autorité indépendante* », le droit de se marier et le droit de fonder une famille, la liberté de pensée, de conscience et de religion, l'objection de conscience, la liberté d'expression et d'information qui consacre le pluralisme des médias, la liberté de réunion et d'association qui inclut la liberté syndicale, la liberté des arts et des sciences ainsi que la liberté académique, le droit à l'éducation auquel est adjoint « *la liberté de créer des établissements d'enseignement* », la liberté professionnelle et le droit de travailler, la liberté d'entreprise, le droit de propriété incluant la propriété intellectuelle, le droit d'asile qui se réfère à la Convention de Genève de 1951 et au Protocole de New York de 1967 et enfin la protection en cas d'éloignement, d'expulsion et d'extradition, notamment l'extradition vers un État où il y a un «*risque sérieux*» de peine de mort ou de torture étant prohibée.

Le chapitre III a trait à l'égalité. Il inclut l'égalité en droit, la non-discrimination, approchant celle-ci de façon très moderne puisqu'il évoque les discriminations fondées sur les caractéristiques génétiques, un handicap ou l'orientation sexuelle, le respect de la diversité culturelle, religieuse et linguistique, l'égalité entre hommes et femmes, les droits de l'enfant, les droits des personnes âgées et enfin l'intégration des personnes handicapées.

Les droits économiques et sociaux sont évoqués dans le chapitre IV intitulé Solidarité. Là encore, la liste est relativement longue. On trouve le droit à l'information et à la consultation des travailleurs au sein de l'entreprise, le droit de négociation et d'actions collectives, le droit d'accès aux services de placement, la protection en cas de licenciement injustifié, le droit des conditions de travail justes et équitables incluant une durée maximale de travail que la Charte se garde bien de fixer, l'interdiction du travail des enfants et la protection des jeunes au travail, la protection de la vie familiale et sa conciliation avec la vie professionnelle, le droit d'accès aux prestations de sécurité sociale et à l'aide sociale, «*un niveau élevé de protection de la santé*», l'accès aux services d'intérêt économique général, «*un niveau élevé de protection de l'environnement*», «*un niveau élevé de protection des consommateurs*». Comme toujours, la mise en œuvre est susceptible d'être source de difficultés.

Création du Traité de Maastricht, la citoyenneté européenne se retrouve dans le Chapitre V intitulé Citoyenneté puisqu'il prévoit le droit de vote et d'éligibilité aux élections au Parlement européen qui a été un apport du TUE, le droit de vote et d'éligibilité aux élections municipales également fruit du même traité, le droit à une bonne administration, le droit d'accès aux documents du Parlement européen, du Conseil et de la Commission, le droit de saisine du Médiateur de l'Union, le droit de pétition, la liberté de circulation et de séjour, et enfin la protection diplomatique et consulaire par un autre État membre de l'Union si l'État du national ne dispose pas de représentation diplomatique, là encore, une disposition inscrite dans le TUE.

Enfin la Charte contient un chapitre VI intitulé Justice qui mentionne le droit à un recours effectif et d'accéder à un tribunal impartial, la présomption d'innocence et le respect des droits de la défense, l'affirmation des principes de légalité et de proportionnalité des délits et des peines et la règle *non bis in idem* (le droit à ne pas être jugé ou puni pénalement deux fois pour une même infraction).

Comme dans la plupart des autres conventions intéressant les droits de l'homme, la Charte a essayé de résoudre certaines questions classiques dans son chapitre VII qui évoque le champ d'application, la portée des droits garantis avec notamment le problème de la compatibilité avec la CEDH, l'interdiction de prendre prétexte de la Charte pour réduire le niveau de protection des droits et libertés lorsque celui-ci est plus élevé dans un État (ce qui doit rassurer Allemands et Italiens) et enfin l'interdiction de l'abus de droit.

Si la Charte a fait un effort pour présenter une vision moderne des droits de la personne humaine, elle reste cependant très prudente sur les droits de la troisième génération. Certes il y a par exemple une évocation de la protection de l'environnement, des éléments touchant à la bioéthique, mais, ce n'est certainement pas le domaine dans lequel la Charte se montre la plus audacieuse.

Ce catalogue peut apparaître imposant et certains droits nouveaux ou rénovés y apparaissent : droit à une bonne administration ; protection des données à caractère personnel ; droit d'asile ; diversité culturelle...

3 • LA VALEUR JURIDIQUE

Cette audace est même, de façon générale, absente de la Charte. On sait qu'elle était voulue intensément par l'Allemagne, soutenue par la France, mais que le Royaume-Uni y était hostile. Cela permet d'expliquer à la fois le peu de retentissement qu'elle a eu et sa portée juridique limitée. Elle n'est pas intégrée au Traité sur l'Union européenne et elle n'a qu'une portée déclarative. Elle ne peut être invoquée devant les instances communautaires et encore moins devant les juridictions nationales.

Pourtant, on observe quelques avancées jurisprudentielles. Le tribunal de première instance (TPI, 30 janvier 2002, Max.mobil Telekommunikation Service c/ Commission ; 3 mai 2002, Jégo-Quéré c/ Commission ; 15 janvier 2003, Philip Morris international Inc. c/ Commission) s'est référé aux articles 41 et 47. Cela n'est pas encore allé jusqu'à la Cour elle-même.

Section 5

Les nouvelles évolutions

1 • LE PROJET DE « CONSTITUTION » EUROPÉENNE

La Déclaration sur l'avenir de l'Europe, adoptée au Conseil européen de Laeken les 14-15 décembre 2001 a donné pour mission à la Convention chargée d'élaborer une « *constitution* » européenne, de se prononcer sur une possible intégration de la Charte dans le droit européen et sur une adhésion de l'Union européenne à la Convention européenne des droits de l'homme. La Convention, présidée par le président Valéry Giscard d'Estaing, s'est ouverte à Bruxelles le 28 février 2002 et a été officiellement close le 10 juillet 2003. Elle a voulu donner une portée juridique entière à la Charte.

Le projet de la Convention pour une Constitution européenne présenté le 20 juin 2003 au Conseil européen de Thessaloniki constitue une étape vers une intégration plus forte des droits et libertés. Le préambule évoque le « *rôle central de la personne humaine et de ses droits inviolables et inaliénables*». On notera l'utilisation de l'expression personne humaine qui est celle que nous voulons privilégier.

La future «*constitution*» après avoir affirmé dans l'article I-2 que «*l'Union se fonde sur les valeurs de respect de la dignité humaine, de liberté, de démocratie, d'égalité, de l'État de droit ainsi que de respect des droits de l'homme*», après avoir mentionné que dans ses relations extérieures elle contribue «*à la protection des droits de l'homme*» (la terminologie est instable...) (art. I-3), après avoir prohibé toute discrimination en raison de la nationalité (art. I-4), développe un titre II: «*Les droits fondamentaux et la citoyenneté de l'Union*». L'article I-7 résout la questions des droits de la personne humaine en trois propositions permettant de concilier les différentes positions sur cette question. Tout d'abord, «*l'Union reconnaît les droits, les libertés et les principes énoncés dans la Charte des droits fondamentaux, qui constitue la deuxième partie de la... constitution*». En effet, la constitution comprendra quatre parties dont la première, sans titre, est la véritable «*constitution*» et la deuxième est constituée par la Charte des droits fondamentaux de l'Union.

Le deuxième alinéa de l'article I-7 pose comme objectif l'adhésion à la Convention européenne des droits de l'homme. Enfin le troisième alinéa essaie d'apporter une réponse à la jurisprudence Solange en tentant une incorporation des droits fondamentaux des États membres à travers les principes généraux. «*Les droits fondamentaux, tels qu'ils sont garants par la Convention européenne de sauvegarde des droits de l'homme et des libertés fondamentales et tels qu'ils résultent des traditions constitutionnelles communes aux États membres, font partie du droit de l'Union en tant que principes généraux.*» Certains éléments intéressant les droits et libertés déjà dans le Traité sur l'Union européenne ont bien sûr été visés comme les dispositions relatives à la citoyenneté européenne – mais elles ont déjà été reprises en partie dans la Charte –, comme le droit de circuler et séjourner librement sur le territoire de l'Union, le droit de vote actif et passif des ressortissants communautaires pour les élections européennes et municipales dans les autres États, le droit de pétition (art. I-8) ou le Médiateur européen (art. I-48). Certains éléments sont constitutionnalisés comme le droit d'accès aux documents administratifs (art. I-49), le droit à la protection des données à caractère personnel (art. I-50). Mais on observera l'innovation de l'article I-51 intitulé «*Statut des Églises et des organisations non confessionnelles*». La «*constitution*» affirme que «*l'Union respecte et ne préjuge pas du statut dont bénéficient, en vertu du droit national, les Églises et les associations ou communautés religieuses dans les États membres*». On sait que la situation des Églises est très différente dans les 15 et bientôt 25 États membres de l'Union. Cet article affirme aussi le respect du statut des organisations philosophiques et non confessionnelles. Enfin, elle affirme dans une formule qui sera sans doute à expliciter, «*un dialogue ouvert, transparent et régulier avec ces Églises et organisations*». La possibilité d'une suspension des droits des États ne respectant pas les valeurs énoncées à l'article I-2, dont «*le respect des droits de l'homme*», est maintenue.

Cette «*constitution*» devra encore être validée par une conférence intergouvernementale en octobre. On peut avoir quelques craintes, compte tenu de la réaction de certains États.

2 • CHARTE EUROPÉENNE V. CONVENTION EUROPÉENNE

Les contraintes que fait peser l'Union européenne sur les États membres risquent de mettre ceux-ci dans une position difficile car ils pourraient être écartelés entre leurs obligations dans le cadre de l'UE et celles dans le cadre de la Convention. Aucun recours n'est possible contre une décision des instances communautaires devant la Cour de Strasbourg (Commission européenne des droits de l'homme, 10 juillet 1978, CFDT c/ Communautés européennes), mais les États peuvent être attraits devant la Cour de Strasbourg pour l'application du droit communautaire sur leur territoire (CEDH, 18 janvier 1999, Matthews c/ Royaume-Uni, B n° 205, S n° 60).

Bien entendu, même si cela n'est pas dit officiellement, il y a une rivalité de fait entre la Cour de Luxembourg et la Cour de Strasbourg.

Les risques sont grands qu'il y ait une divergence à propos des droits garantis car, ou bien il s'agit des mêmes droits et alors la Charte est inutile, ou bien la Charte est différente et il y a un risque de conflit.

Sur un même droit, l'approche de la Cour de Luxembourg et celle de Strasbourg peuvent être différentes. Par exemple, il y a eu des divergences sur l'inviolabilité du domicile la CJCE estimant qu'elle ne visait pas les locaux professionnels (CJCE 46/87 et 227/88, 21 septembre 1989, Hoechst c/ Commission) alors que la CEDH était d'opinion contraire (CEDH, 30 mars 1989 Chapel c/ Grande-Bretagne ; CEDH, 16 décembre 1992, Niemietz c/ Allemagne B n° 163). Depuis les jurisprudences se sont rapprochées.

Certains ont proposé que l'Union européenne adhère à la Convention. L'avis formulé par la Cour de Luxembourg le 28 mars 1996 (avis 2/94, Rec. I-1759) a été négatif, la Cour affirmant qu'« *aucune disposition du traité ne conférait aux institutions communautaires, de manière générale, le pouvoir d'édicter des règles en matière de droits de l'homme ou de conclure des conventions internationales dans ce domaine* ».

La proposition autrichienne lors du traité d'Amsterdam, d'introduire une clause permettant l'adhésion à la CEDH a été refusée.

La Charte des droits fondamentaux de l'Union européenne a tenté d'apporter une solution à la question d'un éventuel conflit en posant dans l'article 52, alinéa 3 que « *dans la mesure où la présente Charte contient des droits correspondant à ceux des droits garantis par la Convention européenne de sauvegarde des droits de l'homme et des libertés fondamentales, leur sens et leur portée sont les mêmes que ceux que leur confère ladite convention. Cette disposition ne fait pas obstacle à ce que le droit de l'Union accorde une protection plus étendue* ». Cela ne saurait, en fait, empêcher les conflits.

Lors d'un débat le 25 janvier 2000, une résolution a été adoptée à l'Assemblée parlementaire du Conseil de l'Europe suggérant l'incorporation des droits garantis par la CEDH dans la Charte et la modification des traités européens pour rendre possible l'adhésion de l'Union européenne à la CEDH.

La CJCE devrait soumettre les questions à la CEDH sous forme de question préjudicielle, la CJCE étant alors soumises aux avis de la CEDH, ce qu'elle acceptera certainement difficilement.

Certains ont proposé une chambre spécialisée pour l'Union européenne avec des juges élus au titre de l'Union européenne. De son côté, le président de la Commission, Romano Prodi a donné des assurances en s'engageant à «*éviter toute incohérence entre la Charte et la Convention ou entre les jurisprudences des deux cours européennes*».

Doit-on voir une preuve de bonne volonté de la Cour de Strasbourg car elle s'est référée à la Charte (CEDH, 11 juillet 2002, Christine Goodwin c/ Royaume-Uni, B. n° 182, S. n° 38) ? Elle est même allée plus loin en statuant au-delà du texte même de l'article 12 de la Convention européenne sur le droit au mariage qui n'évoque que l'homme et la femme, en s'appuyant sur l'article 9 de la Charte pour faire une interprétation plus large de l'article 12 et admettre le mariage de deux personnes de même sexe (11 juillet 2002, I. c/ Royaume-Uni).

Le projet de « constitution » européenne a évoqué la question dans son article 7 al. 2 en affirmant que « l'Union s'emploie à adhérer à la CEDH ». L'usage de l'expression « s'emploie » reste très prudent...

3 • REGARD SUR LES AUTRES CONTINENTS

C'est le continent américain, déjà pionnier sur bien des points dans le domaine du droit international mais aussi dans celui des droits de l'homme, qui a été l'initiateur du mouvement de protection régionale des droits de la personne humaine, en adoptant, avant l'ONU, le 2 mai 1948 à Bogota, la Déclaration américaine des droits et devoirs de l'homme.

C'est le texte premier puisqu'il est antérieure tant à la DUDH qu'à la CEDH. L'accent est immédiatement mis sur la dignité. Les premiers mots de l'introduction sont pour constater que «*les peuples américains ont élevé à l'état de dignité la personne humaine*» et le premier paragraphe du préambule, rappelant fortement la DDHC avec l'ajout de la dignité, et préfigurant la rédaction de la DUDH, affirme que «*tous les hommes naissent libres et égaux du point de vue de leur dignité et de leurs droits*». Les droits affirmés seront pour l'essentiel repris dans la DUDH. Il n'y a pas d'originalité majeure.

La concrétisation demandera beaucoup plus de temps et le continent américain apparaîtra comme s'inspirant de la Convention européenne des droits de l'homme avec la Convention américaine relative aux droits de l'homme de San José du 22 novembre 1969. Elle a été complétée par deux protocoles additionnels, l'un du 17 novembre 1988 sur les droits économiques, sociaux et culturels, l'autre du 8 juin 1990 sur l'abolition de la peine de mort.

Les mécanismes sont très proches de ceux de la Convention européenne, mais à la différence du système initial de Strasbourg, les recours individuels sont de droit alors que les requêtes interétatiques sont facultatives.

Sur le continent africain, la Charte de l'OUA a intégré l'idée, mais en insistant autant sur l'homme que sur les peuples. Le 27 juin 1981 a été adoptée la Charte africaine des droits de l'homme et des peuples à Nairobi, entrée en vigueur le 21 octobre 1986 qui institue deux mécanismes spécifiques de contrôle : la Commission africaine des droits de l'homme et des peuples et la conférence des chefs d'État et de gouvernement de l'OUA. Elle a été complétée par un protocole additionnel du 9 juin 1998 créant une Cour africaine des droits de l'homme, non encore entré en vigueur. En outre, un protocole sur les droits des femmes, ambigu sur la polygamie, a été adopté.

Le continent africain risque d'ailleurs de connaître les mêmes problèmes de compatibilité que les cours de Luxembourg et de Strasbourg. En effet l'Organisation de l'Unité africaine s'est transformée le 26 mai 2001 (la succession officielle a eu lieu le 9 juillet 2002 à Durban) en une Union africaine qui s'inspire beaucoup de l'Union européenne. La nouvelle organisation comportera une Cour de justice. On peut craindre qu'elle n'entre en concurrence avec la Cour africaine des droits de l'homme prévue par le Protocole de Ouagadougou. Mais pour l'instant, aucune de ces cours n'est en place.

Dans les autres régions du globe, soit nous rencontrons une totale absence – continent asiatique, Océanie – soit nous en sommes seulement au stade des projets – cas de la Ligue des États arabes –.

BIBLIOGRAPHIE

ALSTON (Ph.), *L'Union européenne et les droits de l'homme*, Bruylant 2001.

BRAIBANT (G.), *La Charte des droits fondamentaux de l'Union européenne*, Seuil, Points, 2001.

LECLERC (S.), AKANDJI-KOMBE (J.-F.) et REDOR (M.-J.), *L'Union européenne et les droits fondamentaux*, Journées d'études de la CDECE, Bruylant, 1999.

SUDRE (F.), *Droit communautaire des droits fondamentaux. Recueil des décisions de la Cour de justice des Communautés européennes*, Bruylant, 1999.

Conclusion

La situation des droits et libertés de la personne humaine suscite aujourd'hui à la fois des espoirs et des inquiétudes.

Les espoirs sont fort heureusement évidents.

En septembre 1933, la Société des Nations avait vécu une séance dramatique, qui avait été certainement l'occasion d'une prise de conscience pour René Cassin. Un juif de Haute-Silésie avait déposé une plainte «*contre les pratiques odieuses et barbares des hitlériens à l'égard de leurs propres compatriotes réfractaires au régime*». Et cet homme courageux avait décrit les violations des droits par le régime national-socialiste. Le chef de la délégation allemande, le ministre de la propagande et de l'information, Josef Goebbels avait alors martelé: «*Messieurs, charbonnier est maître chez soi. Nous sommes un État souverain. Tout ce qu'a dit cet individu ne vous regarde pas. Nous faisons ce que nous voulons de nos socialistes, de nos pacifistes et de nos juifs et nous n'avons à subir de contrôle ni de l'humanité, ni de la Société des Nations*».

Les propos de Goebbels ne sont plus de mise. Charbonnier n'est plus maître chez lui. Les droits de la personne humaine ne sont plus le domaine réservé des États.

Les droits de la personne humaine sont objet du droit international et on ne peut être que frappé par l'œuvre accomplie dans ce domaine depuis 1945 tant à travers des déclarations ou proclamations que surtout dans le domaine conventionnel avec des instruments de plus en plus efficaces.

L'œuvre du Conseil de l'Europe avec notamment la Convention européenne des droits de l'homme a été un modèle que les autres organisations du continent européen ont été obligées de prendre en considération, obligeant l'Union européenne à intégrer les droits de la personne humaine.

La création de tribunaux pénaux internationaux pour certains pays et surtout la mise en place d'une Cour pénale internationale ont été une avancée considérable.

Il y a aujourd'hui une opinion publique mondiale attentive à ces questions et obligeant les États à plus de mesure que les comparses de Goebbels. Autour des années 80, soumis à la pression de cette opinion les dictatures du Cône sud avaient mis en place des services pour répondre dans le monde à ceux qui protestaient contre leurs odieuses pratiques. Mais un pays aussi différent que l'Iran avait fait de même. Ces régimes n'étaient pas indifférents à ces réactions.

Les droits et libertés investissent maintenant des champs nouveaux. Sans oublier les droits de la première et de la deuxième génération, on découvre d'autres droits avec sans doute la difficulté d'aboutir à une véritable concrétisation.

Mais le tableau n'est pas totalement idyllique et on peut encore avoir aujourd'hui quelques craintes.

Les rapports d'Amnesty international montrent que les droits de la personne humaine sont malmenés encore un peu partout.

Mais surtout, selon que vous serez puissants et misérables… Les TPI ont été mis en place pour des États faibles ou déstructurés. Les poursuites contre les criminels de guerre au Cambodge montrent les difficultés d'une véritable justice.

De plus certaines grandes puissances se savent intouchables. La Russie poursuit ses violations des droits de la personne humaine en Tchétchénie, même si les actions des Tchétchènes n'ont pas plus d'égards pour les droits et libertés lorsqu'ils prennent en otages les spectateurs venus dans un théâtre. On a facilement fermé les yeux sur la répression de la Place Tien An Men à Beijing afin d'obtenir l'abstention de la Chine au Conseil de Sécurité lors de la guerre du Golfe. Et pourtant chacun a vu cette image de ce jeune Chinois courageux, sorte de David contre Goliath, arrêtant le 5 juin 1989 une colonne de chars par sa seule présence. Enfin, les États-Unis cherchent à déstabiliser la mise en place de la Cour pénale internationale en concluant des accords particuliers avec les autres États pour ne pas voir leurs ressortissants jugés par cette Cour. Sous la pression de certains États, la Belgique va devoir renoncer à sa loi sur la compétence universelle, peut-être excessive, mais constituant pourtant une avancée intéressante.

Le débat sur la diversité culturelle en matière de droits de l'homme cherche à réduire l'importance des droits de la personne humaine. C'est l'idée que loin d'être universelles, les valeurs dans ce domaine varieraient selon les traditions culturelles. S'il est exact que les traditions sont différentes, il est tout aussi exact que des évolutions doivent avoir lieu comme l'a montré l'histoire de notre pays. Les textes internationaux ne sont d'ailleurs que des textes minimaux qui n'excluent pas d'aller plus loin… Les expériences au niveau régional et notamment avec le Conseil de l'Europe le démontrent. Nous avons aujourd'hui une sorte de système à trois étages. Le premier étage est constitué par le minimum avec la DUDH et les Pactes. Le deuxième étage est formé du souhaitable avec des conventions régionales dont la CEDH est l'un des modèles. Enfin on peut avoir un troisième étage avec le perfectible qu'on pourra trouver dans tel ou tel État qui ensuite pourra irradier les deux premiers étages.

La Déclaration de 1948 montre par son titre « *universelle* » sa volonté d'être le texte commun à tous les hommes et femmes, à tous les peuples, à tous les États. Son préambule affirme qu'elle est un « *idéal commun à atteindre par tous les peuples et toutes les nations* ». La Déclaration de Vienne adoptée par la Conférence mondiale des Nations unies sur les droits de l'homme le 25 juin 1993, par consensus par 171 États et approuvée par l'Assemblée générale des Nations unies le 20 décembre 1993 a proclamé que « *tous les droits de l'homme sont universels, indissociables, interdépendants et intimement liés* » (point 5). On ne peut choisir entre les différents droits et ne retenir que certains en en écartant les autres.

L'exemple de la peine de mort est tout à fait révélateur des évolutions nécessaires de ces différentes traditions vers un objectif qui doit être commun à tous. Considérée longtemps comme une sanction normale, elle est devenue de plus en plus exceptionnelle, puis sous la poussée des organisations non gouvernementales qui ont pu convaincre les organisations internationales, l'abolition s'est faite *de facto* avant maintenant de se faire de jure. Un continent comme l'Europe peut s'enorgueillir d'être le premier à avoir éliminé ce châtiment au niveau régional. On a vu d'abord un certain nombre d'États – au XIXe siècle en Amérique latine, au XXe siècle en Europe – abolir la peine de mort puis se faire les avocats passionnés de son abolition. Le relais a été pris au niveau régional (Conseil de l'Europe avec les 6e et 13e protocoles additionnels à la CEDH ; Protocole d'*Asunción* du 8 juin 1990 dans le cadre de l'OEA) puis au niveau mondial (deuxième protocole additionnel au Pacte sur les droits civils et politiques des Nations unies). Sans doute l'adhésion à ces textes est-elle facultative mais parfois elle peut conditionner certaines situations. Ainsi, on ne peut plus adhérer au Conseil de l'Europe sans être un État abolitionniste. Certes on n'est pas obligé d'adhérer au Conseil de l'Europe, mais un État comme la Belarus qui est actuellement le seul État européen à en être absent se trouve totalement marginalisé.

Mais les inquiétudes se retrouvent ailleurs. Les menaces contre les droits et libertés ne sont pas seulement l'œuvre des États. Elles sont aussi l'œuvre des personnes privées et la mondialisation facilite leur tâche. Certains outils techniques nouveaux ont pu permettre un développement exceptionnel de certains droits et libertés. Internet en est un exemple évident. La Toile a pu permettre la communication entre les hommes et les femmes du monde entier, elle a pu permettre le droit à l'information. Mais aussi elle facilite le développement de réseaux mondiaux de pornographie ou de prostitution. Elle permet la perpétration mondiale d'atteintes à la vie privée ou la diffusion planétaire de propos négationnistes. La responsabilité des auteurs de ces actes est totalement absente car ils se réfugient dans certains États qui n'ont d'États que le nom mais qui constituent des paradis informatiques comme il y a des paradis fiscaux – et ce sont souvent les mêmes –. Ces nouvelles techniques peuvent faciliter l'avènement de *Big Brother* annoncé par George Orwell pour 1984.

Le chemin effectué depuis près de soixante ans est considérable. Mais il est loin d'être achevé. Rien n'est définitif. Le développement des droits de la personne humaine est une oeuvre toujours recommencée. Parce que les retours en arrière sont toujours possibles. Parce que les droits et libertés peuvent encore mieux s'épanouir.

Bibliographie générale

Manuels

Nous n'aurons pas la prétention d'évoquer tous les manuels consacrés à ce sujet. Ils sont nombreux, mais aussi avec des perspectives très différentes, certains avec une vision très juridique, d'autres une approche plus philosophique ou politique. Les uns se limitent à la situation française, alors qu'aujourd'hui la vision internationale ou au moins européenne prend une grande importance chez d'autres auteurs.

BURDEAU (G.), *Les Libertés publiques,* 4e éd., LGDJ, 1972.

COLLIARD (C.-A.), *Libertés publiques,* 7e éd., Dalloz, 1989.

RIVERO (J.), *Les libertés publiques ; T. I: Les droits de l'homme*, 7e éd., PUF, 1997 ; *T. II: Le régime des principales libertés*, 5e éd., 1996.

CABRILLAC (R.), FRISON-ROCHE (M.-A.) et REVET (T.) (Dir.), *Droits et libertés fondamentaux,* 6e éd. Dalloz, 2000.

CHARVIN (R.) et SUEUR (J.-J.), *Droits de l'homme et libertés de la personne,* 4e éd., Litec, 2002.

FAVOREU (L.) et al., *Droit des libertés fondamentales,* 2e éd., Dalloz, 2002.

GUINCHARD (S.) (Dir.), AMSON (D.) et al., *Le grand oral: Protection des libertés et droits fondamentaux,* Préparation au CRFPA, Montchrestien, 2003.

HEYMANN-DOAT (A.), *Libertés publiques et droits de l'homme,* 7e éd., LGDJ, 2002.

ISRAEL (J.-J.), *Droit des libetés fondamentales,* LGDJ, 1998.

LEBRETON (G.), *Libertés publiques et droits de l'homme,* 6e éd., A. Colin, 2003.

LECLERCQ (Cl.), *Libertés publiques*, 4e éd., Litec, 2000.

MADIOT (Y.), *Droits de l'homme,* 2e éd., Masson, 1991.

MATHIEU (B.) et VERPEAUX (M.), *Contentieux constitutionnel des droits fondamentaux,* LGDJ, 2002.

MORANGE (J.), *Droits de l'homme et libertés publiques,* 5e éd., PUF, 2000.

RENUCCI (J.-F.), *Droit européen des droits de l'homme,* 3e éd., LGDJ, 2002.

RICHER (L.), *Les Droits de l'homme et du citoyen,* Économica, 1982.

ROBERT (J.) et DUFFAR (J.), *Droits de l'homme et libertés fondamentales,* 7e éd., Montchrestien, 1999.

SERIAUX (A.), SERMET (L.) et VIRIOT-BARRAL (D.), *Droits et libertés fondamentaux,* Ellipses, 1998.

SUDRE (F.), *Droit international et européen des droits de l'homme,* 5e éd., PUF, Droit fondamental, 2001.

WACHSMANN (P.), *Libertés publiques,* 3e éd., Dalloz, 2000.

Mémentos

MOURGEON (J.) et THERON (J.-P.), *Les libertés publiques,* Mémento Thémis, PUF, 1979.

PONTIER (J.-M.), *Droits fondamentaux et libertés publiques,* Hachette, 2001.

ROCHE (J.) et POUILLE (A.), *Libertés publiques*, 13e éd., Dalloz, 1999.

THERON (J.-P.), *L'essentiel sur les libertés publiques,* Lyon, L'Hermes, 1994.

TURPIN (D.), *Les Libertés publiques,* 5e éd., Gualino, 2000.

WACHSMANN (P.), *Les Droits de l'homme,* Connaissance du droit, Dalloz, 1992.

Textes et documents

ARDANT (Ph.), *Les textes sur les droits de l'homme,* Que sais-je ?, PUF, n° 2538.

MASCLET (J.-C.), *Textes sur les libertés publiques,* Que sais-je ?, PUF, n° 2407.

OBERDORFF (H.) et ROBERT (J.), *Libertés fondamentales et droits de l'homme, Textes français et internationaux,* 5e éd., Montchrestien, 2002.

ROLLAND (P.) et TAVERNIER (P.), *La protection internationale des droits de l'homme,* Que sais-je ?, PUF, n° 2461.

TORELLI (M.) et BAUDOUIN (J.), *Les droits de l'homme et les libertés publiques par les textes,* Presses de l'Université du Québec, 1972.

Jurisprudence

BERGER (V.), *Jurisprudence de la CEDH,* 8e éd., Sirey, 2002 [cité B en référence].

FAVOREU (L.) et PHILIP (L.), *Les grandes décisions du Conseil constitutionnel,* 11e éd., Dalloz, 2001 [cité *GDCC* en référence].

FRANCK (Cl.), *Les grandes décisions de la jurisprudence. Droit constitutionnel,* PUF [cité *F* en référence].

LACHAUME (J.-F.), *Grandes décisions. Jurisprudence administrative,* PUF, 2002 [cité *GDJDA* en référence].

LONG (M.), WEIL (P.), BRAIBANT (G.), DELVOLVE (P.) et GENEVOIS (B.), *Les grands arrêts de la jurisprudence administrative,* 13e éd., Dalloz, 2001 [cité *GAJA* en références].

SUDRE (F.) et al., *Les grands arrêts de la CEDH,* 2003 [cité S en référence].

ZOLLER (E.), Grands arrêts de la Cour suprême des État-Unis, PUF, 2000 [cité *Zolder* en référence].

Revues et périodiques

Outre les revues juridiques classiques.

Revue trimestrielle des droits de l'homme, Bruylant, Bruxelles, depuis 1990.

Revue universelle des droits de l'homme, Engel Verlag, Kehl.

Amnesty international : Rapport annuel, Amnesty international, Éditions francophones.

Commission nationale consultative des droits de l'homme : Rapport annuel.

Ouvrages particuliers

ARON (R.), *Essai sur les libertés,* Calmann-Lévy, 1965.

ERERRA (R.), *Les libertés à l'abandon,* 3e éd., Seuil, 1975.

MADIOT (Y.), *Considérations sur les droits et les devoirs de l'homme,* Bruylant, Bruxelles, 1998.

MADIOT (Y.), *Les droits de l'homme,* MA Éditions, 1987.

MORANGE (J.), *Libertés publiques,* Que sais-je ?, PUF, n° 1804.

MOURGEON (J.), *Les droits de l'homme,* Que sais-je ?, PUF, n° 1728.

Internet

Amnesty international, France : www.amnesty.asso.fr

Amnesty international, Londres : www.amnesty.org

Assemblée nationale : www.assemblee-nat.fr
Commission d'accès aux documents administratifs : www.cada.fr
Commission nationale consultative des droits de l'homme : www.commission-droits-homme.fr
Commission nationale informatique et libertés : www.cnil.fr
Conseil constitutionnel : www.conseil-constitutionnel.fr
Conseil d'État : www.conseil-etat.fr
Conseil de l'Europe : www.coe.int
Conseil supérieur de l'audiovisuel : www.csa.fr
Cour de cassation : www.courdecassation.fr
Cour européenne des droits de l'homme : www.echr.coe.int
Cour de justice des communautés européennes : http://curia.eu.int
Cour pénale internationale : www.un.org/law.icc
Cour suprême des États-Unis : www.supremecourtus.gov
Fédération internationale des Ligues des droits de l'homme : www.fidh.org
Haut-Commissariat des Nations unies aux droits de l'homme : www.hrw.org
www.unhchr.ch
Légifrance (Textes français) : www.legifrance.gouv.fr
Ligue des droits de l'homme : www.ldh-france.asso.fr
Médiateur de la République : www.mediateur-de-la-repubique.fr
Organisation des États américains : www.oas.org
Organisation des Nations unies : www.un.org
Organisation pour la sécurité et la coopération en Europe : www.osce.org
Parlement européen : www.europarl.eu.int
Sénat : www.senat.fr
Tribunal constitutionnel fédéral (Cour de Karlsruhe) : www.bverfg.de
Union africaine : www.africa-union.org
Union européenne : europa.eu.int

Index

Achevé d'imprimer sur les presses de
l'Imprimerie Moderne de Bayeux
Dépôt légal : 12663 - Octobre 2003
N° éditeur : 2152

Imprimé en France